当 代 社 科 研 究 文 库

创新发展与科学扬弃

——马克思主义政治经济学与现代西方经济学的

几个带根本性的理论分歧

胡 钧◎著

中国言实出版社

图书在版编目（CIP）数据

创新发展与科学扬弃：马克思主义政治经济学与现代西方经济学的几个带根本性的理论分歧 / 胡钧著 . -- 北京：中国言实出版社，2014.1

ISBN 978-7-5171-0327-1

Ⅰ.①创… Ⅱ.①胡… Ⅲ.①马克思主义政治经济学—研究②现代资产阶级经济学—研究 Ⅳ.①F0-0②F091.3

中国版本图书馆 CIP 数据核字（2014）第 009878 号

责任编辑：周汉飞

出版发行	中国言实出版社	
	地　　址：北京市朝阳区北苑路 180 号加利大厦 5 号楼 105 室	
	邮　　编：100101	
	编辑部：北京市西城区百万庄大街甲 16 号五层	
	邮　　编：100037	
	电　　话：64924853（总编室）64924716（发行部）	
	网　　址：www.zgyscbs.cn	
	E-mail：zgyscbs@263.net	
经　　销	新华书店	
印　　刷	北京天正元印务有限公司	
版　　次	2014 年 6 月第 1 版　2014 年 6 月第 1 次印刷	
规　　格	710 毫米×1000 毫米　1/16　17 印张	
字　　数	278 千字	
定　　价	49.00 元　ISBN 978-7-5171-0327-1	

前　言

马克思主义是我们国家的根本指导思想，坚持和巩固马克思主义的指导地位是保证全国人民始终沿着正确方向前进的根本思想保证。加强马克思主义政治经济学理论研究和学科建设，建立政治经济学创新体系，推动马克思主义的政治经济学的中国化，用这个理论武装科研人员和实际经济工作者，树立中国特色社会主义的信念，有着重大意义。这是政治经济学理论工作者不可推卸的责任。

这本书是进入新世纪以来本人公开发表的论文选集，基本精神是要坚持马克思主义政治经济学在经济学理论方面的指导地位，划清与现代西方经济学的界限。如何看待这两门学科之间的关系，一般的说法是这样的：树立马克思主义经济学的指导地位，借鉴和广泛吸收西方经济学的科学成分，对它要兼容并包，博采西方经济学各派之长，实现马克思主义经济学的创新和发展。这种海纳百川的气派是学术研究和进步应有的正确态度。但是这种说法过于笼统、抽象，不能给予研究者以正确的指导。因为正确把握"借鉴"和"吸收"，是必须以明确划清二者的界限为前提的。政治经济学这门科学，不是技术学、数学，是属于意识形态。虽然二者都是为推动经济和社会的发展的，但西方经济学认为资本主义私有制是最好的生产方式，这是它一切立论的根本前提，马克思主义政治经济学则认为社会主义公有制才是现阶段最能推动社会生产力迅速发展和财富快速增长的生产方式，它必然会取代资本主义私有制。这一点就决定了二者是不能融合的。在谈论借鉴和吸收对方的有用方面，必须弄清二者的根本区别，这样才能看到西方经济学中哪些是为资本主义私有制作辩护的，应加以批判；哪些是对我有用的东西，是可以吸收和借鉴的；哪些是可以兼容并包的；哪些是糟粕，必须加以去除的。既尊重差异、包容多样，又有力抵制各种错误和腐朽思想的影响。不划清界限，只笼统表述某种愿望，不能给人以明确的方向，反而会对照搬西方经济学的做法起掩盖作用。

从近一段时期理论界表现的情况看，"指导地位"、"借鉴"这些笼统说法并未能发挥预期的作用，情况令人担忧。有的人在"借鉴"西方经济学的过程中，未能坚持马克思主义政治经济学的基本原理和应有的立场，在"借鉴"、"包容"、"博采"的这些抽象名词下，实际上对西方经济学的基本理论和方法作了全面的肯定，并用它来修改替代马克思主义经济学一些根本理论，赋予它极高的地位，甚至说当前马克思主义经济学要想进一步创新与发展，离开采纳西方经济学的科学因素而无法完成。

举几个情况来看，有人把资产阶级经济学的研究出发点"经济人假设"完全肯定，提出中国经济学也应把它作为根本出发点，并说应把我们的国有企业领导人也作为"经济人"来规定。在政治经济学的研究对象上，提出应从研究社会主义关系转轨到研究资源配置，说资源配置是比生产资料所有制关系更基础的东西。特别是有的人"借鉴"、"包容"现代西方经济学的新制度经济学的"制度"概念，把政治经济学的研究对象从研究社会生产关系转轨到研究"制度"，用"制度"一词代替"生产关系"，把生产关系变革改为"制度分析"、"制度变迁"，说马克思是最早的研究"制度"的经济学家，似乎这样可以提高马克思经济学的地位。持这种观点的人完全没有看到马克思所讲的经济制度与制度学派所说的"制度"，是根本不同的两个经济范畴。前者的经济制度是指社会生产关系总和，后者的"制度"是指上层建筑领域的一些因素。这样的"吸收"、"包容"就用制度经济学的"制度"偷换了马克思主义政治经济学的最重要的一个概念——社会生产关系，这就等于取消了马克思主义政治经济学这门科学。这不是"博采众长"，而是有些改旗易帜的性质。有的学者明确提出"把马克思关于社会经济形态变迁的'革命学'改造成为指导社会经济发展和制度变革的科学"。有人说，话语权就是控制权，这话是对的，这既是历史的经验，也是今天的现实。

如上的情况在经济学理论界不是个别的，是带有倾向性的，不是在几个问题上，而是在一系列问题上。本书谈到了关于经济危机问题上上述倾向也很明显。有的人看到马克思与凯恩斯都研究失业、危机问题，就把两个人的理论等同起来，甚至认为凯恩斯讲的更实际。他们要"把马克思凯恩斯化"，"凯恩斯马克思化"。这种"借鉴"、"包容"不能使我们理解二者基本理论上的根本区别。凯恩斯不把失业、生产过剩危机看作偶然的现象这一点上是接受了马克思的观点的，否定了以往资产阶级经济学把失业、危机看作只不过是一种偶然现象的观点。但是在关于失业、危机产生的根本原因上则是与马克思的理论截然对立的，二者是不能兼容的。可以兼容的只能是为暂时摆脱危机的一些具体手段和方法。如果把凯恩斯对危机原因的理论分析包容在政治经济学作为基本理论，用心理因素解释危机，那就是把马克思融入了凯恩斯，谈不上坚持马克思主义的指导地位，更谈不到马克思主义政治经济学的创新与发展。

马克思主义政治经济学必须与时俱进，不断创新和发展，否则就会失去它对推动经济发展和改革的指导作用，但必须把握正确的方向，应当坚持马克思主义理论的运用，着眼于对我国的经济发展和经济改革实际问题和实践经验的理论思考，推进马克思主义中国化的理论研究，而不是着眼于从西方经济学中捡拾"科学因素"。

本着上述精神，本选集包含的内容大体有以下几个方面。

首先，是作为政治经济学研究的指导方法历史唯物主义理论方面的问题。有的人机械片面地理解生产关系一定要适合生产力的性质这一规律，只看到生产力对生产关系的决定作用，而忽视这一规律中包含的另一方面的内容，即生产关系对生产力的发展的决定性作用，甚至认为生产力是可以离开生产关系独立发展的，生产关系只是处于它对立的方面起被动的反作用。他们想从生产力内部矛盾来寻找它发展的内在动力。这种思考问题的方向是错误的。这实际上是把生产力与生产关系看做是两个可以分割开来的观点，应当看到它们是物质生产中两个不可分割的方面，一个是物质实体，一个是它的社会形式。正是由于社会生产关系是生产力发展的决定性的动力，二者的矛盾运动决定着物质生产和社会的发展。确认了生产关系对生产力发展的决定性作用，才能确认把生产关系作为研究对象政治经济学这门科学在我国经济建设中的经世济民的不可替代的作用。

其次，是直接论述政治经济学这门科学的研究对象问题。改革开放以来，一些人未能正确总结过去在经济工作方面的经验教训，特别是西方经济学大量涌入的影响，无论从"左"的方面或右的方面都在攻击把社会生产关系列为政治经济学研究对象的缺陷，细数其弊端。他们忘记了政治经济学这门科学就是由其把社会生产关系作为研究对象而确立的。英国古典政治经济学正是由于深刻研究了资本主义生产关系，揭示了其运动规律，从而使这一理论成为推动资本主义国民财富快速增长的巨大思想因素。马克思继承了古典学派这一科学成就，在更深层的关系上更科学地揭示了资本主义的内部经济结构及其运动规律，不仅肯定资本主义生产关系是资本主义生产力发展的主要推动者，同时又克服了它的阶级局限性，进一步论证了资本主义关系在推动生产力迅速发展的同时，也逐渐使自己变旧，开始阻碍生产力的发展，因而证明它必然被社会主义公有制代替的规律性。既然社会生产关系是生产力发展的主要推动者，那么政治经济学卫护把它作为研究对象，显然将成为直接推动我国经济发展的最重要的一门科学。

一门科学的存在是由它的研究对象决定的，否定政治经济学的研究对象，就等于取消政治经济学。这必然会对正确组织我国的经济的科学发展造成难以弥补的损害。

第三，本书的论文还对包括股份制、社会主义市场经济的理论以及怎样用马克思主义基本理论正确阐释我国提出的生产要素按贡献参与分配的分配原则等问题作了深入的阐述。此外，还有经济危机、公共产品、经济学国际化等。这些同样都是为了坚持马克思主义政治经济学的基本原理，与西方经济学的错误理论划清界限。不在这样一些重大理论问题上辨明是非，坚持马克思主义在意识形态方面的指导地位就会大打折扣。

在党的十七届六中全会上，党中央领导再次强调指出："我们必须清醒地看到，国际敌对势力正在加紧对我国实施西化、分化战略图谋，思想文化领域是他们进行长期渗透的重点领域。我们要深刻认识意识形态领域斗争的严重性和复杂性，警钟长鸣、警钟长存，采取有力措施加以防范和应对。"我们应当在这方面努力。

马克思主义政治经济学是马克思主义理论体系的最重要的组成部分。历史唯物主义是研究政治经济学的指导方法，在它的指导下，才有了马克思的无产阶级政治经济学的创立。可是也应看到，历史唯物主义理论只是在它被运用来研究政治经济学，揭示了资本主义经济制度的内在结构和运动规律，从而确定了人类社会发展是一种自然史过程后，它才不再是假设，而是经过科学检验的理论。这集中体现在《资本论》这部马克思主义的最重要的著作中，正如列宁所说的，"自从《资本论》问世以来，唯物主义历史观已经不是假设，而是科学地证明了的原理。"① 同时也正因为深刻地揭示了资本主义制度的经济运动规律，如剩余价值规律、资本主义积累的一般规律、资本主义一般利润率趋向下降的规律等，最后完成了社会主义从空想到科学的发展，如恩格斯所说，"科学社会主义就是以此为起点，以此为中心发展起来的。"②《资本论》使得那些依据人性、人道主义来塑造理想社会，把共产主义看做是人的本质的异化和复归的唯心主义历史观失去了最后的基础。这个问题的正确解决不仅影响政治经济学界，也影响到哲学界。

我觉得为了划清马克思主义政治经济学与西方经济学的界限，落实马克思主义的创新、发展和中国化，很重要的一个方面是抓好学生的马克思主义经典著作的学习和理论灌输，打好马克思主义理论的基本功。坚持学习马克思主义经典著作，是党的思想理论建设的一项重要任务，认真学习原著，是确实掌握马克思主义的立场、观点、方法的基本途径，对推动马克思主义中国化，进一步巩固马克思主义在我国意识形态领域的指导核心地位有着重要意义。

在政治经济学领域里划清马克思主义政治经济学和西方经济学理论的界限是一个系统工程，需要耐心地在每一个重大问题上作出研究。我个人的理论水平和知识面还有限，希望更多的理论经济学工作者参与这项工作，我这本选集只表明我希望参加到这件工作中去。

---

① 《列宁选集》第1卷，第10页。
② 《马克思恩格斯选集》第3卷，人民出版社1993年版，第548页。

目 录
CONTENTS

经济学研究中的历史观问题

一

人类社会历史的发展是由什么力量支配的？有没有客观规律可以遵循？这个问题在马克思主义诞生之前没有得到科学的说明。人类早期对这个问题的回答是由神学加以说明的。他们认为是高居人们头上的"上帝"主宰着每个人和人类的命运，决定着社会的面貌和发展，后来，18世纪末到19世纪初，德国古典哲学的代表黑格尔否定了神学的愚昧说法，提出了人类历史是合乎规律发展的观点，但把人类历史运动看做是"绝对精神"实现自己的过程，把人看做是"绝对精神"实现自己的工具。此后，费尔巴哈又否定了黑格尔的绝对精神观点，确立了人在历史中的地位，这是一大进步。但费尔巴哈却用人的理性、意志、情感来解释历史的变化。以上这些看法，从历史观上看虽然在不断进步着，但仍都属于唯心主义的范畴，是不科学的。它们的共同缺陷在于都没有找到决定人类历史运动的根本力量。

马克思在继承和批判了德国古典哲学的基础上，研究了人类历史发展的大量丰富的实际材料，看到了一个极普通的事实，这就是人类的第一个历史活动是解决吃、喝、穿、住的问题，这些维持人生存和发展的生活资料，都只能是生产出来的。只有解决了这个问题，人们才能有其他的活动，如政治的、精神的、文化的等等。因此，物质生产方式决定着一个社会的结构、面貌、性质及其历史运动，社会存在决定社会意识。

物质生产包括两个不可或缺的方面，一是劳动者和他用来加工于自然对象的劳动资料，这叫做生产力，另外是生产过程中人与人之间的联系即生产关系。孤立的个人生产是不能存在的，人们不通过一定的形式结合起来，就不会有社会生产。所以，生产关系是物质生产中的与生产力并存的不可或缺的组成要素。

人们谈论物质生产时，往往忽视生产关系的方面，把它看做是物质生产之外的东西。资产阶级经济学的对象只定义为研究资源配置，却不提物质生产的另一个前提，资源在不同群体之间的分配，即生产资料所有制关系。只有把资源在不同的所有者之间的分配形式与资源在不同生产部门之间的合理配置结合起来，才能有物质生产发生，才能对物质生产有真正科学的研究。

生产关系与生产力之间的基本关系是一定的生产关系是生产力发展的根本前提。生产关系一定要适合生产力的性质，因为只有适合才能推动生产力更快发展，从而创造更多的物质财富和精神财富，有利于人们物质和文化生活水平的提高，由此，这种关系才能为在这种关系中生活的人们所接受，如恩格斯所说的，只要它能推动物质财富更迅速的增长，在这种关系中吃亏的人都会拥护这种关系。当这种生产关系随着生产力的发展不再适合生产力发展的要求时，就会破坏生产力的发展，因而它会被新的生产关系所代替。这是社会发展的客观规律，也是我们观察社会现象和指导社会实践的基本方法论。

把生产关系归结于生产力的水平，这就有了历史发展的观点，因为生产力是不断向前发展，不会停顿的。所以，生产关系也是要不断向前发展，不会停顿的。生产关系适应生产力发展并随着生产力性质的改变而改变，这已经由历史进行了实践并在理论上得到了证明。列宁说："自从《资本论》问世以来，唯物主义历史观已经不是假设，而是科学地证明了的原理。"① 因为马克思在《资本论》中运用这个方法那样清晰地阐明了资本主义经济制度的内部结构及其运动规律，揭示了人类社会发展的前景。

二

历史唯物论的观点认为，人类历史发展是一个具有规律性的过程，社会制度变迁不应当到人的头脑中，到人们对永恒的真正和正义的日益增进的认识中去寻找，而应当到物质生产方式即生产力与生产关系矛盾运动中去寻找。这样，马克思推翻了各种各样的有关历史发展的唯心主义历史观，第一次把人类对自己活动的认识，置于科学的基础上，把社会经济形态的发展确定为

① 《列宁选集》第1卷，第10页。

是不以人们的意志为转移的自然史过程。

承认人类社会历史的发展是由客观规律决定的，是不是否定人在社会发展中的能动性和创造性呢？不是说人们自己创造自己的历史吗？客观规律决定人类社会历史的发展进程是否陷入历史宿命论呢？是不是对人的主观能动性的一种否定呢？

资产阶级经济学提出了另一种历史观，现代西方经济学主流派认为"经济学研究的是：我们社会中的个人、厂商、政府和其他组织是如何进行选择的，这些选择又怎样决定社会资源如何被利用。"① 这就是说是人们的"选择"决定着社会的生产方式和分配方式，把资本主义生产方式的建立看做是人们"选择"的结果。

这种说法是似是而非的。

的确，采取怎样的生产方式，离不开人们的选择。历史的主体是人，历史是人们活动的结果。在社会发展的每个具体阶段上，都存在不同的客观趋向和可能性，而人则需要确定自己对它的态度，他应当作出选择。问题在于人的这种选择是否受客观规律的制约。从日常生活中看，有各种各样的选择，购买什么商品，选择学校，选择科研课题，都是个人的选择活动。从大的方面说，一个国家、政府选择什么制度、体制，选择什么道路，选择怎样的发展方向，这些都表现为选择的结果。

但是从社会经济制度和社会发展方向来看，历史的现实选择却只能有一种。只有那种适合生产力状况的生产关系才能成为现实的选择。因为人们是在既定的状况下进行选择的，他不能自由地选择生产力，从而也不能自由地选择生产关系。例如从原始公社瓦解以来，社会就分裂为两个对立的阶级，起初是奴隶和奴隶主阶级。社会为什么作了这种选择呢？是不是一些人出于不人道、不符合人性的恶劣本性作出这样的选择的？当然不是，马克思主义认为这不能用人性本恶来解释，而是当时生产不大发展的必然结果。恩格斯说："只要社会总劳动所提供的产品除了满足社会全体成员最起码的生活需要以外，只有少量剩余，就是说，只要劳动还占去大多数成员的全部或几乎全部时间，这个社会就必然划分为阶级。"②

---

① 斯蒂格利茨：《经济学》上册，第10页。
② 《马恩选集》第3卷，第632页。

　　一个人在社会里进入什么角色，可能是偶然的，是可以自由选择的。但是一些人进入一种角色，另一些人进入另一种角色，组成一定的社会结构，则不是人们可以自由选择的。例如在封建社会瓦解时，在取代它的社会，一些人成为资本家，一些人成为被剥削的雇佣工人，这样的社会阶级结构则是一种历史必然性，这不是个人或集团可以选择决定的。其所以成为一种必然性，不是哪些人愿意选择当资本家，哪些人选择了当雇佣工人，只是因为在当时的条件下，只有这样一种社会经济形态能推动生产力的更快发展。正因为这样，所以马克思说："我的观点是：社会经济形态是一种自然历史过程，不管个人在主观上怎样超脱各种关系，他在社会意义上总是这些关系的产物。同其他任何观点比起来，我的观点是更不能要个人对这些关系负责的。"①

　　现代西方经济学认为人们的"选择"决定着社会的面貌和发展。用选择可以说明一些表面的现象，但是他们都没有说明为什么18、19世纪的资本主义选择了完全依赖"看不见的手"，而20世纪30年代又选择了"凯恩斯主义"的国家干预政策呢？这是一种主观选择呢还是一种客观必然性？

　　只有生产力与生产关系辩证运动规律，才能对这些变化作出科学的、符合实际的解释。斯蒂格利茨在阐述"选择"决定论时举例说，为什么耕种庄稼的土地改为建工厂，为什么生产汽车代替了马车，他用"选择"来解释。当然这离不开人们的选择。可是为什么只能这样选择，而没有作出另外的选择呢？为什么这种选择没有在古代发生而是在16世纪？实际表明，要把种庄稼的土地改为在上面建工厂，必然要有这样的历史条件：商品流通大大发展，少数人通过各种手段积累了大量的货币资金，另外多数农民被剥夺了土地，不可能为自己劳动，变为无产者，不得不把劳动力出卖给那些资金垄断者。没有这样的条件，能发生斯蒂格利茨所推崇的"选择"吗？若经济学只局限于研究这种"选择"，能对社会发展作出科学的说明吗？显然不能。

　　既然一定的社会经济形态是一种客观必然性，那么，处在这个制度内部的人，当然也不可能是可以自由选择自己的处境。例如在资本主义制度下，雇佣工人中可能有个别人由于偶然机遇或特殊才能，改变了自己的社会地位，甚至进入资产者的圈子，但绝大多数人的选择只能限于选择把自己的劳动力出卖给哪一个资本家，而没有不出卖的自由。罗马的奴隶是由锁链，雇佣工

---

　　① 《马克思恩格斯全集》第23卷，第12页。

人则由看不见的线系在自己的所有者手里。资产者也不是可以自由选择的。马克思指出的，个人的绝对致富欲"表现为社会机制的作用，而资本家不过是这个社会机制中的一个主动轮罢了"；特别是"竞争使资本主义生产方式的内在规律作为外在的强制规律支配着每一个资本家"①，他的任务就是为积累而积累，为生产而生产，它的历史存在价值也正是在这一点上。

资产阶级由于其阶级局限性，只看到社会是一种个人自由选择的活动结果。西方经济学既然把资本主义制度看做是合乎人性的，最合理、永恒的制度，从而他们的任务就不是探究这种制度存在的条件和发展趋势，他们只关心在这种"永恒"的制度下，如何选择更好地获取最大的利润的经营项目，他们的局限性妨碍认识到他们的活动是在由客观条件决定的"框架（客观规律）"里进行的，他们害怕承认客观规律，似乎承认客观规律存在就会导致他们自己赖以存在的制度的否定。可是对马克思经济学来说，正是资产者的这种个人"自由选择"的积极活动，实现着他们所害怕的经济发展客观规律的要求。马克思说："他狂热地追求价值的增殖，肆无忌惮地迫使人类去为生产而生产，从而去发展社会生产力，去创造了生产的物质条件，而只有这样的条件，才能为一个更高级的，以每个人的全面而自由的发展为基本原则的社会形式创造现实基础。"资本家正是从这一点说，他受到历史的尊敬。尽管这个结果不是他们的主观选择，但却是一种历史必然性，不以人们的主观意志为转移。

承认历史发展有客观规律并不排除人的自由的和有明确目的的创造，不否定个人的自我选择的主动性。认识客观规律，只是能使人的个人选择更自觉地按客观规律办事，使他们生存发展得更好。

马克思说："'历史'并不是把人当做达到自己目的的工具来利用的某种特殊的人格，历史不过是追求自己目的的人的活动而已。"② 无产阶级选择了要推翻资本主义制度，不是由于受客观规律强制的结果。无产阶级提出共产主义的革命任务，是由它自己的生活状况和社会地位导出的。有的人从方法论上责备马克思经济学是规范方法，只讲规律，讲"应当怎样"，而西方经济学是实证方法，强调"是什么"。这完全是误解。马克思一再强调，"共产主

---

① 《马克思恩格斯全集》第23卷，第649、650页。
② 《马克思恩格斯全集》第2卷，第118、119页。

义对我们来说不是应当确立的**状况**，不是现实应当与之相适应的**理想**。我们所称为共产主义的是那种消灭现存状况的**现实的**运动，这个运动的条件是由现有的前提产生的。"① 在总结 1871 年巴黎公社经验时又再次强调这一点说，"工人阶级不是要实现什么理想，而只是要解放那些由旧的正在崩溃的资产阶级社会本身孕育着的新社会因素。"② 这清楚地阐明了客观规律与人们自己创造自己历史活动之间的关系。

三

在人文社会科学领域里，与历史唯物主义相对立的一个根深蒂固的观念是人性论，这种理论认为满足人的共同本性的要求是推动人类历史前进和制度变迁的根本动力。

作为人，是否存在共同本性呢？我认为是存在的。例如，每个人都有生存延续后代的欲望，都追求生存条件的不断改善，这就是孟子所说的"食色性也"。另外，因为人只有在社会中才能存在和发展，因此为维系社会存在所必须具备的某些共同的情感，例如，维护人的尊严和人格，相互尊重、平等对待，同情弱者，以及亲爱、情爱、友爱等等。例如，人们常说的人之初，性本善，性相近，习相远中的"性"，就是指为维系社会存在所必要的共有情感。由于存在着这种共同的"人性"，所以，现代人可以与古代人在情感上沟通，古希腊的神话故事和文艺作品同样引起我们感情上的共鸣，随意屠杀人被看做是泯灭人性，非人道的。

这里所说的"人性"是指人所共有的一般特性，是作为人所共有情感的一个抽象概括。但是，由于没有抽象的人存在，这种共同的"人性"在现实中也是不存在的，在现实中"人性"都深深地打上特定阶段社会关系的烙印。资产阶级经济学家们把追求私利的"经济人"的"人性"作为一般的人性，看作人本身固有的本性，他们把这种"经济人"作为建立经济学的根本出发点，用他来推演出资本主义制度的产生和发展。实际上他们作为出发点的"经济人"绝不是一般人性，而是融入了"阶级性"。把追求私利的阶级性说成是一般人性，不过是要证明资本主义制度的合理性、永恒性。

---

① 《马恩选集》第 1 卷，第 87 页。
② 同上第 3 卷，第 60 页。

"经济人"观点至今仍支配着西方经济学理论，这是因为它作为资本主义社会的"人"——资产者的规定是符合实际的，从而对该社会许多重要现象有解释力，现代资本主义社会的大量现象的确是在追求私利最大化的动机下发生的。

当前我国经济理论界和实际经济工作者中也有人认为"经济人"也适用于社会主义公有制经济的经济运行过程，用经济人行为假定来解释我国经济发展中的重要现象和指导我国的经济体制改革。产生这种看法有它的客观原因，因为我国经济体制改革的目标是建立社会主义市场经济体制，与此相联系的，国有企业改革的目标是建立现代企业制度，企业的基本任务转变为面向市场，使国有资本保值和增值，从表面上看，这似乎与资本主义企业是一样的，因此认为"经济人"的行为假定也适用于社会主义公有制企业。

但是，这种简单化套用的方法是不恰当的，抹杀了社会主义企业与资本主义之间的本质区别。社会主义国有企业的经营管理者不是追逐私利的"经济人"，从本质上说他是社会主义国家的工作人员，是社会主义企业家。他工作的根本出发点，不是利润最大化，而是提高人民生活水平。《中共中央关于制定国民经济和社会发展第十个五年计划的建议》中明确指出："不断提高城乡居民的物质和文化生活水平，是发展经济的出发点和归宿。"这当然也是社会主义企业生产经营的根本出发点。

既然是经营管理企业，它的任务和目标不同于政权机构和文化教育事业单位等非经营机构，企业必须做到使国有资产保值和增值，要获取尽可能大的盈利，以保证不断的扩大再生产和社会事业的不断发展。当然这里的盈利与资本主义企业不同，后者是把利润作为生产和经营的根本目的，是生产的绝对目的和动机；社会主义企业必须重视盈利，但盈利不是目的本身，而是手段，是进一步扩大再生产、增大财富和服务总量，以不断提高全体人民的物质和文化生活水平和使他们获得全面发展的手段。

一个是把利润最大化看做是目的本身，一个是把盈利和资产不断增值作为实现改善人民生活质量的手段，这显然是两种根本不同的事情。把二者等同起来，这种表面的形式的看问题方法，是导致他们用"经济人"行为来解释社会主义制度下经济活动性质的一个重要原因。

"人性论"的问题主要不在于主张存在共同的"人性"，要害在于它是作为一种历史观提出的，用是否符合人性来作为判断一种社会制度存在合理性的最高标准，认为它决定着社会的变迁和制度的变革。

这是一种唯心主义历史观，用它解释不了任何一个重大的历史运动和社会变迁，它说明不了为什么奴隶制代替了原始公社制度、封建制度代替了奴隶制度，也说明不了资本主义制度为什么代替了封建制度。伟大的思想家空想社会主义者，竭力揭露资本主义初期所暴露出来的残酷的剥削和压迫，指出它多么不人道，不符合人性所要求的自由、平等、博爱，但是，当时这些批判尽管对资本主义的"无人性"的弊端揭露得淋漓尽致，却显得软弱无力，只是在少数知识分子中传播，没有对现实历史变动发生作用。因为当时资本主义剥削制度正是作为适合生产力发展的一种经济制度存在。也正是在这种制度的推动下，社会生产力得到了空前的发展，社会财富迅速增加。

"西方马克思主义"和"西方马克思学"提到马克思主义与人道主义的关系问题时，一些人主张回到早期马克思那里去，即回到还受人本主义影响时的马克思那里。在1845年以前的青年马克思主要还是站在人道主义立场上批判资本主义剥削制度的，他当时批判资产阶级古典政治经济学，说他们把人看作微不足道，而产品是一切，马克思说共产主义"才是人的本质对人说来的真正的实现，是人本质作为某种现实的东西的实现"①。但是，这时科学真理是在古典政治经济学那边，而不是在马克思一边。

没有人道主义精神，没有对穷苦劳动群众受到非人道待遇的同情，就不可能成为马克思主义者。但是人本主义、一切从人出发的观念不等于马克思主义。恰恰相的反，作为一种历史观，如果不彻底清除人本主义思想，就不可能发生伟大的理念创新，不可能产生马克思主义。1845年马克思和恩格斯合写出了《德意志意识形态》，通过这篇论文清算了德国"真正社会主义"派别，同时也清除了自身的人本主义思想，创立了一种崭新的科学历史观。此后他们运用这种唯物主义历史观和方法论研究了政治经济学和资本主义生产的现实发展，由此创立了科学社会主义。科学社会主义不同于空想社会主义的关键就在于把评判一定经济制度的合理性和社会变迁的根源和动力，从人道主义观念移到生产力与生产关系的矛盾运动上。这就把历史发展进程不再是看作追求"人性复归"、"实现人道主义"，而是一个合乎规律的自然史过程。有人说"马克思主义的实质就是人道主义"，"马克思主义以人为最高

---

① 《马克思恩格斯全集》第42卷，第175页。

目的，正是马克思主义的价值所在"，这显然是对马克思主义的一种极大的误解。

法国小说家雨果说："在绝对正确的革命之上，还有一个绝对正确的人道主义"。但是这位支持法国资产阶级革命反对封建制度的作家的人道主义呼吁却没能阻止革命进程中的流血斗争，而恰恰是这种斗争推动了历史的前进和资产阶级共和国的建立；另外，这种人道主义呼吁也不能阻止在自由、平等、博爱旗帜下获得了政权的资产阶级统治者反过来把人不当人看的现实，资产阶级用非人道的甚至用更严酷的手段镇压昔日的同盟者工人群众，确立起更残酷的资本主义剥削制度，如马克思所揭穿的"它把人的尊严变成了交换价值，用一种没有良心的贸易自由代替了无数特许的和自力挣得的自由"①。

有人说马克思主义哲学的出发点是"人"，因为马克思说过人在本质上是一切社会关系的总和，所以"马克思恩格斯正是从现实的，社会的，实践的人出发，唯物地而又辩证地研究人，才创立了历史唯物主义"。他们断言"马克思主义哲学的出发点是人"。但是从"人"出发的观点，不是唯物主义的历史观。因为人既然在本质上是一切社会关系的总和，那么对社会的研究只能从一定阶段的社会关系出发。只有弄清这种社会关系，才能理解在这种关系中活动的人。例如在资本主义制度下，只有弄清资本主义经济内部结构和运动规律，其在历史上的地位和发展趋势，才能理解在这种制度下生活的人，才有理解不同的人的不同职能和他们不同的地位，和他们在历史上的作用。针对那些总是迷恋从"人"出发的经济学家们，马克思强调说，我的分析方法**"不是从人**（重点是马克思自己加的）出发，而是从一定的社会经济时期出发"②。只有按照从"一定的社会经济时期"或"一定的经济发展阶段"出发的原则研究社会历史的运动，才能揭示该社会的内部结构和发展规律，也才能理解在这个结构中活动的人的状况。

为什么从"人"出发还是从"一定的经济时期"出发这两种分析方法，一直在争论着，不断反复被提出呢？最近又有人批评马克思经济学本质上是只研究生产但不研究人，而西方新制度经济学才是既研究生产关系又研究人的经济学。生产关系是人与人的经济利益关系，研究生产关系怎么能不研究

---

① 《马克思恩格斯选集》第1卷，第275页。
② 《马克思恩格斯全集》第19卷，第415页。

人呢？对马克思经济学的这种指责显然是难以自圆其说的，实质上，这类批评所反映的仍然是指责马克思的历史观只讲生产关系的客观发展规律，不重视对抽象的"人"的"人性""人道主义"的研究。

一些人所以陷入这种理论上的混乱，我认有以下两个原因，一是他们都没有理解个人与社会之间的实际关系。在他们看来，社会是由一个个人组成的，不研究人，就不可能了解社会，所以人是研究的出发点，一切都应当是为了人，这是天经地义的。但是这种对社会与个人之间关系的简单理解是不正确的，马克思说："社会不是由个人构成的，而是表示这些人彼此发生的那些联系和关系的总和。"① 例如一个人，离开社会，他是一般的人，他在一定的社会里，譬如奴隶社会，他成为奴隶，在资本主义社会里，他是雇佣工人。所以，离开对一定阶段社会的性质，就不能理解每个个人。马克思的历史唯物主义方法论绝不是像一些所说的不重视"人"，而是阐明真正理解现实的人的规定的真正基础，避免在抽象的人的错误观念中打圈子。

另一个使人们陷入认识上混乱的重要原因，是没有把伦理意义上的人道主义，和作为历史观的人道主义观念区分开。从伦理学意义上讲，说人道主义是人类社会赖以生存的发展的前提，是人类社会的普遍价值，这种看法并没有什么错。如果人与人之间不相互尊重，不讲人性，兽性地屠杀，个人和社会也就不能存在。这是人作为人首先必须具有的品性。针对不讲人道的恶行进行鞭挞，在日常生活中强调以人为本，高举人道主义的旗帜，不断进行作为人性的起码友情要求的人道主义教育，都是非常重要的。

但是从历史观的意义上来说，把人性、人道主义等看做是在历史发展中起决定作用的力量，把抽象的人性、人道主义当成判别一定社会经济制度是否合理的标准，当成社会发展的根本动力，这种观点，则是完全错误的，必须加以批判的。它不能成为决定人们历史行动的指导思想，在我国的今天，一般人性、人道主义这些抽象概念，不可能成为党和国家制定方针政策的理论根据，因为人性论者所说的"真正的人"就是连他们自己也说不清是什么样的，例如我们社会主义初级阶段的基本经济制度是公有制为主体、多种所有制经济共同发展，对为什么要选择这种制度，用人性、人道主义能够加以说明吗？

---

① 《马克思恩格斯全集》第46卷，第220页。

　　还应当看到，在当前人道主义被一些人利用反对社会主义制度。大家都知道，戈尔巴乔夫等打着建立"人道主义社会主义"的幌子，瓦解了苏联社会主义国家。那种以"人是最高目的，人有人的尊严和人格人道主义社会主义"为目标的改革的实际说明了什么，不是很清楚吗？这充分证明，抽象"人性"、"公平"、"人道主义"等都不可能提供历史发展的客观根据，从而不能提供制定正确改革方针的理论根据。这表明，从历史观意义上说，人道主义观念对于实际发展没有任何意义。

　　我认为把伦理学意义上的人道主义与作为一种历史观的人道主义区别开，有助于刘马克思主义的历史唯物主义这一科学理论的正确性有明确的认识。

"经济人"假设的历史观和方法论

——"经济人"与"人格化资本"
两种不同规定的本质区别

随着我国把经济体制改革的目标确立为建立社会主义市场经济体制之后，改革的核心转变为塑造市场竞争主体，随之就提出来国有企业发展生产的根本动力是什么、国有企业领导人的生产动机和行为准则是什么，以及与此相联系的，政治经济学研究的根本出发点是什么等问题。

有的人认为，既然经济体制改革的方向是建立市场经济体制，那就要用西方经济学作为指导思想来引领我们的经济发展目标和建立反映这一变化的现代经济学体系。西方资产阶级经济学始终都是以亚当·斯密提出的"经济人"假设为根本出发点的，因而一些人也就要求中国政治经济学学科的建设也必须以"经济人"假设作为出发点，我们经济发展也必须以"经济人"的利己主义观念为根本动力和动机。由此，关于"经济人"假设问题的探讨在经济学界也热了起来。

有人说，"中国共产党经过改革开放最大的收获可能在于弄懂人都是'经济人'。因此一切的政策策略都要以此为出发点。"[①] 还有人说，"因为二百多年来，它（指现代西方经济学的理论）反复经过实践检验，颠扑不破。比如经济人假定，把人看做是理性的利己主义者，说人是自私的"。[②] 出现这种现象表明，作为西方资产阶级政治经济学的根本出发点和基础的"经济人"假设在相当程度上仍然影响着我们的经济工作干部和经济理论工作者。

---

① 陈学明：《反对把'经济人'普遍化、永恒化、正面化》，载《证大杂志》，2004 年第 4 期。

② 王东京：《驾驭经济的理论支点》，载《文汇报》，2004 年 6 月 6 日。

　　"经济人"假设是涉及到政治经济学研究社会经济制度根本出发点的问题，是理解马克思主义政治经济学与西方资产阶级经济学在研究方法上的根本区别所在的重大理论问题，所以，弄清它的实质，揭示它的合理性和局限性，揭示它研究方法的唯心史观本质，树立马克思主义研究社会经济制度的历史唯物主义方法论的指导地位，有着重要的理论意义和实践意义。

　　"经济人"思想是古典经济学家亚当·斯密于1776年在《国民财富的性质和原因的研究》一书中突出地提出的，用它来推论新的资本主义制度的产生和揭示该经济制度的内部结构。

　　斯密认为，追求自身利益是人的本性，人类社会的构建就是在个人追求自己利益的基础上确立的。在社会里人们是需要相互协助的，否则不能存在下去，但人们相互关系的建立不是依赖于他人的恩惠，而是相互刺激对方的利己心。他说："如果能够刺激他们的利己心，使有利于他，并告诉他们，给他做事，是对他们自己有利的，他要达到目的就容易多了。"①

　　马克思对斯密的"经济人"和他所活动其中的社会特征是这样描述的："使他们连在一起并发生关系的唯一力量，是他们的利己心，是他们的特殊利益，是他们的私人利益。正因为人人只顾自己，谁也不管别人，所以大家都是在事物的预定的和谐下，或者说，在全能的神的保佑下，完成着互惠互利、共同利益、全体有利的事业"。②

　　斯密对"经济人"这种描述和规定反映了资本主义经济制度的客观现实，是当时的商品生产者和资产者本性的真实写照，是现实存在的社会经济关系的客观反映，因此，斯密对"经济人"的规定，其错误不在于他把"经济人"说成是具有利己心的，把利己作为经济活动的根本出发点，是促进财富增长的唯一动机。"经济人"假设倒是真实反映了资本主义经济制度下人与人之间关系的实际。

　　斯密的"经济人"思想及后来其他学者对"经济人"假设所做的补充和修正，其错误或不科学的地方主要表现在以下方面。

---

①　亚当·斯密:《国民财富的性质和原因的研究》，商务印书馆1996年版。

②　马克思:《资本论》，人民出版社1975年版。

一、"利己人"仅仅是从人的本性中引伸出来的，完全忽视了他存在的历史条件

斯密没有提出这种"利己人"或"经济人"在历史上出现的条件。如马克思所批评的，"在他们看来，这种个人不是历史的结果，而是历史的起点。因为按照他们关于人性的观念，这种合乎自然的个人并不是从历史中产生的，而是由自然造成的。"马克思从历史的实际发展指出，斯密的这种独立进行生产的个人在以往的历史中并不存在。"只有到 18 世纪，在'市民社会'中，社会联系的各种形式，对个人来说，才表现为只是达到他私人目的的手段，才表现为外在的必然性。"①

实际上，这里的"经济人"不是人与生俱来不变本性的体现，而是在当时"市民社会"里从事经济活动的人的本性，是以私有制为基础的商品生产者的本性。或者具体地说，是从商品生产者向资本主义生产方式转化的资产者的本性。恩格斯对此作了明确的阐述，他指出："在他们看来，新的科学（指政治经济学——引者注）不是他们那个时代的关系和需要的表现，而是永恒的理性的表现。新的科学所发现的生产和交换的规律，不是这些活动的历史地规定的形式的规律，而是永恒的自然规律；它们是从人的本性中引伸出来的。但仔细观察一下，这个人就是当时正在向资产者转变的中等市民，而他的本性就是在当时的历史地规定的关系中从事工业和贸易。"②

斯密自己对这种利己主义者也作了具体描述，他说："资本一经在个别人手中积聚起来，当然就有一些人，为了从劳动生产物的售卖或劳动对原材料增加的价值上得到一种利润，便把资本投在劳动人民身上，以原材料与生活资料供给他们，叫他们劳作。……假若劳动生产物的售卖所得，不能多于他们垫付的资本，他便不会有雇佣工人的兴趣；而且，如果他们所得的利润不能和他们所垫付的资本额保持相当的比例，他就不会进行大投资而只进行小

① 马克思、恩格斯：《马克思恩格斯选集》，人民出版社 1995 年版。
② 马克思、恩格斯：《马克思恩格斯选集》，人民出版社 1995 年版。

投资。"①，这里的"人"不是典型的资产者吗！

斯密的"经济人"思想把追求私利作为经济活动的根本出发点，公开确认资本主义生产的根本目的和动机是追求利润最大化，这表现了斯密的科学勇气。他所以坦然承认这一点是因为那时替代封建制度的资本主义经济制度是唯一最能推动生产力发展和财富增长的一种生产方式，是最能富国裕民的。这种观点在当时无疑是正确的。

斯密从人的本性引出"经济人"假设一方面表现了他的形而上学的思想方法和资产阶级的阶级局限性，但是从另一方面来看，从当时理论界的状况说，这种观点也有一定的积极意义。从人性出发说明制度的产生，也就把这种制度看做是自然的，不以人们的意志为转移的。这也就否定了当时占支配地位的思想方法，即把人类历史看做是由英雄人物按照主观意志进行选择以达到一定目的的活动，这是一种主观唯心史观的方法论。斯密从人的本性出发，把历史看做是单个个人为私利从事经济活动的自然结果，是不以个人的主观意志为转移的自发过程。各个人都追逐个人私利，其结果就形成了资本主义这样一种经济制度。确定这一点，历史就不再被看做是天神、上帝、绝对观念或某个英雄人物按照一定目的所创造的。斯密的这一观察问题的方法与马克思关于经济发展规律的客观性的观点是相通的。马克思就一再强调人类历史的发展是一种自然史的过程。

二、"经济人"与"人格化资本"体现着两种不同的历史观和方法论

斯密的"经济人"思想另一个重大不科学的地方，就是他把资本主义制度下资产者的"特殊人性"——对剩余价值的追求说成一般人性，是一切人所具有的"共性"。

斯密的"利己人"或"经济人"，这种概括虽然是现实关系的反映，但这种表述有着很大的缺陷。首先，这里的"经济"、"利己"是一些抽象、模糊的概念，它没有表明"经济"和"利己"的具体内容，也表现不出它与以

---

① 亚当·斯密：《国民财富的性质和原因的研究》，商务印书馆1996年版。

往历史时代的"经济"和"利己"的区别，表现不出它的历史特殊性。这种泛化的概念当然也难以对现实经济制度有解释力。

马克思对资产者的本性作了科学的概括，把他叫做"资本人格化"或"人格化资本"。这个概括首先使我们看到，这里不是讲一般的经济，而是资本主义经济，不是讲一般的利己主义，而是讲通过占有雇佣工人的无酬劳动、发财致富的"利己心"。雇佣工人的利己与资产者的利己是截然不同的，如马克思所生动描述的，"原来的货币占有者作为资本家，昂首前行；劳动力占有者作为他的工人，尾随于后。一个笑容满面，雄心勃勃；一个战战兢兢，畏缩不前，像在市场上出卖了自己的皮一样，只有一个前途——让人家来鞣。"① 利己心对于资本家来说，表现为占有别人无酬劳动或它的产品的欲望；而对于工人来说，则表现为不能占有自己的产品，只能获取自己劳动力商品价值的愿望。抹杀这种内容区别的抽象的"利己心"分析对资本主义经济制度的性质、特征和运行当然不可能有解释力，它不能解释这个社会为什么存在着两种截然不同内容的"利己心"和经济利益要求。

另外，"人格化资本"与"经济人"比较起来，它科学地表现出了人的本性与他所处生产关系之间的实在关系，科学地表现了资产者与资本主义经济制度之间的关系：即资本主义生产关系的客观存在决定了资本家个人的存在，而不是具有利己心的资产者的存在决定了资本主义关系的存在。资本家的本性是由资本的本性决定的，是资本的人格化，而在斯密那里，资本主义关系的产生是由人的本性决定的。

马克思运用历史唯物主义方法科学地阐明了个人与特定生产方式间的关系，他说："不过这里涉及的人，只是经济范畴的人格化，是一定的阶级关系和利益的承担者。我的观点是，把经济的社会形态的发展理解为一种自然史的过程。不管个人在主观上怎样超脱各种关系，他在社会意义上总是这些关系的产物。同其他任何观点比起来，我的观点是更不能要个人对这些关系负责的。"②

这里表现了研究政治经济学的基本方法论，即历史唯物主义。这种研究方法与亚当·斯密有着根本的不同，斯密的"经济人"假设是用人的本性说

---

① 马克思：《资本论》，人民出版社 1975 年版。
② 马克思、恩格斯：《马克思恩格斯选集》，人民出版社 1995 年版。

明社会经济制度的本性，说明该制度的产生和发展，而在马克思那里则把看问题的方法从根本上颠倒过来。马克思不是用个人的特性说明一定生产关系的产生，而是用一定生产关系的产生和存在说明个人特殊本性的产生，也就是用资本关系的存在说明资产者的存在。"资本人格化"的概括正是体现了这种方法论。资本关系是一个客观存在，资产者不过是这种必然存在着的生产关系的载体和实现者，是这种生产关系的产物。"资本人格化"科学地表现出了一定阶段生产关系和个人本性之间的真正关系，这里既包含了历史的因素，它表现了一定历史阶段特殊的生产关系，也包含了唯物主义因素。它表明是物质生产关系决定人们的意识和观念，而不是人的意识和观念决定社会经济制度。

现实的历史发展过程展示了这一点。在封建制度末期，生产力的发展导致商品生产的扩展和商品流通的扩大，运输工具的进步，使得世界贸易迅速增进。发达的商品流通是资本主义制度产生的历史前提。世界市场的扩大要求商品生产的快速增加，但是当时的商品主要还是依靠单个的生产者提供的，生产方式还主要是手工业式的。分散的家庭手工业和城市中的行会手工业已不能满足扩大了的市场对商品的需求，客观上就要求产生新的生产方法，这就是要求改变个体的生产方法，利用协作和分工来进一步提高劳动生产率。恩格斯说，分工是机器大工业产生前生产发展的最主要的杠杆。

可是要采取协作和分工这种提高劳动生产率的方法，就要求根本改变单个人单独进行生产的方式，必须把许多人集中到一个地点，协同进行生产。但这只能通过建立一种新的生产关系才能实现。在当时的历史条件下，只能是通过建立这样的生产关系：少数集中占有了大量货币财富的人，建立起大的厂房，购买必要的生产资料，同时，还要剥夺原来独立从事生产的商品生产者的生产资料，使他们成为一无所有的贫民，不再能为满足自己的需要从事生产，从而不得不把自己的劳动力卖给生产资料的所有者，进入他们的工场劳动，成为雇佣劳动者。这样，资本主义生产关系就成为生产力发展的必然选择。在当时的历史条件下，只有这种生产关系才能推动生产力的进一步发展和劳动生产率的迅速提高，才能促进财富的快速增长。

正是这种资本主义生产关系的必然性，决定了社会人群分裂为两大阶级，资产者和无产者，从而也决定了资产者的特殊人性，即无限追逐价值的增殖，无产者的特殊人性，即追求自己的劳动力商品价值得以实现。这清楚地表明只有理解一定阶段的生产关系，才能理解在这种生产关系中活动的人的本性，而不是从人的本性引伸出社会生产关系的特性。马克思指出，"这种生产方式的主要当事人资本家和雇佣工人，本身不过是资本和雇佣劳动的体现者，人格化，是由社会生产过程加在个人身上的一定的社会性质，是这些一定的社会生产关系的产物。"① 正是基于这种观点，马克思强调说个人在社会意义上总是这些关系的产物，不能要个人对这些关系负责。

哪些人成为资产者，哪些人成为雇佣工人，也许会有一定的偶然性，但社会上存在着两个对立的阶级则是一种必然，一部分人出资建立工厂，购买劳动力，组织和管理生产，无偿占有雇佣劳动者创造的剩余价值，一部分人只能靠出卖劳动力受雇于资产者，在资产者的支配下，从事劳动。

从这里也可以清楚地看出，"经济人"假设尽管成为西方资产阶级学的根本出发点，但在实际上它对资本主义制度是缺乏解释力的，而"资本人格化"的概括却是实在地表现了资本主义制度下人们之间关系的现实，从而有更大的解释力。认为"经济人"假设对资本主义制度有充分解释力，只不过是一种肤浅的虚伪幻象。因为它说明不了资本主义关系为什么必然存在，从而也说明不了资产阶级为什么必然存在。

正因为这样，西方资产阶级经济学把"经济人"假设作为其根本出发点是不科学的，是历史唯心主义的思想方法。以历史唯物主义作为指导性的方法才是科学的方法，才能指引我们正确地揭示资本主义制度的运动规律和内部结构，才能成为理解资本主义社会一切重要现象的理论根据。

三、资产阶级经济学对"经济人"的补充和修正反而模糊了斯密所指"经济人"的本意

资产阶级经济学为了使"经济人"假设更加靠近资本主义社会实际，具有更大的解释力，不断地对它进行批评、修正和补充。他们似乎是在对斯密的"经济人"规定作理论上的充实和发展，但是，他们实际上都在模糊斯密"经济人"规定的本意，抹杀斯密对资产者特殊本性的概括。众多的补充和修

---

① 马克思、恩格斯：《资本论》，人民出版社 1975 年版。

正都具有一个共同点，就是他们都把斯密的"经济人"当作一般的抽象的人，然后指出它在解释一般人行为上的缺陷，这些都有意无意地曲解了斯密的"经济人"只是对资产者这种特殊人性的概括。因此，这些补充、修正不仅谈不上对斯密"经济人"假设的发展，也没有多大的理论价值。

这些所谓的修正、补充大体有以下几种类型。

（一）从过去历史的角度批判"经济人"利己思想的谬误性

从此角度对"经济人"假设进行批判的主要是德国历史学派，该学派指责"经济人"假设将"利己"性看成是其经济行为的唯一动机，这样就把人们受到道德、情感等诸多方面动机激励下去追求的社会利益排除在外，这显然是不符合事实和有悖常规的，如果真像斯密假设的那样，"经济人"就成了不顾国家、民族和社会利益唯利是图的经济动物，并批评斯密"越来越陷入于唯物主义、狭隘观点和利己主义"①。德国历史学派创始人之一的布鲁诺·希尔德布兰德则强调了历史与文化在形成人动机方面的作用。

这种批判的谬误在于没有认识到斯密对"经济人""利己"性的概括正是资本主义关系下从事生产经营的资产者本性的写照。它真实地表现了资产者从事经济活动的根本目的和动机。斯密坚定地确认这一点并把它作为阐述资本主义制度的历史和逻辑的起点，表现了他维护资本主义关系的勇气，因为他确信在当时资本主义经济制度是最能促进国民财富增长的经济制度。

而历史学派对"经济人"假设的反对，只不过反映了德国封建国家力量的强大和资产阶级的软弱性，不相信资产阶级本身追求私人利益的力量，企图利用封建国家来支持资本主义经济的发展。所以，德国历史学派的批判是一种用虚伪的文化、道德来掩盖资产阶级的本性，限制资本主义制度自由竞争的力量。与斯密的"经济人"的概括比较起来，显出他们的虚伪和怯懦。正如马克思所指出的，"他害怕谈他所渴求的恶的交换价值，而谈生产力；他害怕谈竞争，而谈国家生产力的国家联合；他害怕谈他的私利，而谈国家利益。"②

"经济人"假设的捍卫者对德国历史学派的反对意见曾作过批驳，例如以庞巴维克为首的学派曾指出，如果要是把伦理道德法律等精神上的因素逐一

---

① 李斯特：《政治经济学的国民体系》，商务印书馆。
② 马克思、恩格斯：《马克思恩格斯全集》，人民出版社1979年版。

涵盖于"经济人"假设中，那只不过是中世纪禁欲主义的再现，对人的经济行为进行抽象，用欲望和追求个人利益的满足来说明人的经济行为是可行的。他们特别从研究问题的方法上为其辩护，认为政治经济学是研究人的社会科学，而对人的经济行为的抽象则是进行科学研究的基本前提。庞巴维克虽然完全出于对资本主义制度辩护的目的，但从研究方法上来说这种观点还是正确的。因它是对资本主义生产本质的恰当概括，这种抽象方法对揭示资本主义的运动规律也是一种正确的方法。

（二）把斯密的"经济人"解释成一般的人

一些经济学者力图泛化"经济人"，使"经济人"不仅能解释资产者本性，而且能泛释所有人的本性。他们认为人群是由生产者、消费者和生产要素所有者、政府等各种团体组成的，追求利润最大化这一动机不能解释所有这些人的行为，因此，他们把利润最大化动机中的核心"利润"抽去，也就是把"经济人"中的资产者内容抽去，提出了不同的最大化理论来解释"经济人"。具体地说，就是消费者追求效用最大化，生产者追求利润最大化，生产要素所有者追求收入最大化，政府官员追求选票最大化。如果这样解释，这个社会中的人群都是独立的、没有内在联系的各有不同利益追求的单个人集合体，基本的阶级划分就被取消了，而为什么各种不同的人追求不同内容的最大化，人的活动又是怎样有机的结合在一起构成社会整个系统的运转，则都是不能得到解释的。虽然这些学者认为这种对"经济人"假设的经济行为的"补充"更接近现实生活，但实际上是最大的脱离现实，使人们不再能对现实社会有真正的理解。这是因为，这些所谓的"接近"现实的"补充"，只能起一个作用，就是淡化了人们对"经济人"作为资本人格化的特殊人性的认识，掩盖了资本主义生产关系的深层本质。像马克思批判耶利米·边沁时说的，"他幼稚而乏味地把现代的市侩，特别是英国的市侩说成是标准的人"。① 用理想中的"标准的人"来粉饰"经济人"，用一般人性来美化资产者，归根到底是为了美化资本主义制度。

斯密的"经济人"或者马克思所说的"资本人格化"，绝不是否认资产者作为一般人所具有的共同人性的一面，资产者作为一般的人同样有七情六欲、同样有个人特别的性格特点和需要偏好；也不否认不同人群会有不同的

---

① 马克思：《资本论》，人民出版社 1975 年版。

特殊利益要求。问题在于这里不是一般的社会学、人类学、心理学、伦理学，而是揭示一个社会经济制度的内部结构，阐明资本主义经济制度运动规律的科学。该科学并不否认道德、情感诸多因素对人的日常行为的影响作用，但作为资本主义这种特殊制度的代表人，其本质的规定应当表明，他行为的决定性动机是什么，这只能是唯一的而不是多元的。用其他诸如伦理、道德、情感来叙述资产者的行为，看起来更接近的现实的人，但它却远离了"资产者"的真实的本质规定。所以从理论上说，这是背离现实的，它已经不能对现实的资本主义经济制度提供科学的认识。斯密的"经济人"利己心的规定恰恰是真正符合当时新兴资产阶级的本质规定。资产者也正是因为他无限地追求利润最大化，才推动了社会生产力的发展，推动了历史的发展和制度的变迁，才确定了自己的历史地位，才使资本主义社会制度成为可以理解的。

（三）运用制度对"经济人"假设修正、补充观点的缺陷。

运用制度对"经济人"假设进行修正、补充的观点错误在于弄不清经济关系与其它社会制度的关系，淡化经济基础对上层建筑的决定作用，实际上就是淡化资本主义生产关系对它的上层建筑中的政治文化、法律、意识形态以及各种制度等等性质的决定作用，割裂了它们之间的内在联系，以粉饰资本主义社会制度的本质。

比较典型的是新制度经济学，它认为社会、历史和政治因素在经济生活中所起的巨大作用，强调采取制度分析、结构分析方法来说明社会的变动和制度在经济增长中的作用，主张用"社会—文化人"取代"经济人"。

在社会中人与人的关系当然不仅是经济关系，还包括社会、文化关系。对一定社会制度的研究当然不仅从经济方面研究，而应从包括社会文化的角度加以研究，才能说明这个社会制度的全貌。而问题在于为了揭示社会制度的各个方面必须明确哪个方面是基础性的，起根本的决定作用的；哪些方面是居于次要地位的，是被决定的方面。斯密的"经济人"分析的长处正在于他把经济因素提到了首位。斯密也正是把物质财富的增长，对物质财富增长中起决定性影响的经济关系特别是生产关系作为自己经济学的研究对象，从而在一定程度上，揭示了资本主义经济制度的内在结构和经济运行一般规律，使政治经济学成为一门独立的科学。如果像新制度经济学那样，用社会、文化因素代替经济因素，那就等于取消了经济学这门科学。这就不是什么对"经济人"假设的修正，而是模糊了经济基础与上层建筑之间的基本关系，很难想象，离开了经济关系的决定作用，对社会、文化等各种关系的性质和发展能作出真正的科学的证明，它的"社会—文化人"的面目也就成为一个模糊难以确定的"人"。

当然，作为推动生产力发展的动力—生产关系本身包括多个方面，这里有直接生产过程中的关系、交换关系、分配关系、消费关系。此外，为维护和推动这些关系不断完善和即时调整的，还有一系列的上层建筑要素，包括社会、文化、意识形态、政治、法律、道德等。这些要素都会在保卫和推动经济增长方面起着直接和间接的作用。

从日常现象中寻找都有哪些因素会对人的行为产生影响，这些因素可以延长为一个无限长的链条，对这些因素的探讨可以促使一些新学科的产生。但是这样做却脱离了经济学的根本任务和研究范围，政治经济学的任务在于找出支配人们行为的最根本因素，找出推动经济增长的决定性动力，并在此基础上揭示社会经济制度的内部结构，从而也说明了其他各种经济的和政治、社会文化等因素在整体上是怎样构成的。新制度经济学用多因素与经济因素混在一起，只能起到淡化经济基础与上层建筑的基本关系，抹杀了生产关系在全部社会关系中的决定作用。

（四）西方经济学对"经济人"假设提出质疑的另一种倾向是把人们对"经济人"质的规定引导到量的探讨上，引导到"经济人"的利己要求能否完全实现的方面。这是资产阶级经济学方法论特点，总是有意无意地忽视事物质的规定，和质的特殊性，而如马克思所指出的，"量的分析把他们的注意力完全吸引住了。"① 因为量（利润量）的大小才是资产者所真心关心的问题。

现代西方经济学从量的分析方面来修正"经济人"假设的观点，包括如下一些方面。有些学者针对"经济人"假设中完全理性和完全信息的不现实性，提出了"有限理性"和信息不对称来否定"经济人"假设，例如赫伯特·西蒙（Simon）认为有限理性理论是考虑限制决策者信息处理能力的约束理论，他提议将不完全信息、处理信息的费用和一些非传统的决策者目标函数引入经济分析，在这些约束条件下西蒙认为只能存在"令人满意解"，即现实人只能是追求次优或要求满意的数量而达不到最大化目标，批判了新古典经

---

① 马克思：《资本论》，人民出版社1975年版。

济学"经济人"的最大化理论。表面上看西蒙对"经济人"假设进行了挑战和修正，但是从斯密所指的"经济人"本意来看，这种批判显然没有多大理论价值，这是因为斯密提出的"经济人"追求最大化利润是指明资产者行为的根本动机，这里绝不意味着他认为每个"经济人"都能完全理性，并且掌握信息是完全的，用不完全理性和不完全信息并不能否定"经济人"本性的规定，所以这些所谓的"发展"，并没有什么理论意义。一些西方正统经济学家对此已有了比较恰当的批评，例如卢卡斯（Robert E. Lucas）的理性预期理论，以及阿克洛夫（Georgy A. Akerlof）、斯蒂格利茨（Joseph E. Stiglig）的信息经济学对有限理性的观点进行了反驳，卢卡斯认为说理性有限只不过说明了对完全理性的偏离程度，阿克洛夫和斯蒂格利茨的信息经济学认为即使存在着"道德风险"和"逆向选择"这些所谓的非理性行为，但这正是参与活动的行为主体的理性选择的结果，不能够因为受到信息不完全的约束就改变了行为主体的行为动机和决策的标准。这些阐述述是比较恰当的。"经济人"追求利润最大化的规定，其原意本来就是揭示资产者行为的决定性动机，而没有涉及个别资产者在实践中能够在多大程度实现其利润。这一动机与生产目的的实现程度会由于多种内外因素的影响而不同。斯密对的"经济人"本性的规定的理论意义在于他揭示了资本主义生产关系的根本特征和一般规律，而不是去说明单个资产者在追求利润最大化过程中成功或失败的具体原因，这些问题是由那些生产当事人自己去解决的问题。理论和理论贯彻中的日常现象在科学上是应当区别开的，用日常现象去否定一种必然趋势是理论庸俗化倾向的表现。

综观西方经济学对斯密的"经济人"假设的补充和修正，都是打着使这一假设更接近于现实、能对现实更有解释力和说服力的旗号，但问题在于他们所说明现实是什么"现实"。

政治经济学作为一门科学不是要去说明人都有哪些欲望和需要，而是要揭示一定的经济制度推动经济发展的根本动力是什么。单个个人的欲望当然是多方面的，不同的个人也有不同的欲望，在个人身上不同欲望占有的地位也不一样。若经济学陷于这种研究，那就失去了这门科学的根本任务和目标。上述西方经济学那些"补充"和"修正"实际上是为资产者出谋划策，但却都讳言他们为之服务的资产阶级所追求的根本目的是什么，而是为它披上一件遮盖本质的外衣。

　　把作为西方经济学的根本出发点的"经济人"假设归结为一般的"人"，就是把资产者的特殊人性说成是一般的人性，说成是人性一般，这是有意无意地在为资本主义制度辩护。这种混淆影响到了我国的经济学界，表现在有人借这种混淆把"经济人"假设运用到中国特色社会主义经济中的国有企业领导人身上，企望使它成为指导我国经济发展的理论指针。但这种观点却会促成"人"向"经济人"转化，结果是导致社会主义关系向资本主义关系转化。这里确实存在着资本主义关系与社会主义经济关系之间的一种博弈。

　　我们要利用资本主义的一些管理经济的方法以推动生产力更迅速稳定地发展，但绝不是要把社会主义关系变为资本主义关系。因为从整体上说，社会主义比资本主义更能推动生产力的发展和财富的更快增长。要想防止这种转化，就绝不应该把社会主义企业领导人转化为"经济人"，也就是不应转化为"人格化资本"。他们应当是社会主义生产关系的人格化，作为企业的领导人，他的具体任务当然是力争使盈利最大化，但也应看到这不是他们从事经济活动的根本动机，不能是私人利益最大化。他们经济活动的决定性动机是全体人民的物质和文化生活水平的不断提高，在社会主义条件下，虽然也利用市场经济的方法，但在这里使用价值与价值的关系与资本主义制度相比发生了根本性的转变。资本主义经济当然关心使用价值，但生产使用价值只不过是手段，它的根本目的是价值、剩余价值和利润，而在社会主义制度下，当然要关心价值和价值的增值，因为这是经济发展的物质基础，但在这里价值增值是手段而不是目的，社会主义生产经营的根本目的是使用价值，是人民需要的最大限度满足。党中央一再强调为了最广大人民群众的根本利益是我们经济发展的根本出发点和落脚点，就是这一理论在党的方针政策上的反映。我们不应忽视这一点。

（合作者：杨静）

唯心史观和社会学中的主观方法批判

——读列宁《什么是"人民之友"以及他们如何攻击社会民主党人?》

《什么是"人民之友"以及他们如何攻击社会民主党人?(答《俄国财富》杂志反对马克思主义者的几篇文章)》（以下简称《什么是"人民之友"》）是列宁在青年时代的著作，在这本著作中表现出了他对马克思主义的深入的研究和深刻的理解，并且善于把马克思主义的基本原理创造性地运用到俄国具体实际的革命斗争中，从而占有突出的地位。

《什么是"人民之友"》分为三编，其中第二编遗失。在这部著作中列宁着重批判了民粹主义代表人物、《俄国财富》主编米海洛夫斯基的唯心史观和社会学中的主观方法。米氏把是否合乎"人的本性"作为判断社会现象优劣、存废的标准；说什么杰出人物可以按照他的"自由意志"改变历史发展的方向。列宁在批判这些历史唯心主义观点时，深刻阐明了马克思、恩格斯的历史唯物主义的基本原理，特别是指出马克思在《资本论》的序言中关于人类历史发展是一种"自然史过程"的理论在历史唯物主义理论的发展中的重大意义。认真学习这本著作对切实把握这一理论的精神，坚定对它的信心，排除当前我国理论界一些人的对历史唯物主义理论的怀疑，也有重要意义。

一、列宁写作《什么是"人民之友"》的历史背景

1861 年俄国农奴制被废除，这标志着俄国由封建社会向资本主义社会的转变。从 60 年代起大工业生产急剧增长，资产阶级的经济力量日益增强，现代工业无产阶级也开始形成和壮大。同时，农业经济也日益走上资本主义道

路。农业商品经济的发展加强了农民的阶级分化，出现了一批农村资产阶级和为数众多的贫农阶层。但是，这时农奴制残余还大量存在，它严重地阻碍社会生产力的发展。劳动群众受着资本主义和封建主义的双重压榨和剥削，他们还受着沙皇专制制度残酷的政治迫害，劳动群众反抗压迫和剥削的斗争日益兴起，逐渐走向高潮。

在 70 年代的革命运动中，占主导地位的是民粹主义运动。民粹派企图发动农民去进行反对沙皇政府的斗争。民粹主义思想当时在俄国先进工人和倾向革命的知识分子中影响深广。为了达到发动农民进行反对沙皇的斗争，革命知识青年就穿起农民衣服，跑到农村去工作，即当时所谓"到民间去"。"民粹派"这一名称即由此而来。

民粹主义否认农奴制度废除后资本主义在俄国占统治地位，他们认为资本主义是一种落后退步的偶然现象，必须竭力加以阻止，继续保持前资本主义的小生产。但是，实际表明，农民并没有跟他们走，因为他们也并不真正了解农民和他们的根本要求，他们的鼓动不仅没有得到农民的响应；反而受到沙皇专制制度的镇压和迫害，于是他们把谋杀统治阶级个别人物的恐怖活动，当作反对沙皇制度的主要斗争手段。

他们组成了"民意"社这样的秘密团体，执行谋刺沙皇。1881 年 3 月 1 日，他们用炸弹炸死了亚历山大二世。但这种行为没有使人民得到丝毫好处。刺杀个别人物是不可能摧毁一个制度的。一个沙皇被刺死，另一个沙皇亚历山大三世代之而起。在新沙皇的统治下，采取了一系列"反改革"措施。工农大众的生活更加困苦不堪。

民粹主义者主张英雄创造历史的唯心主义历史观，把自己看做是"英雄"，把工农广大群众称作"群氓"，以为"群氓"只能等待"英雄"为他们建立丰功伟绩。依据这种理论，他们拒绝在农民和工人阶级中进行群众革命工作，热衷于采取个人恐怖的斗争手段。这种行动必然遏制工农大众革命主动性和积极性的发挥，转移了劳动大众与压迫者阶级作斗争的视线。

特别是他们不了解工人阶级是当时社会上最革命最先进的阶级，根本抹煞工人阶级在革命运动中的地位和领导作用，反对在工人群众中的组织工作。从"民意"党被摧残后，大多数民粹分子很快就放弃了反沙皇政府的革命斗争，而主张与沙皇政府调和妥协。他们抹煞农村贫民生活困苦和富农剥削农民的现实，赞美富农经济的发展。民粹派把攻击的矛头对准马克思主义者，歪曲后者的理论观点，硬说马克思主义者希望农村破产，想"把每个农夫都拿到工厂锅炉里去受煎熬"。他们在他们公开出版的《俄国财富》等杂志上向马克思主义者进攻。他们以真正"人民之友"的思想和策略的表达者自居，宣布要对"我国所谓的马克思主义者或社会民主党人"进行一场"论战"，列宁认为他们已成为社会民主党最凶恶的敌人。为了树立马克思主义理论在革命运动中的指导地位，为组成真正革命的马克思主义政党，领导工人阶级和广大农民进行反对沙皇专制制度的胜利斗争，建立起工人阶级政权，在理论上粉碎民粹主义派别的攻击，肃清他们在工人、农民和知识分子中的影响，就成为一项紧迫的任务。列宁在1894年春夏间写成的《什么是"人民之友"》中，针对民粹派的唯心主义历史观和对俄国国情的错误认识，系统地阐述了马克思主义的历史唯物主义理论，为正确确立无产阶级在资产阶级民主革命中的领导地位，组织工人阶级政党，实行正确的战略和策略，奠定了理论基础。

二、《资本论》在历史唯物主义理论发展中的重要地位

米海洛夫斯基反对马克思主义的论战，矛头首先对着马克思主义的理论根据，也就是针对着马克思的唯物主义历史观，批判矛头指向马克思最重要的著作《资本论》。他说："首先自然产生这样一个问题：马克思在哪一部著作中叙述了自己的唯物主义历史观呢？他的《资本论》给我们提供了一个把逻辑力量和渊博知识、同对全部经济学文献和有关事实的细心研究结合起来的范例。……同达尔文比较一下，达尔文的全部著作是什么呢？就是把堆积如山的实际材料总结为几点概括性的、彼此紧密相联系的思想。马克思的相称著作究竟在哪里呢？这样的著作是没有的。不仅马克思没有这样的著作，而且在全部马克思主义文献中也没有这样的著作。"① 米氏对《资本论》说了几句空洞的奉承话之后，却抹杀了《资本论》中的基本内容，即唯物主义历史观。他断定说，马克思主义的唯物主义历史观"从未科学的论证过"，"它不仅没有经过大量的和多样的实际材料的检验，甚至没有用哪怕是批判和排

① 《列宁选集》第1卷，人民出版社1995年版，第2页。

斥其他历史哲学体系的方法来充分说明过。"① 他贬低《资本论》不过是"仅限于一个一定的历史时期，它们并不是确立经济唯物主义的基本原理，不过涉及某类历史现象的经济方面。"② 米氏对恩格斯的有关著作更是采取了轻视的态度，他说恩格斯的《反杜林论》"只是顺便说出的一些机智的尝试"。

列宁针对米海洛夫斯基对马克思主义哲学理论无知又傲慢的评论进行了有力的驳斥。列宁说，他读了《共产党宣言》、《哲学的贫困》、《资本论》等，竟然看不出这是用唯物主义方法进行的科学分析，竟然问"马克思哪一些著作中叙述了自己的唯物主义历史观呢？"列宁反问道："马克思在哪一部著作中没有叙述过自己的唯物主义历史观？"③《资本论》是在历史唯物主义方法的指导下创立了他的无产阶级政治经济学理论体系。正是科学政治经济学理论体系的建立和科学社会主义思想的创立，《资本论》使唯物主义历史观不再是研究历史发展的一个假设，而是成为科学地证明了的原理。对米氏批评《资本论》只局限于研究一个一定历史时期，列宁反驳道：按他的思想，那就是"为了概括一切时期而实质上不涉及任何一个时期，就只有一个方法，就是作些'光辉'而空洞的泛泛之谈。"④

正因为《资本论》在马克思的历史唯物主义理论中的重要地位，列宁在《什么是"人民之友"》中，紧紧抓住《资本论》的基本思想，系统地有重点地阐述了历史唯物主义的基本理论，对米氏的错误观点进行了严厉批判。

三、经济的社会形态⑤这一概念确立的重要性

列宁认为《资本论》中把人类历史发展理解为一种自然史的过程，是唯物史观的基本思想。为了把握这一思想，首先必须有经济的社会形态这个概念。

---

① 《列宁选集》第1卷，人民出版社1995年版，第16页。
② 《列宁选集》第1卷，人民出版社1995年版，第17页。
③ 《列宁选集》第1卷，人民出版社1995年版，第11页。
④ 《列宁选集》第1卷，人民出版社1995年版，第17页。
⑤ 经济的社会形态在原来的译本中都译作社会经济形态，1995年版的《资本论》中把它改译为经济的社会形态。

经济的社会形态这一概念指的是什么呢？

列宁指出，旧的经济学家和社会学家都没有经济的社会形态概念，认为这一概念是多余的，因为在他们那里只是谈论"一般社会"。这个一般社会的目的和实质是什么呢？在他们看来，社会的目的是为社会全体成员谋利益，因此，正义要求有一种组织，凡不合乎这种理想的组织和制度都是不正常的，应该取消的。例如，米氏说："社会学的根本任务是阐明那些使人的本性的这种或那种需要得到满足的社会条件。"列宁针对这种观点指出："可以看出，这位社会学家感兴趣的只是使人的本性得到满足的社会，而完全不是什么社会形态，何况这些社会形态还可能是以少数人奴役多数人这种不合乎'人的本性'的现象为基础的。同样可以看出，在这位社会学家看来，根本谈不上把社会发展看做是自然历史过程。"① 持这种唯心史观的人看来，人类社会没有发展问题，只有是非、好坏问题。在他们眼里，社会谈不上发展，而只能谈"由于人们不聪明，不善于了解人的本性的要求，不善于找到实现这种合理制度的条件而在历史上发生过的种种违背'心愿'的偏向，'缺陷'。"②

列宁详细地阐述了《资本论》中确立的经济的社会形态这一概念，驳斥了米氏等人的社会学中的主观主义研究方法。

列宁指出，与以往谈论一般社会不同，马克思提出了经济的社会形态的概念，认为抽象的一般社会在人类历史中是不存在的。因为不存在抽象的人。单独的个人是不能生存的。个人只有与其他的个人通过一定的形式结合起来，结成社会，才能生存和发展。所以，现实的社会都是建立在一定的社会关系基础上的社会，不同的社会关系就形成一定的社会形态。从人们相互结合的社会关系上观察，就可以看出存在着不同的社会形态，这些不同的社会形态就是人类社会的现实存在形式。

社会关系包括多个方面，包括物质关系、精神关系、宗教关系、道德关系、伦理关系等等。在这错综复杂的关系中，马克思认为，其中物质生产方面的关系是其他社会关系的基础。列宁指出："唯物主义提供了一个完全客观的标准，它把生产关系划为社会结构，并使人有可能把主观主义者认为不能

---

① 《列宁选集》第 1 卷，人民出版社 1995 年版，第 5 页。
② 《列宁选集》第 1 卷，人民出版社 1995 年版，第 6 页。

应用到社会学上来的重复性这个一般科学标准，应用到这些关系上来。"① 如果局限于思想的社会关系，即通过人们的意识而形成的社会关系的时候，就不能发现各国社会现象中的重复性和常规性，因此，这种对人类历史的研究方法往往至多不过记载这些现象，收集素材。"一分析物质的社会关系，立刻就有可能看出重复性和常规性，把各国制度概括为社会形态这个基本概念。"② 这就使人们得以从单纯记载现象发展到进行严格的科学分析。由此可见，将不同国家社会的共同之处和不同之处加以分类概括，就可以把具有共同之处的国家列入同一类型的经济的社会形态，它们有相同的基本特征和共同的发展规律。

对物质的生产关系的研究属于政治经济学这门科学的对象。这正是为什么马克思把最大的精力用在研究政治经济学。正是对它的广泛深刻的研究和对现实中的社会经济关系总和的探讨，使得马克思创立了他的历史唯物主义理论。也正因为如此，历史唯物主义的理论体系就深深地渗透在《资本论》这部政治经济学著作中。不认真阅读《资本论》是不可能完整准确地把握马克思的历史唯物主义理论的。

经济的社会形态，也就是社会生产关系总和。由于这个概念的提出和论证，才使得人们在社会科学领域里，彻底把从人的本性出发来论证一定社会经济制度的存在是否具有合理性的观点排除出去，揭示社会发展及其规律才有了可能。列宁深刻地阐明了这一点。他指出，在这以前，社会学家不善于往下探究像生产关系这样简单和这样原始的关系，而直接着手探讨和研究政治法律形式，一碰到这些形式是由当时人类某种思想产生的事实，就停下来，把它看成最终的原因。于是，似乎社会关系是由人们自觉地建立起来的。这种观点显然是与一切历史事实完全矛盾的。列宁指出："社会成员把他们生活于其中的社会关系的总和，看作一个由某种原则所贯串的一定的完整的东西，这是从来没有过，而且现在也没有的事情；恰恰相反，大家是不自觉地适应这些关系的。"③ 这些关系不是以人们的主观意志为转移的，而是由客观的物质生活条件决定的，是人们来到世间所遇到的现成的关系。在列宁看来，这

---

① 《列宁选集》第1卷，人民出版社1995年版，第8页。
② 《列宁选集》第1卷，人民出版社1995年版，第8页。
③ 《列宁选集》第1卷，人民出版社1995年版，第17页。

种观点具有重大的革命意义。这就像达尔文在自然科学领域里说明人类的起源，提出人类只是动物的一种，原始人和猿是由同一个祖先进化来的，而不是当时大多数人所认为的，人是上帝创造的高级生物；像哥白尼提出地球不是宇宙的中心一样，达尔文也改变了人类是自然界核心的观点。

唯物主义历史观的革命意义在于：在说明人类社会的运动时，它否定了把抽象的人或自然人作为决定历史发展的核心，而是把一定的社会关系作为推动历史发展的核心力量。列宁指出，"马克思究竟是怎样得出这个基本思想的呢？他做到这一点所用的方法，就是从社会生活的各种领域中划分出经济领域，从一切社会关系中划分出生产关系，即决定其余一切关系的基本的原始的关系。"① 了解了这个社会的生产关系，也就能理解该社会其他一切关系，也就能理解该社会的人的现实特征和他们的追求。

有了社会生产关系即经济的社会形态的概念，而且把它看作一个有机机体，根据社会存在决定社会意识的唯物主义原理，就为在它与生产力的矛盾运动中揭示出人类历史发展的一般规律提供了思想基础。

四、经济的社会形态的运动和发展是自然规律

米海洛夫斯基由于没有经济的社会形态概念，只去追求对一般社会的理解，所以他必然只能依靠用追求人的本性的实现来解释社会历史的运动，他把自己的研究任务规定为探寻"使人的本性得到满足的社会。"针对这一点，列宁阐发了《资本论》关于社会运动规律是自然规律的观点。

把社会经济运动规律确认为是自然规律，这就表明社会经济的运动不是人们按照符合人的本性设立的理想状态去行动的过程，而是不以人们的意识和意图为转移的客观发展过程。之所以称作自然规律，正如马克思所说，它是像自然界的运动规律那样"可以用自然科学的精确性指明的变革。"② 他在讲到价值规律时说，这个经济运动规律"像房屋倒在人的头上时重力定律强

---

① 《列宁选集》第 1 卷，人民出版社 1995 年版，第 6 页。
② 《马克思恩格斯选集》第 2 卷，1995 年版，第 33 页。

制地为自己开辟道路一样"①。

马克思在《资本论》的序言中为自己规定的任务就是"本书的最终目的就是揭示现代社会的经济运动规律。"②《资本论》对资本主义生产方式的大量发展材料作了深入的考察和分析，揭示出一系列资本主义社会的活动规律。在三卷《资本论》中揭示了价值规律，剩余价值生产规律，资本主义积累的一般规律，即财富在资产者一边积累，贫困在无产者一边积累，从而阐明了资本主义制度内无产阶级反对资产阶级斗争的必然性；揭示了资本流通过程中的一些规律，揭示了社会总资本的再生产和流通正常进行的条件，即各个部门之间必须建立必要的比例的规律，和通过货币流通来实现这一比例关系所引发的矛盾；在第三卷中，通过分析剩余价值转化为利润和利润转化为平均利润，以及平均利润率趋向下降的规律的考察，揭示了资本主义生产无限扩大的趋势和由于无产者贫困造成的消费基础的相对狭小的对抗性矛盾，从而揭示了生产过剩危机周期性爆发的必然性，使社会生产力周期地遭到巨大破坏；最后得出了资本主义生产方式是一种历史过渡性的社会形态，它必将被能根除上述矛盾的新生产方式所代替。这样，人们就对资本主义社会的内部结构和它的类似自然规律的运动规律以及发展趋势有了清晰的了解。理解了它也就知道如何对付它，由此也就能找到变革它的现实途径，和确定实现变革的可依靠的社会力量。

很明显，马克思的揭示现代社会经济运动的自然规律的思想，与米氏所说的"社会学的根本任务是阐明那些使人的本性的这种或那种需要得到满足的社会条件"的观念是根本对立的，体现两种不同的世界观和历史观。

五、经济的社会形态的发展是一种自然史的过程

《什么是"人民之友"》中，列宁对马克思在《资本论》一版序言中指出的"我的观点是把经济的社会形态的发展理解为一种自然史的过程"的思想，给予了极高的评价。他认为，把人类社会历史的发展看作自然规律和自然史

---

① 马克思：《资本论》第 1 卷，人民出版社 1972 年版，第 92 页。
② 《马克思恩格斯选集》第 2 卷，1995 年版，第 101 页。

的过程，是《资本论》的基本思想，也是历史唯物主义这一历史观和方法论的基本思想。怎样才能确定社会形态的发展是一个自然史的过程呢？列宁对此作了经典的概括，他说："由于只有把社会关系归结于生产关系，把生产关系归结于生产力的水平，才能有可靠的根据把社会形态的发展看作自然历史过程。不言而喻，没有这种观点，也就没有社会科学。"① 列宁深刻地阐述了马克思的"自然史过程"观点，并深刻指出马克思这一唯物史观的科学意义，可与达尔文的物种起源说相媲美。达尔文推翻了那种把动植物物种看做是"神造的"、不变的东西，探明了物种的变异性和承续性，第一次把生物学放在完全科学的基础之上；同样，马克思在关于人类社会历史发展上，则是推翻了那种把社会看作可按长官意志随便改变的、完全由偶然性支配的观点，"探明了作为一定生产关系总和的社会经济形态这个概念，探明了这种形态的发展是自然历史过程，从而第一次把社会学放在科学的基础上。"②

米海洛夫斯基蔑视《资本论》在历史唯物主义理论体系中的地位，他说《资本论》"并不是确立经济唯物主义的基本原理，不过是涉及某类历史现象的经济方面"，③"事物的历史进程是根本不可捉摸，经济唯物主义也没有捉摸住。"④ 说马克思关于资本主义的发展规律必然使剥夺者被剥夺的论断，带有"纯粹辩证的性质"。⑤ 他歪曲说这个论断不是根据有关事实，而是用肯定——否定——否定之否定这个黑格尔公式推论出来的。很明显，这种对马克思观点的批评只不过是从早已被恩格斯批判过的杜林先生的著作中抄袭来的。但他却由此断言，"经济唯物主义在科学上是站不住脚的。"⑥

列宁认为，《资本论》在唯物主义历史观这一科学的方法论的确立中，处于极端重要的地位。因为马克思正是在历史唯物主义的指导下考察了资本主义生产方式的运动和发展，揭示了资本主义社会的经济结构，并井然有序地对这一经济结构及其运动规律，作了科学的叙述和生动的描绘，把它一目了然地展示在人们眼前。既然运用唯物主义去分析说明一种社会形态取得了这

① 《列宁选集》第1卷，人民出版社1995年版，第8~9页。
② 《列宁选集》第1卷，人民出版社1995年版，第10页。
③ 《列宁选集》第1卷，人民出版社1995年版，第17页。
④ 《列宁选集》第1卷，人民出版社1995年版，第30页。
⑤ 《列宁选集》第1卷，人民出版社1995年版，第35页。
⑥ 《列宁选集》第1卷，人民出版社1995年版，第28页。

样辉煌的成果，那么，十分自然，历史唯物主义已不再是什么假设，而是经过检验的理论了；十分自然，这种方法也必然适用于其余各种社会形态。迄今为止，还没有另一种历史观做到这一点。因此，列宁说："唯物主义历史观始终是社会科学的同义语"，"是唯一科学的历史观。"① 由此，列宁作出了一个精辟的概括："自从《资本论》问世以来，唯物主义历史观已经不是假设，而是科学地证明了的原理。"②

《资本论》不仅使唯物主义历史观，从假设发展成为科学地证明了的原理，它也标志着社会主义最后完成了从空想变为科学。列宁说："资本主义社会必然要转变为社会主义社会这个结论，马克思完全是从现代社会的经济的运动规律得出的。"③

依据社会发展是一种自然史过程理论，马克思提出了对个人和阶级的新看法。他说："不管个人在主观上怎样超脱各种关系，他在社会意义上总是这些关系的产物。同其他任何观点比起来，我的观点是更不能要个人对这些关系负责的。"④ 因为，既然是一种自然史过程，那么一定的社会关系都是像自然规律一样有它存在的根据，都在历史发展环节中是必要的不可或缺的。从而在这种关系中的个人或阶级，都是由这种关系发展所必需的职能担当者，不是个人能够选择的。

正是由于把社会发展看做是自然史过程，这也就使得共产主义运动从构建一种新社会的幻想，转变为实实在在地探讨它真正得以实现的物质和社会条件。而这就是社会主义从空想到科学的进步过程。一些人把早期的马克思主要根源于德国古典哲学的共产主义思想，与后来的科学社会主义理论对立起来，用早期的思想贬斥后来的思想。好像马克思从重视"人"，倒退到不重视人或见物不见人了；似乎马克思讲了无产阶级反对资产阶级的阶级斗争，就从追求全人类解放，倒退到只追求无产阶级的解放了。这是对科学社会主义的巨大的误解。

对此，马克思说得很清楚，他说："从工人阶级运动成为现实运动的时刻起，各种幻想的乌托邦消逝了——这不是因为工人阶级放弃了这些乌托邦主

---

① 《列宁选集》第1卷，人民出版社1995年版，第10页。
② 《列宁选集》第1卷，人民出版社1995年版，第10页。
③ 《列宁选集》第2卷，1995年版，第439页。
④ 马克思：《资本论》第1卷，1995年版，第10页。

义者所追求的目的，而是因为他们找到了实现这一目的的现实手段——取代乌托邦的，是对运动的历史条件的真正理解，以及工人阶级战斗组织的力量的日益积聚。但是，乌托邦主义者在前面宣布的运动的两个最后目的，也是巴黎革命和国际宣布的最后目的。只是手段不同，运动的现实条件也不再为乌托邦寓言的云雾所掩盖。"① 在《法兰西内战》中，马克思总结了巴黎公社工人阶级革命的实践，更为明确地指出："工人阶级不是要实现什么理想，而只是要解放那些由旧的正在崩溃的资产阶级社会本身孕育着的新社会因素。"②

综上所述，可以看出，从马克思主义理论发展的角度看，历史唯物主义理论从假设发展为被证明了的原理，与社会主义发展为真正科学的社会主义，是同步的过程。这两个过程，都是在《资本论》中完成的。关键在于剩余价值的发现和剩余价值生产运动规律的阐明。恩格斯说："科学社会主义就是以此为起点，以此为中心发展起来的。"③ 因此，恩格斯把《资本论》称作社会主义著作。列宁说《资本论》是"叙述科学社会主义的主要的基本的著作"。

六、关于历史必然性与个人在社会历史发展中的作用

在《什么是"人民之友"》中，列宁批判了米海洛夫斯基把历史必然性与发挥个人作用对立起来的错误思想。

米氏极力贬低马克思的人类社会发展的历史必然性思想，认为这种思想古已有之。他说："历史必然性思想并不是马克思发明或发现的新东西"，"他们（指马克思）对历来为探明这个真理所耗费的心血和精力，至多只有一个模糊的概念。"④

列宁针锋相对地指出，马克思的思想是全新的。从前的社会主义者为了论证自己的观点，认为只要指明群众在资本主义制度下受压迫的事实，只要指明使每个人都可获得自己生产成果的那种制度的优越性，只要指明这个理

---

① 《马克思恩格斯选集》第 3 卷，1995 年版，第 108 页。
② 《马克思恩格斯选集》第 3 卷，1995 年版，第 60 页。
③ 《马克思恩格斯选集》第 3 卷，1995 年版，第 584 页。
④ 《列宁选集》第 1 卷，1995 年版，第 24 页。

想制度适合"人的本性"、适合理性、道德生活概念等等就足够了。马克思认为，不能以这种社会主义为满足。这种只限于评论、评价和斥责资本主义制度，是不能制服它的。只有对这个制度作出科学的解释，对这个社会形态的活动规律和发展规律作出客观分析，指出这种剥削制度存在的必然性，并且，还要进一步论证资本主义制度变为社会主义制度的必然性，及其实现的途径。这就是马克思的历史必然性思想的全部实际内容和全部实质。而米氏撇开了它的内容和实质，只把这个理论归结于"必然性"一词，是"一个太一般的括弧"，是一个空洞的外壳。列宁对此批评说，你把其内容都抽掉，它当然就是一个词，一个括弧、外壳。如果你把鱼的内脏都剜去，当然只剩下一个外壳。但是，关于历史必然性的立论是有着实实在在内容的。三卷《资本论》对资本主义社会的运动规律的揭示和阐述就是这个括弧的内容，历史必然性就是这种分析得出的结论。

米海洛夫斯基还从历史必然性与个人作用的关系上，批判马克思的"必然性"思想。他在谈到"历史必然性的思想和个人活动的作用之间的冲突"时说，社会活动家是"被动者"，是"被历史必然性的内在规律从神秘的暗窖里牵出来的傀儡"。列宁指出，这种话题是历来一些主观哲学家喜欢的话题，他们强调决定论和道德观念之间的冲突、历史必然性和个人作用之间的冲突，他们的目的就是使这个"冲突"解决得使道德观念和个人作用占上风，以压制必然性和发展规律性的思想。列宁斥责了这些错误观念，指出这都是基于小市民道德捏造出来的。

列宁深刻地阐述了历史必然性与个人作用的关系。列宁指出："决定论思想确认人的行为的必然性，屏弃所谓意志自由的荒唐神话，但丝毫不消灭人的理性、人的良心以及对人的行动的评价。恰巧相反，只有根据决定论的观点，才能作出严格正确的评价，而不致把什么都推到自由意志上去。同样，历史必然性的思想也丝毫不损害个人在历史上的作用，全部历史正是那些无疑是活动家的个人的行动构成的。"[①] 问题的关键在于，个人的社会活动，在什么条件下，可以保证这种活动得到成功？历史一再证明，只有符合客观发展规律的个人的社会活动才能成功，才能成为推动历史前进的决定力量。

---

① 《列宁选集》第1卷，1995年版，第26页。

七、列宁《什么是"人民之友"》的现实意义

列宁对米海洛夫斯基的唯心史观的批判和对马克思主义历史唯物主义理论的深刻阐述有现实意义。改革开放以来，我国哲学界和政治经济学界都出现了一种类似米海洛夫斯基的对马克思主义的辩证唯物主义历史唯物主义的哲学体系怀疑和质疑的倾向。例如，有的人在他的文章中说："马克思、恩格斯都没有系统地阐述过他们的哲学思想，有关论述都是适应一定的实践需要从某个特定的角度出发的"，"我们在他们的著作中也的确找不到任何成体系的哲学理论。"① 这种看法与米氏的看法何其相似！

当前对所谓传统的马克思主义哲学理论体系的批判有它的特点，他们把该体系的"缺陷"，归之于没有读到或没有读懂马克思的《1844 年经济学哲学手稿》（以下简称《手稿》）这本著作。他们说：苏联哲学家建立马克思主义哲学体系时，"人们所能见到的主要是恩格斯的哲学著作，其中人们最熟悉的是《反杜林论》。虽然马克思最具特色的哲学著作《手稿》于 1932 年已经在苏联以德文全文发表，但是，……不可能短时间内掌握，即使斯大林，也不具备领会马克思早期思想的哲学素养。……至于列宁，……更是只能以《反杜林论》等作为自己马克思主义哲学的来源。"② 真是够傲慢的！这里我们首先看到他们的这些话说的不是事实，在《什么是"人民之友"》里，列宁并非像他所说的，只限于从《反杜林论》等来领会马克思的历史唯物主义思想，列宁最重视的是《资本论》这部马克思主义体系的最主要、最成熟的著作，并依此为依据来阐发唯物主义历史观的。上述文章作者谈论马克思唯物主义历史观的理论时却从未提到《资本论》，在他的眼里马克思的《手稿》才是最重要的，认为这本著作中的观点才是"堪称经典"。从他的几篇文章中可以看出，他认为他自己是真正读懂了《手稿》，他的任务是要用《手稿》的思想清理《资本论》和其他马克思主义哲学著作中的历史唯物主义的观点。

---

① 安启念：《关于辩证唯物主义历史唯物主义体系的几个问题》，载《北京行政学院学报》，2006 年第 6 期。

② 安启念：《关于辩证唯物主义历史唯物主义体系的几个问题》，载《北京行政学院学报》，2006 年第 6 期。

上引的作者特别推崇的马克思的《手稿》中被他规定为"经典"的是什么呢？这就是用异化复归解释历史的观点。令人惊讶的是他不仅把《手稿》中的这一观点看作"经典"，并说它是贯穿马克思一生的指导思想。这表现出他不同意马克思在《资本论》中的把历史发展看做是自然史过程的历史唯物主义思想。

实际上《手稿》中把人类历史看做是从异化到复归过程的看法是不科学的，马克思在写出《手稿》后不久写出的《关于费尔巴哈的提纲》和他与恩格斯合著的《德意志意识形态》中，就从根本上修正了《手稿》中的上述看法，把自己的共产主义思想，置于科学的历史唯物主义理论基础之上，而不再提人的本质的异化、复归这类唯心史观思想。

马克思既然把社会的发展看做是一个自然史过程，这就表明他否定了把资本主义制度看作一种"异化"社会制度，而是把它视为人类发展必经的一个历史阶段。只有经过这个阶段，才能进到一个新的更高阶段。正因为如此，在《德意志意识形态》和以后的著作中，"异化劳动"概念就完全不再使用。在以后的著作中，虽然有时也用"异化"这个词语，但只是当作表达资本主义经济关系的特征来使用，只是将其用来对资本主义制度下工人受资本家残酷的剥削和压迫的违反人性的事实的描述，而不是对这种现象是否正当、是否合理的评判，更不是作为一种历史观的指导思想。

可见，从《手稿》到《资本论》，马克思哲学理论已经发生了根本性的变化。可是有些文章却对此置之不理，仍把《手稿》的观点当作真正"经典"，并据此对马克思后来创立的历史唯物主义理论作歪曲的叙述。他们说：马克思、恩格斯在考察资本主义制度及其矛盾冲突中看到的，"是基于生产资料私有制的人的生存条件与人类本质（自由自觉）的冲突，是人的自由的丧失，是人的本质的异化"，[①] 说上面这段话"集中反映了马克思恩格斯对共产主义的理解，堪称经典，其中的思想贯穿马克思恩格斯的一生"。[②] 他们还不断强调说，"共产主义最主要的特征是人的本质向人自身的复归，这是异化的

[①] 安启念：《和谐马克思主义：一个被长期遮蔽的视域》，载《中国人民大学学报》，2006年第3期。

[②] 安启念：《和谐马克思主义：一个被长期遮蔽的视域》，载《中国人民大学学报》，2006年第3期。

扬弃，是人道主义的实现，它的目的是人"。① 作这样的概括真令人惊讶！读过《资本论》的人都会看到，在这本著作中像他们文章中上述那样的话和思想一点影子也没有了，不知他们是根据什么概括出来的？马克思、恩格斯在《资本论》中认为资本主义不是人的本质异化，而是历史的必然。恩格斯指出："正像马克思尖锐地着重指出资本主义生产的各个坏的方面一样，同时他也明白地证明这一社会形式是社会生产力发展到这样高度的水平所必要的；在这个水平上，社会全体成员的平等的、合乎人的尊严的发展，才有可能。要达到这一点，以前的一切社会形式都太薄弱了。资本主义的生产才第一次创造出为达到这一点所必需的财富的生产力。"② 这清楚地表明：把资本主义看做是一种"异化制度"的观点早已经被马克思、恩格斯抛弃了，根本谈不上贯穿马克思的一生。

持上述看法的人至今对马克思的历史唯物主义核心思想置若罔闻，仍在复述那些旧的观念，总叨说："由于马克思、恩格斯认为资本主义的种种弊端和冲突，实质上是对人的奴役，是人的类本质的丧失，而人的类本质就是自由自觉，所以他们理解的共产主义是人的本质的回归。"③ 这怎么能说是马克思的思想呢？"复归"的概念本来就是一个不科学的用词。历史事实证明：人性只有发展的问题，而没有复归的问题；人的发展与社会的发展是同一个合乎规律的过程，是由低级到高级的演进过程。马克思讲过，人的发展有三个阶段：由人的依赖到物的依赖，再到每个个人的全面自由的发展。这里既没有异化，也没有复归。把人的发展说成是"复归"或"复原"到起点，是幻想出来的，现实中不可能存在这样的过程。这种异化复归的"异化史观"，既是唯心主义的，又是形而上学的，与历史唯物主义的"自然史过程"思想是正相对立的。

---

① 安启念：《和谐马克思主义：一个被长期遮蔽的视域》，载《中国人民大学学报》，2006年第3期。
② 《马克思恩格斯选集》第2卷，1995年版，第596页。
③ 安启念：《和谐马克思主义：一个被长期遮蔽的视域》，载《中国人民大学学报》，2006年第3期。

社会主义社会经济运动规律的探索

——学习斯大林《苏联社会主义经济问题》

《苏联社会主义经济问题》是斯大林对在他领导下的苏联社会主义经济建设实践经验的政治经济学理论总结。马克思的《资本论》揭示了资本主义社会的经济运动规律，社会主义社会的经济运动规律只能由实践社会主义建设的人来发现和研究。《苏联社会主义经济问题》就是探讨和揭示社会主义社会经济运动规律的一个伟大尝试。斯大林是在马克思主义理论的指导下，第一个较系统地、深刻地从理论上总结第一个社会主义国家的建设经验的人，对社会主义经济发展中许多根本性问题提出了自己的新看法，发展了马克思主义政治经济学，为创建社会主义政治经济学打下了基础。本书在马克思主义政治经济学史上占有重要地位。

20 个世纪 50 年代初，苏联理论界根据苏共中央的决定，进行社会主义政治经济学教科书的编写。在编写过程中发生了关于社会主义政治经济学的一些重大理论问题的争议，例如，社会主义政治经济学的研究对象问题、社会主义制度是否存在经济规律和它的客观性问题、社会主义下商品生产和价值规律的作用问题，等等。斯大林在《苏联社会主义经济问题》中，对其中一些最重要的问题，提出了自己的见解。这本著作在形式上不是对社会主义政治经济学这门科学的内容作逻辑结构严密的系统性论述，而是针对某些不正确看法作出回答。它分为两个大的部分，第一部分是"对于和一九五一年十一月讨论会有关的经济问题的意见"，第二部分是直接批评几位同志的一些错误观点。但从内容上，必须把两个部分的论述融合在一起加以研读，才能把握住斯大林在社会主义政治经济学方面的深透见解。本文仅就其中几个最重要的问题谈谈自己的看法。

一、新生产关系是生产力强大发展的决定性力量

在《苏联社会主义经济问题》这一著作中，斯大林提出：新的生产关系是生产力强大发展中起决定性作用的力量。这一观点是对马克思主义的历史唯物主义和政治经济学理论的新发展。

生产力与生产关系之间的辩证关系是历史唯物主义的基本问题之一。马克思在创立历史唯物主义之后，把它作为基本的方法论，指导对资本主义社会的考察和对古典政治经济学的研究和批判，揭示了资本主义社会的经济运动规律。这时，揭示资本主义生产关系如何推动和阻碍了生产力发展是研究的重点。这丝毫不表示他们的理论有片面性、局限性，而恰恰证明了他们理论的科学性、实用性。当社会主义革命取得初步胜利后，主要任务已从变革旧社会转变为建设一个新社会，转变为怎样组织和推动生产力的进一步发展，这时最重要的就是要回答推动社会生产力发展的决定性因素是什么，以便用它来指导社会主义建设实践。正是适应形势的根本变化和实践的新要求，根据苏联社会主义建设的经验，斯大林提出了他的新看法。在《苏联社会主义经济问题》中，他提出在社会主义制度下，新的生产关系是生产力进一步强大发展的决定性力量的理论。这是历史唯物主义中关于生产力与生产关系辩证发展关系的新认识，是政治经济学理论的新发展。

过去在一些著作中强调了生产力对生产关系的决定性作用，强调生产关系一定要适合生产力的性质，发展首先是从生产工具的变化和发展开始，生产力是生产中最活跃、最革命的因素，这些都是正确的。但是这些表述也影响了一些人，使其产生了某些片面、机械的理解。他们认为生产力是可以脱离生产关系而独立发展的。有的人把生产关系看做是生产力发展的外在因素，而要从生产力内部寻找本身发展的内在动力。这些认识是不正确的。

没有离开社会生产关系独立存在的社会生产力，因而也没有离开一定生产关系而能独立发展的社会生产力，生产力总是在一定社会生产关系支配下发展的。正是生产力与社会生产关系的矛盾运动，推动着物质生产的发展。离开一定的社会生产关系去寻找生产力发展的内部动力，是难以有结果的。

在20世纪50年代苏联政治经济学理论界，否定社会生产关系在生产力

发展中的作用的思想仍然存在。当时一位经济学家雅罗申科就说在他的社会主义政治经济学中，只应当讨论社会生产中生产力的合理组织。他认为在社会主义制度下，生产关系的独立作用在消失，生产关系是在被生产力吞没。①

针对这种错误观点，斯大林指出："恰恰相反，新的生产关系是这样一种主要的和有决定性的力量，正是它决定生产力进一步的而且是强大的发展，没有这种新的生产关系，生产力就注定要萎缩下去"，"新生产关系的作用就是充当生产力进一步发展的主要推进者"。②

斯大林的上述观点是新的社会主义生产关系代替了旧的生产关系并取得社会主义经济建设的伟大成就实践的科学总结。依据这一实践经验，他对历史唯物主义的生产力与生产关系之间相互关系作了更准确的表述，他说："生产关系从生产力阻碍者的作用发展到生产力主要推进者的作用，以及从生产力主要推进者的作用发展到生产力阻碍者的作用，——这样一种发展的特性是马克思主义唯物辩证法的主要要素之一。"③ 斯大林对历史唯物主义理论这一新的概括，把马克思主义哲学理论推向了前进。这一理论创新对社会主义政治经济学理论的发展和对社会主义经济建设，具有根本性的方法论的意义。

二、生产资料所有制形式在社会生产关系体系中处于基础地位

上面讲了新的社会生产关系是生产力强大发展的决定性力量。什么是社会生产关系呢？斯大林以他特有的风格极明确地对社会生产关系的内容作了科学的规定，他说："政治经济学的对象是人们的生产关系，即经济关系。这里包括：①生产资料的所有制形式；②由此产生的各种社会集团在生产中的地位以及他们的相互关系，或如马克思所说的，'互相交换其活动'；③完全以它们为转移的产品分配形式。"④

这一关于社会生产关系内容的概括和表述虽然并没有增加新的思想，但

---

① 《斯大林选集》下卷，人民出版社 1979 年版，第 583 页。
② 《斯大林选集》下卷，人民出版社 1979 年版，第 585 页。
③ 《斯大林选集》下卷，人民出版社 1979 年版，第 586 页。
④ 《斯大林选集》下卷，人民出版社 1979 年版，第 594 页。

这种明确的表述仍然有重要的理论意义。这表现在两个方面。

（一）明确规定了作为历史唯物主义中与生产力相对应的"生产关系"的概念

斯大林指出"生产关系"是指生产过程中人与人的社会关系，也就是社会生产关系。政治经济学研究对象中所讲的生产关系，与生产过程中人与人之间的技术关系不同。斯大林对这种社会生产关系包括的内容的明确规定，就排除了对这一概念理解上的混乱，避免把生产过程中的社会关系与生产中的技术关系混淆起来，避免用生产力合理组织这种技术关系替代社会生产关系。

（二）突出了生产资料所有制形式在生产关系体系中的基础地位

斯大林在论述社会生产关系的内容时，把生产资料所有制形式作为基础关系提到了首位。这一观点是正确的，与马克思、恩格斯强调生产资料所有制形式的观点是一致的。马克思就是把生产资料所有制形式，即生产条件在不同社会集团之间的分配关系看做是整个社会生产关系的基础。

在斯大林去世后，赫鲁晓夫掀起了对斯大林的批判，全盘否定斯大林在领导苏联社会主义建设中的重要功绩。在这种思潮影响下，理论界一些人也对斯大林的一些理论见解进行了质疑和批判。有的经济学家认为把生产资料所有制形式看作生产关系的基础是不正确的，理由是所有制关系是生产资料的归属问题，属于财产权利，是法律范畴，因而不能作为生产关系的基础；另外一个理由是，把财产权利作为一个离开生产关系体系的独立关系，是犯了小资产阶级经济学家蒲鲁东的错误。实际上，错误的不是把生产资料所有制形式看作社会生产关系基础的理论而是那些批评者本身。

上述批评者的言论表明，他们既没有理解马克思所指出的蒲鲁东关于所有权问题上的错误所在，也没有了解斯大林所说的生产资料所有制形式的真实意思是什么。斯大林所说的生产资料所有制形式，不是单纯指生产资料所有权的归属问题，而是讲在生产资料占有上的人与人的关系，即生产资料与劳动者的结合方式。具体到社会主义制度下的所有制，是指在社会主义公有制条件下，劳动者不再是与生产资料分离的，而是与生产资料直接结合的。他们在对生产资料的占有上已经处于完全平等的地位，生产资料属于全社会每一个个人所有，不再存在个别人或个别集团借助对一部分生产资料的垄断占有而享有特殊的经济利益的情况。所以，这里讲的生产资料所有制形式，是经济范畴，而不是法学范畴，是经济关系、生产关系，而不是权利关系。

三、明确了社会主义政治经济学的研究对象

关于政治经济学的研究对象问题，在经济学科的发展史上曾多次发生过争论。在苏联刚刚取得社会主义革命胜利的 20 世纪二三十年代，就有人认为社会主义制度下不再有政治经济学了，原因是他们把政治经济学的研究对象狭隘地规定为研究资本主义商品经济。例如当时苏共的主要领导人之一布哈林就说，资本主义商品的末日也就是政治经济学的告终。因此，苏联高等学校课程就从"苏维埃经济"改为"经济政策"。

在苏联社会主义建设取得了巨大胜利，提出建设社会主义政治经济学的新任务时，同样性质的问题又重新出现，又有人要用生产力合理组织替代社会主义生产关系作为社会主义政治经济学的研究对象。例如雅罗申科说："社会主义政治经济学的主要问题不在于研究社会主义社会中人们的生产关系，而在于探讨和发展社会生产中生产力组织的科学理论、国民经济发展计划化的理论。"[1] 他幻想有一种没有社会生产关系的生产力的单独发展状况。以上情况表明，每当社会经济条件发生重大改变的时期，政治经济学这门科学的研究对象问题都会被提出来，这实际上涉及作为一门独立学科的政治经济学的存亡命运问题。

在这本著作中，斯大林严厉地批评了上述错误看法，指出："在社会主义政治经济学中，用生产力组织问题来代替经济问题，这是什么意思呢？这就是取消社会主义政治经济学。""把经济政策问题堆压在政治经济学上，就是葬送这门科学。"[2]

---

[1] 《斯大林选集》下卷，人民出版社 1979 年版，第 583 页。
[2] 《斯大林选集》下卷，人民出版社 1979 年版，第 594 页。

四、社会主义政治经济学的目的是揭示社会主义社会的经济运动规律

马克思在《资本论》一版序言中写道："本书的最终目的就是揭示现代社会的经济运动规律"。① 这里指明了马克思主义政治经济学这门科学的特定研究目的。资产阶级古典政治经济学把政治经济学的目的限定为在现存的经济制度下国民财富的增长。这体现出资产阶级眼光的局限性。马克思则基于辩证的历史发展观，提出政治经济学的研究目的，不是单纯地探索如何增加财富而是揭示经济运动的客观规律。至于社会主义制度的新的经济运动规律，则只能由实践社会主义建设的人们来发现。《苏联社会主义经济问题》对这个问题作了基础性的探索。

（一）确认社会主义制度下经济规律的客观性质

在苏联社会主义制度下，国家政权获得了自觉组织经济发展的力量，并且由此取得社会主义经济建设的巨大成就。这些事实在人们思想上产生了一种错觉，似乎社会主义政权是"无所不能"，"什么都是轻而易举"的，什么都是由人们根据自己的主观意志创造的，否定经济规律的客观性，不重视探索社会主义的经济运动规律，认为国家政权可以按自己主观意志来制定规律。在《苏联社会主义经济问题》中，斯大林严肃地纠正了这些错误看法，他指出，否定经济规律的客观性，"实质上就是否认科学，而否认科学，也就是否认任何预见的可能性，因而就是否认领导经济生活的可能性"。②

政治经济学这门科学的命运是与承认经济规律的客观性直接联系在一起的。如果不承认社会主义制度中存在经济规律和规律具有客观性质，那也就否定了政治经济学这门科学。斯大林说，"不承认客观的规律性，不研究这些规律性，科学是不能存在和发展的。"③ 如果把政治经济学只停留在党和国家的经济政策层面上，如斯大林所说，就会葬送政治经济学这门科学。

---

① 《马克思恩格斯全集》第23卷，人民出版社1972年版，第11页。
② 《斯大林选集》下卷，人民出版社1979年版，第545页。
③ 《斯大林选集》下卷，人民出版社1979年版，第604页。

（二）社会主义基本经济规律

一个社会的基本经济规律是回答该社会的社会生产的根本目的和决定性动机是什么，它是在该社会的生产资料所有制形式的基础上产生并决定该社会的全部生产过程本质的客观规律。

斯大林对社会主义基本经济规律的主要特点和要求作了如下的表述："用在高度技术基础上使社会主义生产不断增长和不断完善的办法，来保证最大限度地满足整个社会经常增长的物质和文化的需要。"[①] "社会主义生产的目的不是利润，而是人及其需要，即满足人的物质和文化的需要。"[②] 社会主义制度生产的根本目的是为了使全体社会成员过更加美好、富裕的生活，这在马克思主义的经典著作中都有所论述，是不言而喻的。但是把根本目的是"人及其需要"这一内容作为社会主义的基本经济规律加以概括，是一个理论创新。这一表述是科学的、正确的，已为经济科学界所认可和肯定。

但是，这里对社会主义基本经济规律的理论研究还不够具体，不够细致，难以把它与现实的经济建设很好地联系起来。因此，尽管社会主义基本经济规律的规定是科学的，但是它在科学上和实践中的影响力还未充分显示出来。特别是在"二战"结束后的经济发展中，由于没有掌握恰当处理积累与消费的比例关系的规律性，社会成员的物质文化生活没有随着生产的快速发展得到相应的提高。这不能不削弱人们对社会主义基本经济规律的理解和重视。公平地说，这些缺陷并不是由于斯大林关于社会主义基本经济规律的理论本身产生的，而是经济理论界对这个规定的重要性认识不足和研究不够造成的。关于这方面问题研究上的新进展，在我国的社会主义建设实践中已得到体现。

（三）国民经济有计划发展规律

《苏联社会主义经济问题》的一个重要贡献，是明确提出了社会主义经济中存在着国民经济有计划发展这样一个客观经济规律。这是社会主义所特有的政治经济学规律。

生产要素按一定比例分配于各种生产之间是生产得以进行的根本前提，按必要的比例分配资源是社会生产的自然规律，它与社会制度无关。与社会制度相关的是它的实现形式。不同社会制度有不同的实现形式。在资本主义

---

① 《斯大林选集》下卷，人民出版社1979年版，第569页。
② 《斯大林选集》下卷，人民出版社1979年版，第598页。

制度下，这一规律实现的形式是在价值规律基础上价格的自发波动，价格围绕价值的波动导致的利润率的高低，自发地调节着生产要素在各部门的分配，维系着国民经济的正常发展。

在社会主义制度下，是由什么规律来调节生产要素在不同生产部门之间的配置呢？斯大林明确地指出，代替价值规律的自发调节作用的，是在社会主义公有制基础上产生的国民经济有计划发展规律。

在社会主义公有制建立后，社会将有计划地组织社会生产，是马克思的政治经济学的一条基本原理。这是人类从必然王国进入自由王国的飞跃。斯大林揭示的国民经济有计划发展规律是社会主义特有的经济规律，是直接继承了马克思主义的基本理论的。

有一种观点认为，国民经济有计划发展是人们的一种主观意志行为，不能看做是客观规律。这种看法是不对的。国民经济有计划发展所以成为社会主义的客观经济规律，根本上在于经济条件的变化。既然生产资料已经为自由结合的全体社会成员所占有，他们当然就会提出有计划使用这些生产资料，以为提高他们自己的物质文化生活服务。斯大林指出："它之所以发生作用，是因为社会主义的国民经济只有在国民经济有计划发展的经济规律的基础上才能得到发展。"①

斯大林在论述这一经济规律时，特别强调要把国民经济有计划发展规律与国民经济计划化这一经济政策严格区分开来。他说："不能把我们的年度计划和五年计划跟国民经济有计划、按比例发展的客观经济规律混为一谈。"他指出："不能把可能同现实混为一谈。这是两种不同的东西。要把这种可能变为现实，就必须研究这个经济规律，必须掌握它，必须学会熟练地应用它，必须制定出能完全反映这个规律的要求的计划。不能说，我们的年度计划和五年计划完全反映了这个经济规律的要求"。② 苏联三十年的建设经验已经表明，国家依据这一规律的要求组织国民经济取得了辉煌成就。但是当时对这一规律充分发挥作用的客观条件的估计不是很充分，还不清楚在一定的生产力水平和所有制关系的条件下，计划的范围和程度应有怎样的水平。总之，对这个规律的研究还是不够的。由于在还不具备这一规律充分发生作用的条

---

① 《斯大林选集》下卷，人民出版社1979年版，第544页。
② 《斯大林选集》下卷，人民出版社1979年版，第543页。

件下，在实践中就形成了超越客观条件的集中过多、包括范围过宽的高度集中的计划体制，从而对国民经济的发展造成了极大的不利影响，挫伤了人们发展国民经济的积极性和主动性，资源未得到有效利用，降低了应有的经济效率。特别是斯大林完全否定了市场机制在资源配置中的重要作用，更谈不到在现时条件下，使市场在资源配置上起基础性调节作用。这是他在经济理论方面的一个重要缺陷。但不管如何，斯大林毕竟给我们提供了国民经济有计划发展客观规律的理论，并提出必须很好地研究这个规律的要求，避免主观主义的意见。这些都是社会主义国家经济建设的重要指导思想。

五、社会主义制度下的商品生产和价值规律

商品生产和价值规律是斯大林在《苏联社会主义经济问题》中论述的最重要的问题之一。在人类历史上，在奴隶社会和封建社会，商品生产都存在和不断发展着。到了资本主义社会，商品生产发展成为占统治地位的生产形式，价值规律的作用和力量也由此得到了充分发挥，它作为一种有力的手段和方法，大大推动了资本主义生产力的发展。正是由于商品生产是资本主义占统治地位的生产形式，所以，人们总是把商品生产与资本主义生产看成是同一的，资产阶级经济学家也有意识地把资本主义经济等同于商品经济、市场经济。

社会主义代替资本主义制度后，如何对待商品生产和价值规律呢？马克思从理论上论证了随着生产资料公有制的建立，商品货币关系就将被消灭。但马克思只是指出社会主义公有制发展的必然趋势和规律性，并没有说公有制建立后必须立即人为地消灭商品经济。商品关系何时和如何消亡，只能由实际建设社会主义的人们在实践中加以解决，在理论上作出回答。世界上第一个社会主义国家苏联在革命政权建立后，就立即碰到是否利用商品货币关系这一亟待解决的问题。列宁肯定了从资本主义向社会主义过渡必须利用商品货币关系，并制订了"新经济政策"。他在论证这种必要性时，主要是从存在着广大的小农经济这个事实出发，认为只要千百万的分散的小农存在，消除商品生产就是不可能的。

在生产资料公有制取得全面支配地位后是否还有必要保留商品生产，对

此做出回答并加以全面论述的是斯大林。斯大林在这本著作中，对公有制与商品经济相结合问题提出了一系列创造性意见，发展了马克思主义的社会主义商品经济理论。

（一）用所有制关系解释社会主义公有制条件下商品生产必然存在的理论根据

他说：在公有制全面确立后，只要还存在着全民所有制和集体所有制两种不同的所有制，商品关系的存在就仍是必要的。他指出："商品生产和商品流转，目前在我国，也像大约三十来年以前当列宁宣布必须以全力扩展商品流转时一样，仍是必要的东西。"① 这一论述使人们对社会主义仍存在商品关系的认识大大地前进了一步，为更好地利用商品货币关系促进生产力发展排除了理论上的障碍。这是有重要的理论意义和实践意义的。

（二）把商品生产一般等同于资本主义生产的看法是不正确的认识

他说："不能把商品生产和资本主义生产混为一谈。这是两种不同的东西。"② 这个结论是符合马克思主义政治经济学的基本原理的，也符合社会主义建设实际。这个论述对解放人们的思想无疑起着极其重要的作用。

（三）在社会主义条件下发展商品经济不会引向资本主义

他认为，说商品生产不论在什么条件下都要引导到而且一定会引导到资本主义这种看法是不对的。商品生产不是在任何时候，也不是在任何条件下都会引导到资本主义。他说：只有存在着生产资料的私有制，只有劳动力作为商品出现于市场，商品生产才会引导到资本主义。斯大林对此作了深刻分析，一方面指出不要把商品生产看成是某种独立自在的东西，另一方面又指明了商品生产在一定社会经济制度中的地位和作用。他指出商品生产总是为一定的社会制度服务的，是从属于该社会制度的，"为什么商品生产就不能在一定时期内同样地为我国社会主义社会服务而并不引导到资本主义呢？"③

（四）社会主义商品生产是特种的商品生产

他分析了社会主义商品生产的特点，说：我国的商品生产并不是通常的商品生产，而是特种的商品生产，是没有资本家参加的商品生产，它所涉及

---

① 《斯大林选集》下卷，人民出版社1979年版，第550页。

② 《斯大林选集》下卷，人民出版社1979年版，第548页。

③ 《斯大林选集》下卷，人民出版社1979年版，第549页。

的基本上都是联合起来的社会主义生产者（国家、集体农庄、合作社）所生产的商品。① 他认为，在社会主义制度下，由于环境变化了，商品生产有了新的质，它已成为社会主义性质的商品生产，因为参与生产和交换的都是社会主义生产者，商品交换的主体也都是社会主义者。社会主义的商品生产这个概念在这里第一次得到肯定，这是理论上的一个重大进展，是马克思主义商品货币理论的重要发展。

（五）在社会主义制度下价值规律仍然发生作用

他说："在有商品和商品生产的地方，是不能没有价值规律的。"他高度评价价值规律的作用，说："这是很好的实践的学校，它促使我们的经济工作干部迅速成长，迅速变成现今发展阶段上社会主义生产的真正领导者。"②

在公有制和商品生产二者结合上，斯大林的看法中也有许多有待深入探讨的地方。譬如，他认为一旦建立了单一的全民所有制经济，商品流通及其货币经济就会作为国民经济的不必要的因素而趋于消失；他认为在社会主义条件下，列入商品范畴的只是消费品，生产资料不再是商品，只是保持着商品的"外壳"（计价等等）；他虽然重视价值规律的作用，但是却说价值规律只能影响生产，不能起生产调节者的作用，这实际上等于否定了价值规律的存在；他还认为商品流通在当时的苏联已经开始阻碍社会的发展，等等。以上一些看法显然还很不成熟，其中一些问题在我国建设实践中都有了更科学的认识。

总之，关于社会主义制度下商品货币关系的命运问题，斯大林的许多观点是科学的，是社会主义建设实践经验的科学总结，是马克思主义商品理论的新发展，为以后解决社会主义公有制与商品经济、市场经济间内在联系问题作出了很大贡献；斯大林的这些理论很大程度上帮助人们解放了思想，提高了人们参与经济建设的积极性，保证了经济发展获得巨大成就。另一方面，斯大林在利用市场机制方面仍受到错误观点的影响，因而未能更充分地发挥商品经济对社会生产力发展的促进作用。这些理论上的弱点，也对苏联经济的发展产生了一定的负面影响。

---

① 《斯大林选集》下卷，人民出版社1979年版，第551页。

② 《斯大林选集》下卷，人民出版社1979年版，第552页。

论生产力发展的根本动力

——兼评"生产力发展的内部动力"观点

　　生产力是马克思主义历史唯物主义原理的一个基本概念，也是政治经济学理论的一个基本概念。生产力是人类社会全部历史的基础。只有把社会关系归结于生产关系，把生产关系归结于生产力的水平，才能有可靠的把握把社会形态的发展看作一种自然史过程。但正是在历史唯物主义这个最重要的基本概念上，在我国理论界（只是在我们国家的理论界），包括哲学界和政治经济学界，没有形成统一的科学认识。这当然地影响了对马克思主义基本理论的准确把握。下面就这个问题谈谈我的看法。

一、生产力与劳动生产力是两个根本不同的概念

　　我国的哲学界和政治经济学理论界，关于生产力的概念占支配地位的表述是"生产力是人们利用自然、改造自然以获取物质资料的能力"。这样来给生产力下定义，把它定义为人的能力，是完全不正确的。但这种理解却几十年来占据我国有关历史唯物主义和政治经济学的论著和教材。

　　什么是生产力？马克思在他政治经济学著作包括《资本论》中虽然没有对生产力给出教科书式的定义，但他在论述中反复地明确指明什么是生产力。马克思讲过牲畜是生产力，机器、厂房、各种容器、量具、取暖照明设备等是生产力；个人，他们的力量就是生产力；还讲到科学技术是生产力，自然力和土壤肥力是生产力；等等。此外，马克思还指出企业内部的协作与分工这种劳动方式也是资本主义创造的新生产力，是由劳动的社会结合而产生的力量。从这些论述中可以看出，生产力的概念就是生产过程中的各种物质要

素或物质力量和他们结合方式的总称。马克思常常讲生产力时称作生产力总和。斯大林根据马克思的以上叙述，曾给生产力下了一个综合性定义："用来生产物质资料的生产工具，以及有一定的生产经验和劳动技能来使用生产工具、实现物质资料生产的人，——所有这些因素共同构成社会的生产力。"① 这一表述完全符合马克思的原意。

用这种对生产力概念的认识审视一下我国一些通用的哲学和政治经济学的教材中给生产力下的定义，就会发现它的非科学性。从最表面的层次上就可看出，我国理论界所通行的定义在两个方面违背了形式逻辑关于下定义的原则：1. 生产力至少包含两个重要方面，物的要素和人的要素，可是这个定义却只剩下一个方面——人；2. 生产力是生产中各种物质要素的总和，是一个具体复合名词，而这个定义却用人的能力这样一个抽象名词来规定它。

社会生产力作为一种物质力量不能与人的生产能力等同。马克思是这样论述二者的区别的："人们不能自由选择自己的生产力——这是他们的全部历史的基础，因为任何生产力都是一种既得的力量，以往活动的产物。所以生产力是人们的实践能力的结果，但是这种能力本身决定于人们所处的条件，决定于先前已经获得的生产力，决定于在他们以前已经存在、不是由他们创立而是由前一代人创立的社会形式。"② 从这段话中，我们清楚地看出马克思对生产力内涵的规定与人的实践能力的区别。这种区别主要表现在：1. 生产力是人类社会全部历史的基础；2. 生产力是一种既得力量，是过去人们生产活动的产物，是人们的实践能力的结果。可见，把生产力定义为人的能力是不符合生产力概念的含义的。

马克思认为生产力与人们改造和利用自然的能力是两个不同的概念。生产力是人们实践能力的结果，而不是人的实践能力本身。社会生产力概念，绝不是指人们利用和改造自然的实践能力，而是物质生产过程的所有物质力量和条件。

为什么我国许多人将生产力定义为人们利用和改造自然的实践能力呢？其中一个重要原因是混淆了生产力与劳动生产力两个质上不同的概念，把马克思对劳动生产力的说明误作为社会生产力的定义。

---

① 斯大林：《论辩证唯物主义和历史唯物主义》，《斯大林选集》下卷，第442页
② 马克思：《马克思致巴·瓦·安年柯夫》，《马克思恩格斯选集》第4卷，第532页

劳动生产力是指人们生产物质财富的能力。劳动生产力的提高反映了人们实践能力的提高，具体表现在相同时间内创造出更多的使用价值。马克思把劳动生产力规定为人的能力，他说："劳动生产力的提高，在这里一般是指劳动过程中的这样一种变化，这种变化能缩短生产某种商品的社会必需的劳动时间，从而使小量的劳动获得生产较大量使用价值的能力。"① 劳动生产力与劳动生产率实际上则是同一含义，二者都反映了人们利用和改造自然从事物质资料生产的实践能力。二者的区别只在于：劳动生产力侧重于从质的方面来表示，劳动生产率则是从量上表现实践能力的大小。

把社会生产力与劳动生产力两个概念混同，是我国理论界的特有现象。这可能与我国文字的特点有关。社会生产力中的"生产力"与劳动生产力中的"生产力"实际上是两个不同的概念，但在中文的字面上看不出来，在外文中却是泾渭分明，用的是两个不同的词。在英文中，社会生产力是 productive forces，而且只用复数，而劳动生产力则是 productiveness，没有复数。所以外国的经济学、哲学界学者从来没有人把劳动生产力与社会生产力混同起来。明显的一点，在《资本论》后面的名目索引中，生产力与劳动生产力分别列为两个名目，而劳动生产力与劳动生产率则作为一个名目列在一起。在中文的译义上实际上也反映出二者的区别，社会生产力中的"力"单译为"力量"，劳动生产力中的"力"则单译为"能力"。

二、生产力不能离开生产关系单独存在和发展

在对生产力的规定明确以后，我们的主要任务是研究生产力存在和发展的问题。理解这一问题的关键是准确理解生产力与生产关系这二者之间的关系。问题的实质则是生产力是否可以离开一定社会的生产关系而单独存在和发展？在这个问题上哲学和经济学理论界长期存在争议。早在 20 世纪 50 年代就有人提出生产力发展的内部动力问题，在今天在创新与发展的名义下又被突出地提了出来。弄清生产力发展的根本动力不仅有重大的理论意义，而且对今天我国如何实现经济快速发展和国家的现代化来说，有着重大的实践

① 《资本论》第 1 卷，第 350 页。

意义。

　　物质生产包括两个相互依存的方面：生产力与生产关系。这是历史唯物主义的一个基本原理。生产力中首要的因素是人本身。但个人只有在与其他个人的联系中才能成为生产力。马克思说"个人（他们的力量就是生产力）是分散的和彼此对立的，而这些力量只有在这些个人的交往和相互联系中才是真正的力量"。①

　　生产力与生产关系是物质生产的两个不同方面：生产力是物质生产的物质要素，生产关系是物质生产的社会形式。物质实体和它的社会形式是不可分割地结合在一起的。物质生产是生产力与生产关系的二者的统一。生产力作为生产过程中的物质力量，只有通过借助人们之间的社会联系和社会关系，即生产关系才能成为现实力量。对此，马克思曾指出："不论生产的社会形式如何，劳动者和生产资料始终是生产的因素。但是，二者在彼此分离的情况下只在可能性上是生产因素。凡要进行生产，就必须使它们结合起来。实行这种结合的特殊方式和方法，使社会结构区分为各个不同的经济时期。"② 由此可见，任何现实中的物质生产都是在生产力与生产关系的有机联系中进行的，二者都不可能离开对立方面单独存在。生产力的构成物质要素如果离开生产关系，就不成其为生产力，那只是不同的物质实体而已。马克思说："'人'？如果指的是'一般的人'这个范畴，——如果指的是孤立地站在自然界的人，那他应该被看作一种非群居的动物。"③ 生产力的概念只有作为物质生产的一个方面与生产关系联系在一起时才具有现实性。

　　既然生产力的内容和规定本身不能离开一定的生产关系而单独存在，那么也不能离开生产关系寻找单独存在的生产力发展的根本动力。在经济学理论界，有些学者认为，为了马克思主义经济学的发展和创新，生产力发展的动力应当从内部寻找，说"先进生产关系促进生产力发展是外因，生产力发展有其内在动力即内因，即生产力诸要素之间对立统一的动态关系"。他们认为生产力内部生产工具和劳动者之间的矛盾运动，是生产力发展的决定性力量，认为科学的任务最重要的是揭示生产力发展的内部动力。在哲学理论界，

---

① 《马克思恩格斯选集》第 1 卷，第 128 页。
② 马克思：《马克思恩格斯全集》第 24 卷，第 14 页
③ 《马克思恩格斯全集》第 19 卷，第 404 页。

有些学者则对这一观点作了更彻底的表述，认为生产力不断发展变化的动力来源"只能来自生产力内部"，来自于"人的'解放本性'"。他们说，"生产力的发展，不仅受生产关系反作用的影响，按照马克思内外辩证法的原理，生产力内部对生产力的发展具有更大的决定作用，即生产力自身决定作用。"

这种从生产力内部寻找动力的观点是不正确的，其错误之处在于没有准确把握生产力与生产关系二者的真正关系。我们是要研究"物质生产"的发展问题，而物质生产包括两个对立的方面，生产力与生产关系。正是物质生产的内在矛盾，即生产力与生产关系二者间的矛盾运动推动着物质生产的发展。生产力与生产关系间的矛盾运动就是物质生产发展的内因或内部动力。整个人类历史就是一定生产关系从生产力发展的主要推进者到其主要阻碍者，最后被更能推动生产力发展的新的生产关系所代替的历史。这正是历史唯物主义理论的基本常识。如果生产力能单独存在并有自己的有决定意义的内部动力，那么社会生产关系的作用就是无关大局的了，科学社会主义理论的基石也就被从根上摧毁了。

如果按照主张寻找生产力的内部动力这种逻辑，那么生产关系这个方面的发展和变化是否也要单独从其内部寻找发展的内因、内部动力呢？显然这是荒谬的。离开生产力这个物质实体，作为它的社会形式的生产关系就根本不能存在，也根本不会存在单独的内部发展动力。

因此，离开与生产关系的联系去寻找生产力的内部矛盾，去探索生产力发展的根本动力，是一种错误的思维方法，不可能得出科学答案。从生产力内部，从"内因"寻找发展动力似乎是在依据马克思主义中内因是起决定性作用的哲学原理，但这是把马克思主义哲学的这一重要方法论用错了地方，其结果只能是像一些哲学界人士那样落到从抽象的人性方面去寻找动力的误区。当然，个人制造和改进生产工具、科学上创造发明可以有各种各样的心理动机，但对推动社会生产力发展来说，其作用显然只能具有微弱的从属的意义。

三、新生产关系是生产力强大发展的根本动力

关于生产力与生产关系二者关系的一般表述是："生产力决定生产关系，

生产关系反作用于生产力。"把二者的关系简单表述为作用与反作用的关系并不恰当。物理学中的力学定律所讲的作用与反作用是指两个独立物体之间的大小相等，方向相反的作用力。将物质生产中有机联系在一起的两个方面用这种力学关系来比喻不恰当，不能准确反映生产力与生产关系之间的辩证关系。上述分析已阐明生产力是生产的物质方面，生产关系是生产的社会形式。生产力不能离开生产关系的这种社会形式而单独存在，没有不具有一定社会形式的生产力。因此，生产力的发展的动力问题必须从物质生产内部去寻找，从其与生产关系的辩证关系中寻求解决问题的答案。

斯大林在《苏联社会主义经济问题》这本著作中总结了苏联 30 年社会主义经济建设的经验，明确地回答了生产力发展的根本动力问题，他认为新生产关系是生产力强大发展的决定性力量。斯大林在该著作中指出："生产关系从生产力阻碍者的作用发展到生产力的主要推进者的作用，以及从生产力的主要推进者的作用发展到主要阻碍者的作用，——这样一种发展的特性是马克思主义唯物辩证法的主要要素之一。"这里阐明了：1. 生产关系是生产力的主要推进者；2. 生产关系是在推动生产力发展过程中使自己逐渐变旧，使自己从主要推动者发展到主要阻碍者。

但是我国哲学界和政治经济学界的不少学者，并没有很好地把握生产力与生产关系二者的这种辩证关系。这主要表现在只强调生产力对生产关系的决定作用，而却不认可生产关系对生产力发展起主要推动者的作用。一些论文和教材只是强调有怎样的生产力就有怎样的生产关系，生产关系一定要适应生产力的性质，这些论点当然是完全正确的。生产力有自己的发展规律，例如，生产工具从石器到铜器再到铁器，动力从蒸汽到电力，社会生产关系只能适应生产力发展状况改变自己，而绝不能改变或创造新的生产力本身的发展规律。但是一些人认识上却由此陷入片面性，他们机械论的思维方法阻碍了正确理解上述表达的全部含义。他们的认识只停留在字面上，确未能把握其精神实质。他们都没有提出为什么生产关系一定要适应生产力的性质？为什么怎样的生产力就要求怎样的生产关系？如果联系实际深入思考的话，就会看到它包含了这样的意思：就是因为不建立与它适应的生产关系，生产力就得不到发展。所以，生产关系一定要适合生产力的性质，这一规律不仅表明生产力对生产关系的型式起决定作用，同时也表明了新生产关系对生产力强大发展是起决定作用的因素。只有这样理解才可以说真正理解了历史唯物主义这个基本规律。

确认新的生产关系是生产力进一步快速发展的最具有决定性意义的观点是科学的、正确的。这一科学认识并不是马克思发现的，而是由资产阶级古典政治经济学的完成者亚·斯密和李嘉图在他们的著作中论证的。英国古典经济学的创始人亚当·斯密在他的代表著作《国富论》中讨论了如何迅速增加社会物质财富问题。他的研究在提出分工对增进劳动生产力的作用之后，立即转入商品价值关系以及资本雇佣劳动关系的研究。亚当·斯密把研究的重点放在资本主义生产关系上，揭示资本主义经济制度的内在结构和运动规律。他所以把自己的著作的研究对象放在生产关系上，就是因为他深刻地看到，资本主义生产关系在当时是真正推动物质财富生产更快发展的最具有决定性作用的因素。

马克思主义政治经济学是在继承古典政治经济学的科学成分的基础上创立的。马克思在《资本论》中对资本主义生产关系如何从生产力的主要推动者变成生产力的阻碍者的资本主义经济发展规律作了系统论述。资本关系在建立时期，由于适应了生产力的发展要求而大大推动了资本主义社会生产力水平和科学技术水平的迅速发展。随着资本社会生产力的不断发展，资本主义生产关系的狭隘和局限性致使生产力无法继续顺利发展，资本主义生产关系作为生产力发展的历史形式最终将被适合生产力发展的新的生产关系所取代。

从以上叙述可以看到，无论是资产阶级古典经济学家还是马克思主义经济学家，都是将生产关系作为政治经济学的研究对象。这是由于他们都从经济发展的实践中正确地认识到新的生产关系是生产力发展的根本动力。任何事物发展变化的根本动力在于该事物的内在矛盾。因此，物质生产发展的根本动力在于其内部的生产力与生产关系的矛盾运动。生产力与生产关系是对立统一于物质生产过程中，生产力的发展的根本动力只能来自适应生产力发展的生产关系。

无论在资本主义社会还是社会主义社会中，适应生产力发展的生产关系是推动物质生产，从而推动生产力不断发展的根本动力，这是一个被经济发展实践不断证实的一个基本的历史唯物主义理论。

四、正确认识生产力发展动力问题的重大实践意义

在资本主义产生初期，资本主义生产关系曾是生产力迅速发展的主要推进者。随着社会生产力的发展，资本主义生产关系也在不断调整以推动生产力的发展。

随着资本主义物质生产力日益社会化发展，资本主义生产关系也在自身范围内不断调整。生产力社会化发展要求占有关系上的社会化，如果不调整生产关系以适应已社会化的生产力，生产力就无法继续发展。与此相适应的，股份公司这种资本社会化的资本组织形式产生了。它既保持了资本主义私有制，又适应了生产力社会化的要求，从而成为生产力进一步发展的主要推进者。马克思说，如果没有股份制，今天我们可能还没有铁路。由股份制逐步发展到私人垄断资本，到国家垄断资本，都是在资本主义私有制关系内依靠生产关系的调整和资本所有制实现形式的变革推动社会生产力发展的现实过程。

然而由于资本主义生产关系与生产力社会化之间存在不可解决的根本矛盾，资本主义生产关系已日益显现出对生产力社会化发展的阻碍和破坏作用。这集中体现在资本社会中周期爆发的经济危机中。2008年爆发于美国的金融和经济危机就再一次证明了资本社会生产关系与生产力的发展存在无法克服的深刻矛盾。资本主义生产关系已从生产力发展的主要推动者演变成主要阻碍者。

科学社会主义理论同样证实了新的生产关系是生产力进一步迅速发展的根本动力。社会主义公有制代替资本主义私有制所以成为历史的必然，并不在于资本主义是一种剥削制度，而在于不在生产关系方面实行根本的变革，社会生产力就不再能顺利发展。如果不承认新生产关系是推动社会生产力发展的最具有决定的因素，科学社会主义理论也就不能成立。我国的社会主义经济发展实践也充分证明适应生产力状况的生产关系是生产力强大发展的根本动力。党中央一再强调经济体制改革是经济发展的根本动力。经济体制改革就是改变生产关系中不适应生产力发展的状况，使得社会主义的生产关系不断推动生产力更快发展。

举一个明显的例子。我国的经济体制改革开始于农村。在改革前期，我

国农村经济实行人民公社制度，实行不切实际的以公社范围为基础的所有制关系，这不适合当时我国的生产力状况，从而严重挫伤了农民生产的积极性，极大阻碍生产力的发展。改革后，农村取消了人民公社体制，实行了家庭承包责任制。家庭承包制使得土地从集体统一经营转变为以家庭为单位的小规模耕种。尽管这样农业生产单位的规模比人民公社时期有所缩小，但是它更加适应当时农村的生产力状况，极大地调动了农民生产的积极性，使得我国农业生产力在短时间内获得了极大的提高，粮食生产获得大丰收，基本解决了农民吃饭问题。我国农村生产关系的改革和调整是产生这一农业生产发展奇迹的根本原因。

党的十七届五中全会强调指出，坚持把改革开放作为加快转变经济发展方式的强大动力，改革开放就是解放和发展社会生产力。党的十七届五中全会为推动我国"十二五"时期经济社会发展作出全面部署，重要思想就是坚持改革开放。30多年来改革开放推动我国实现了发达国家上百年才完成的同样程度的工业化、城市化和社会转型；我国经济保持了年均10%的持续高速增长，步入中等收入国家的行列；我国农村贫困人口从两亿五千多万减少到三千多万。取得所有这些经济社会发展的成果的根本动力都是改革开放所激发的强大活力。

我国60年来的经济发展的伟大实践，特别是改革开放30多年经济发展的伟大成就都充分证实了新的生产关系是生产力进一步发展最具决定性作用的因素。基于这种科学认识，我国未来经济发展必须坚持把社会生产关系的调整和发展作为加快转变经济发展方式的强大动力。这对于我国实现经济社会全面发展具有重要的实践意义。这正是我们特别强调正确认识生产关系与生产力之间的辩证关系，确认新的社会生产关系是生产力快速发展的主要推进者这一历史唯物主义基本原理的基本根据。我们应当真正重视我国社会主义经济建设的伟大实践经验，从中吸取理论营养，树立对马克思主义历史唯物主义和社会主义政治经济学的不可动摇的信念，并运用它解决经济发展实践中的新情况和新问题。这也充分证明了把社会生产关系作为自己研究对象的马克思主义政治经济学是最能经世致用的一门科学。它的创新与发展，只能在沿着这样的方向努力，才能做出有重大理论和实践意义的科学成果，力求为党和国家制定正确的路线、方针、政策提供科学的理论依据，防止把我们的研究努力和精力引上歧途路。

马克思主义政治经济学与
中国特色社会主义的伟大实践

一、马克思主义政治经济学面临的形势

政治经济学在马克思主义理论体系中处于核心地位。列宁说，"使马克思的理论得到最深刻、最全面、最详尽的证明和运用的是他的经济学说"，① "自从《资本论》问世以来，唯物主义历史观已经不是假设，而是科学地证明了的原理"，② 特别它是科学社会主义的最主要的理论基础，"资本主义社会必然转变为社会主义社会这一结论，马克思完全是从现代社会的经济的运动规律得出的。"③ 但是就当前我国思想理论界的状况看，虽然党中央强调坚持马克思主义在意识形态领域的指导地位，但政治经济学在教学与科学研究中的地位却没有得到足够的重视，而且有日益被边缘化的趋势。

考察出现这种情况的原因，主要是与我国十一届三中全会以来发生的空前的社会变革形势相联系。在改革开放的过程中，我国的经济体制发生了深刻的变革，主要体现在所有制从单一的公有制占统治地位转变为公有制为主体、多种所有制经济共同发展；经济体制方面由计划经济体制改变为市场经济体制，让市场机制对生产起基础性的调节作用；与以上变革相适应的，分配制度改变为按劳分配为主体，多种分配方式并存的局面。经济体制这种巨

---

① 《列宁选集》第 2 卷，第 428 页。
② 《列宁选集》第 1 卷，第 10 页。
③ 《列宁选集》第 2 卷，第 439 页。

大变革必然导致社会结构的深刻变动，利益格局的深刻调整，思想观念也随之复杂化和多元化。社会生活条件这种剧烈变化，不能不反映在经济理论界对马克思主义基本理论的态度上，出现各种对马克思的政治经济学的一些基本原理的怀疑，出现动摇、修正和在西方经济学思潮的冲击下的退却现象是不奇怪的。

举几个例子看。例如在讨论"发展"马克思的劳动价值论时，有的人不自觉地用生产要素价值论替换了劳动价值论，重复了生产要素能创造价值或财富的庸俗资产阶级经济学的观点。再譬如，在对党当前提出的在我国实行生产要素按贡献参与分配的政策时，不是用马克思主义政治经济学的基本理论给予科学地解释，而是用西方经济学的按生产要素分配的理论去解析，并反回去推论资本主义制度下的基本分配关系——工资与剩余价值，就是按生产要素分配，从根本上否定了马克思的剩余价值理论。再譬如，在指导政治经济学研究的基本方法历史唯物主义的解释上也逐渐离开了马克思的原意，模糊了生产力与生产关系是物质生产的两个不可分割的方面这一基本原理，而是要抛开生产关系单独从生产力本身去寻找物质生产发展的动力。

上述情况说明政治经济学这门科学所以被削弱，更重要的原因还在于自己的队伍本身。在改革开放大潮中有人被西方经济学吹得站不稳脚跟，有点向现代西方经济学倾斜。如果马克思主义政治经济学理论队伍自己对这门科学的一些最基本的原理不断提出质疑，不能坚定地站在维护这个理论阵地的前沿，那怎么能企望提高它应有的地位呢？怎么能要求新一代青年相信并愿花出精力去深入学习和钻研它呢？在这种情况下被边缘化是一个必然的结果。

由于自己在退却，甚至还在向西方经济学靠拢，用西方的观点来指责马克思主义政治经济学的一些基本原理，揭示所谓的"不足"和"片面性"，这就难以从基本理论上划清马克思主义政治经济学与西方经济学的界限和正确处理二者的关系，混淆二者界限的情况大大帮助了现代西方经济学的基本理论（私有制永恒论、私有制最有效率等）和基本世界观和方法论（"经济人"假设）等的影响的扩大。

事情还有另一个方面。坚持马克思主义指导地位的队伍成员中一些人一段时间以来未能紧跟发展的步伐对党制定的社会主义经济改革的路线、方针、政策提供科学的理论论证和提出积极的建议，像是局外人。这就等于把这个阵地拱手让给了西方经济学。看起来似乎只有坚持西方经济学观点的人最关心改革开放事业，为它出谋划策。实际上他们提出建议的基本立场和出发点与党的路线是不一致的。

例如在发展社会主义市场经济问题上，有的人认为我们的改革是在西方经济学的指导下提出的，从而按照发达资本主义国家的市场模式来提出多种建议，比如，说市场经济等于资本主义，搞市场经济就必须恢复资本主义私有制，宣传市场万能论，反对国家的宏观调控等等。再譬如，在国有企业的股份制改革问题上，他们不是把股份制看做是推动国企改革，进一步加强国有经济的控制力、影响力和带动力的方法，而看做是所有制性质的根本改变，把实行股份制看做是取消国家所有制的一种手段。

他们的政策主张尽管看起来是在支持加强市场经济作用和国有企业的股份制改革，但在实行这些改革的动机和改革要达到的目标上，他们与党的改革目的根本不是一条道。

所以，马克思主义政治经济学被边缘化的现象，不是在党中央制定方针政策的过程中，中国共产党制定的改革和现代化建设的路线、方针、政策都是依据马克思主义政治经济学的基本理论的，方向坚定，目标明确，措施恰当，在实践上也获得了预期的效果。政治经济学被边缘化的情况主要发生在学术理论界。一些人没有很好跟上实践发展的步伐，进行理论创新，对在改革和建设实践中得到证明是正确的主张给予科学的论证和提出有创造性的建议，另一些人则是在内部出现一定的混乱状况，不适当地自我批评马克思的"片面性"，一些还在"重新估计"马克思主义基本理论本身的正确性。这怎能不使自己处于边缘化的地位、削弱自己在群众中的影响力呢？

因此，当前的迫切任务是弄清形成这种不正常状况的原因，按照党中央的坚持马克思主义在意识形态领域的指导地位的要求，一切意识到这种严峻形势的马克思主义者团结起来，充分发挥马克思主义政治经济学在经济理论方面的指导作用，为社会主义建设和改革事业作出应有的贡献。

二、政治经济学研究对象的确定是一个重大理论问题

削弱马克思主义政治经济学的地位是从怀疑它的研究对象开始的。

一门科学成为独立的门类是以它独特的研究对象确立起来的。关于政治

经济学的研究对象，马克思在《资本论》的一版序言中已明确指出，"我要在本书研究的，是资本主义生产方式以及和它相适应的生产关系和交换关系。"① 马克思为了明确政治经济学的研究对象，在许多地方不断强调这门科学不是工艺学以与生产的技术方面区别开，也强调它研究的不是物质财富生产本身，而是它采取的社会形式，即社会生产关系。这些在理论界过去有着大致相同的认识。

关于政治经济学的研究对象问题在经济科学的发展史上曾多次发生过争论。在苏联刚刚取得社会主义革命胜利的 20 世纪的二三十年代，就曾有人认为社会主义制度下不再有政治经济学了，原因是这些人把政治经济学的研究对象狭隘地规定为研究资本主义商品经济。例如当时苏共的主要领导人之一布哈林就说："资本主义商品的末日也就是政治经济学的告终。"这一错误观点受到了列宁的严厉批判。后来，在苏联社会主义建设取得了巨大胜利提出了建立社会主义政治经济学的新任务时，又有人要用生产力合理组织代替社会生产关系作为社会主义政治经济学的研究对象。例如一位经济学家雅罗申珂这样认为：在社会主义制度下，生产关系的任何独立的作用都在消失，生产关系不再是发展的重大因素，而且被生产力所吞没，包括在生产力的组织中，他说："社会主义政治经济学的主要问题不在于研究社会主义社会中人们的生产关系，而在于探讨和发展社会生产中生产力组织的科学理论，国民经济发展计划化的理论。"②

这种错误观点受到了斯大林的严厉批评，指出它在理论上违反了马克思的关于物质生产包括两个不可分割的方面：社会生产力和社会生产关系这一基本原理，幻想有一种没有社会生产关系的生产力的单独发展的状况，它也否定新的生产关系是生产力进一步发展的决定性力量的这一唯物主义历史观的基本观点。

以上情况表明，每当社会经济条件发生重大改变的时期，政治经济学这门科学的研究对象问题都会被提出来，实际上是涉及作为一门独立学科政治经济学的存亡命运问题。

当前在我国建设中国特色社会主义经济的新的条件下，它又被提了出来。

---

① 《资本论》第 1 卷，第 8 页。
② 《斯大林选集》下卷，583 页。

党的十一届三中全会以来，特别是最近一个时期，人们都热烈地讨论马克思主义政治经济学中国化和中国经济学的建设问题，这个过程中，政治经济学是研究什么的这一问题又成为经济学理论界的热门话题。这涉及到要建立的中国经济学研究方向的确定问题。

在讨论过程中，主张改变政治经济学研究对象是社会生产关系的看法有着日益占上风的趋势，提出这种主张的人们主要理由大致有以下几点。

有的人说我国当前社会主义建设的主要任务已经是发展社会生产力，既然经济建设已经成为经济工作的中心任务，那么政治经济学的研究对象就应当改为生产力或生产力的合理组织。他们说，政治经济学必须联系实际，现在最大的实际就是经济建设，发展社会生产力，所以生产力应成为政治经济学的研究对象。如果仍强调研究社会生产关系就是脱离实际，这门科学将走入死胡同。他们断然说，中国经济学的出路就是把从研究社会生产关系改为研究经济发展。

还有人认为，过去，政治经济学主要是破坏旧社会的经济学，是批判的经济学，所以重点研究生产关系。现在是建设一个新社会，是建设的经济学，所以，重点应研究生产力、生产方式或劳动方式。"时代不同，任务不同，研究方向也应作相应的转变。如果过去的经济科学可以侧重于研究生产关系，那么新时期的经济科学可以侧重研究生产力。"①

还有的人从我们过去曾犯过的"左"的错误出发，认为过去所以总犯"左"的错误，就是因为忽视了生产力的研究，片面强调研究生产关系，结果天天搞生产关系革命，片调强调生产关系的不断升级，给社会主义事业带来很大的损害。最近有一位经济学家这样说："传统的政治经济学将研究锁定在生产关系，政治经济学就成为姓资姓社的定性说。"

现在反对政治经济学把生产关系作为研究对象的人中还增加一个新的因素，一些深受现代西经济学影响又缺乏马克思政治经济学基本知识的海外归来人士，其中有的主张经济学的对象应当是资源的合理配置，研究在市场经济条件下如何实现资源配置效率最大化。他们认为把生产关系定为经济学的研究对象是一种意识形态，是政治，不是科学，只有研究资本主义市场经济的现代西方经济学才是科学。

---

① 《光明日报》，1985年6月8日。

以上几种改变政治经济学研究对象的理由，都是难以成立的。说马克思主义政治经济学是政治，是意识形态，不是科学，这恰恰表现了持这种看法的人的资产阶级意识形态影响，是一种对马克思主义缺少基本理解的偏见。马克思被西方科学界选为千年思想家第一名，这不能说参加选举的人都是出于政治考虑吧！至于说重视研究社会生产关系就会导致犯"左"的错误，这也不对。过去经济工作中在生产关系的变革方面是有过"左"的错误，例如所有制方面盲目追求"一大二公"，但这不是由于重视研究社会生产关系造成的，恰恰相反，是因为没有很好地进行研究造成的，没有联系社会生产力的发展程度探索生产关系的适当形式。如果脱离生产力的状况研究生产关系，也可以导致"右"的错误。例如，明明我国的社会化大生产已占有主导地位，客观上就要求发展社会主义公有制，壮大国有经济，发挥国有经济的主导地位，而有人却仍坚持改革的目标应当取消全民所有制性质的国有经济，要求实行国有经济私有化。可见，问题不在于强调生产关系的研究，而在于科学地去研究它。

科学地解决这些不正确的看法，在理论上重新树立起适应生产力发展的生产关系对经济建设和经济发展起着决定性作用这一马克思主义基本原理，就可以从根本上消除把研究社会生产关系与发展社会生产力、加快经济发展对立起来的错误看法，从而明确政治经济学把社会生产关系作为自己研究对象的重大现实意义。

三、新生产关系是生产力强大发展的决定性力量

上述一些不正确看法，虽然立论并不相同，但其错误的根源都在于一点，那就是没有正确理解历史唯物主义关于生产力与生产关系二者在社会物质生产发展中的辩证关系，为了强调发展社会生产力，却忘记了对生产力发展起决定作用的社会生产关系。可以从两个方面分析这些问题。

1. 持上述不正确看法的人忘记了生产力与生产关系是社会生产不可分割的两个方面。他们幻想生产力可以在没有生产关系作用的条件下单独发展。这种看法是违反马克思主义历史唯物主义的基本原理的。

过去在一些著作中强调了生产力对生产关系的决定作用，强调生产关系

一定要适合生产力的性质和发展首先是从生产工具的变化和发展开始，生产力是生产中最活跃、最革命的因素，先是社会生产力变化和发展，然后，人们的生产关系依赖这些变化，与这些变化相适应地发生变化。这些论述都是非常正确的。但是很多人对它作了片面机械的理解，因而导向错误的认识。他们认为生产力可以脱离生产关系而独立发展，把生产关系一定要适合生产力的性质这一正确命题机械地理解为是"足"与"履"的关系。脚是在自己长大，鞋必须适应脚的长大而更换。鞋只是起着消极地适应脚自己生长的作用。这种理解是不正确的，不是马克思主义的。

关于生产力与生产关系二者的关系，马克思明确地指出："人们在生产中不仅仅影响自然界，而且也互相影响。他们只有以一定的方式共同活动和互相交换其活动，才能进行生产。为了进行生产，人们相互之间便发生一定的联系和关系；只有在这些社会联系和社会关系范围内，才会有他们对自然界的影响，才会有生产。"① 这里马克思讲得很清楚，只有在一定的社会生产关系中才会有生产力的发展，生产活动才能存在。

经济发展是经济学的一般主题。不论资产阶级经济学和马克思主义经济学都是如此。但经济发展可以从多个方面来研究。首先，它可从生产力本身来研究，这包括改进生产工具，劳动者的生产经验和熟练程度的积累，劳动者素质的提高，自然科学在物质生产过程中的自觉运用，等等。

科学技术是生产力发展的根本动力，这无疑是正确的。邓小平说科学技术是第一生产力。新的科学技术革命更进一步表明自然科学在生产过程中的自觉运用已代替了分工成为生产发展的决定性因素。但是科学技术进步是属于生产力本身内容，现在的问题是推动生产力包括科学技术革命进行的根本动力是什么。只从生产力本身是找不到它内部发展动力的。作为生产力的首要因素"人"，不能是抽象的人，人不可能作为自然人单独存在。他们都是在一定社会关系中从事活动，抽象的人没有"需要"，他们都是在某种动机和激励下从事生产的。这种支配人们活动的目的和决定性动机的，正是源自于一定的社会生产关系。

没有离开社会生产关系独立存在的社会生产力，因而也没有离开一定生产关系而能独立发展的社会生产力。生产力总是在一定社会生产关系支配下

---

① 《马克思恩格斯选集》第1卷，第344页。

发展的。正是生产力与社会生产关系的矛盾运动推动着物质生产的发展。离开一定的社会生产关系去寻找生产力发展内部动力，是难以有结果的。生产力与生产关系是物质生产的两个不能分离相互依赖的方面，只能在它们的矛盾运动中把握生产力和生产关系的运动和发展。辩证地理解生产力与生产关系二者的发展关系是理解物质生产发展的方法论基础。

古典政治经济学在他们探讨提高劳动生产力和增大国民财富的研究中，发现了一定的社会生产关系在财富增长中的决定性作用。

亚当·斯密的政治经济学主要著作是《国民财富的性质和原因的研究》，简称《国富论》。从书的名字可以看出，它的研究对象是财富，研究如何不断增长国民财富。他认为国家财富增长的速度是和人民的勤劳程度成比例，而人民的勤劳总是和分工的精细程度成比例，所以劳动分工是国民财富增长的重要原因。

分工本身属于生产力的范畴，是一种新的生产方式、生产的技术方式。但是，斯密并没有从技术方式的角度对分工作过多的研究，而是在对分工在提高劳动生产力和促进财富增长的巨大作用作了简洁的阐述后，立即转到从社会关系方面研究建立怎样的关系才能使分工得以发展和提高。在这里才展示斯密在经济学方面的创造性见解。他深刻地看到，要获得这种新的生产力，必须把劳动者集中在一起，共同劳动，这样才能在他们中间实行协作分工。在当时的历史条件下，只有通过预先积累了一定量货币财富的人购买劳动力，把工人组织在一起进行生产，即建立起资本主义的雇佣劳动制度才能做到这一点。因此，斯密认为建立起资本主义生产关系体系，是促进国民财富增长的决定性因素。正因为如此，斯密把对财富生产和财富增长的研究放在对社会生产关系的研究上。这样，政治经济学也就从其他经济学知识中分离出来，把社会生产关系作为独立的研究对象确定下来。

这表明当斯密从实践中懂得了物质财富生产中生产力与生产关系二者的关系，看到了不建立一定的社会生产关系，是不可能产生企业内部分工这种新的生产力的，因而就不可能推进社会财富迅速增长。正是这一认识显示出他作为伟大思想家的超人之处，使他成为政治经济学作为一门独立科学的创建者。但是，那些把研究社会生产关系与推动经济发展对立起来的人却离开了正确理解生产力与生产关系之间正确发展关系的轨道，走上了使生产力的发展与生产关系脱节的道路。

历史唯物主义告诉我们生产力不可能离开生产关系而独立发展，它总是依赖于生产关系而发展的。有的人把党的工作转移到以经济建设为中心的轨道上的方针演变成在理论上离开了马克思主义，竟然把强调研究社会生产关系说成脱离实际，甚至把这个问题拉扯到政治上，说由此会把政治经济学变成"姓社姓资定性说"。持这种错误观点的人不知道按照他们看法否定了生产关系的作用，经济不会得到发展而且会萎缩下去。

2. 新生产关系是生产力强大发展的主要推进者

过去在阐述生产关系对生产力发展的作用时说得不是太清楚，在叙述时总是强调这是生产关系对生产力的一种反作用，只是起着加速或延缓后者发展的影响作用。这些说法并不错，但由于对生产关系在生产力发展中的作用强调得不够明确，以致引起后来有的人认识上的模糊。这在 20 世纪 50 年代苏联政治经济学理论界的那场争论鲜明地表现出来。当时经济学家雅罗申柯提出用生产力合理组织学的研究代替社会生产关系作为政治经济学的研究对象。斯大林针对这种错误认识，明确地提出了新的社会生产关系在社会生产发展中的决定性作用问题。斯大林指出："新的生产关系是这样一种主要的和有决定性的力量，正是它决定生产力进一步的而且是强大的发展，没有这种新的生产关系，生产力就注定要萎缩下去"，"新生产关系的作用就是充当生产力进一步发展的主要推进者。"①

斯大林这段论述是非常正确的。如果把生产力是生产中最活动、最革命的力量这个正确思想歪曲到使生产力的存在和发生与生产关系脱节，以为生产力可以离开生产关系而独立发展，那就是非常错误的了，如斯大林对雅罗申珂所批评的，"本来是有血有肉的社会生产，在他那里却成了片面的和干瘪的生产工艺学，即布哈林的，社会组织技术之类的东西了"。②

人类历史发展的社会实践完全证明了新的社会生产关系对生产力的发展是起决定作用的，这是历史唯物主义的一项基本原理。我们可以从《资本论》中马克思对资本主义社会发展的历史实践的考察中看到它是怎样通过生产关系的不断调整才使生产力得到不断发展的。

古典政治经济学的创建者亚当·斯密看到当时分工是社会生产发展和劳

---

① 《斯大林选集》下卷，第 585 页。
② 《斯大林选集》下卷，第 587 页。

动生产力提高的最重要的杠杆，但是分工这种新的生产力却只有在资本主义生产关系下才能产生和发挥作用。马克思完全同意他的这一看法，说："工场手工业分工作为社会生产过程的特殊的资本主义形式，——它在当时的基础上只能在资本主义的形式中发展起来。"① 这里明显地表明生产关系对生产力发展的决定作用。

在资本主义制度下，新的生产关系的决定作用突出地表现在他的生产的根本目的上，还表现在资本主义所有制关系的不断调整和分配关系的变革对生产力发展的作用上。

资本主义生产的目的是为了追求剩余价值，这一目的使其拥有与小生产者截然不同的动力。小商品生产者为了使用价值而生产，价值生产只是他的手段，它的动力是封闭的有限的，而为了追求剩余价值的动力则是开放的和无限扩张的。资本家狂热地追求价值的增殖，肆无忌惮地迫使人类为生产而生产，从而去发展社会生产力，去创造生产的物质条件。这也就极大地促进了社会生产力发展和社会财富的增长。

资本主义生产的发展，使投入工业企业的资本有不断增长的必要，而竞争使资本主义生产方式的内在规律作为外在的强制规律支配着每一个资本家。竞争迫使资本家不断扩大自己的资本来维持自己的资本，而他扩大资本只能靠累进的积累。积累的欲望和方式比以往任何生产方式都要强。加速资本积累必然引起资本技术构成的变化，随着资本有机构成的提高，资本竞争越来越激烈。竞争斗争是通过使商品便宜来进行的。商品的便宜取决于劳动生产率，而劳动生产率又取决于生产规模。于是，较大规模资本更逐渐的战胜较小规模的资本，竞争的结果是许多较小的资本家垮台。资本主义所有制由此不断发展着。

资本不断地集中，集中补充了积累的作用，在这个过程中，资本主义所有制实现形式的发展——股份制的产生起了历史性的作用，"假如必须等待积累去使某些单个资本增长到能够修建铁路的程度，那么恐怕直到今天世界上还没有铁路。但是，集中通过股份公司转瞬之间就把这件事完成了。"② 集中一方面加强和加速积累的作用，另一方面又扩大和加速资本技术构成的变革，

---

① 《资本论》第 1 卷，第 403 页。
② 《资本论》第 1 卷，第 650 页。

即资本有机构成越来越高。

资本有机构成的提高客观上降低了利润率，这样在不同的生产部门间资本有机构成高的部门就会比资本有机构成低的部门获得较少的剩余价值，这样的关系如果不调整，资本就会失去技术创新和发展生产力的动力，也不可能实现资源的优化配置。适应生产力发展的要求，资本主义制度创造了一种新的实现形式和分配关系，这就是剩余价值转化为利润和利润转化为平均利润。随着竞争的加剧，各个资本有机构成不同的部门所带来的不同的利润率通过竞争而平均化为一般利润率。在等量资本获得等量利润的基本关系下，竞争迫使资本家通过不断的追求技术创新、规模扩张等来降低个别劳动时间，获得超额利润。平均利润的存在使各个部门获得利润与投入的资本成比例，这种机制保证资本主义技术不断进步，生产力不断发展。资产阶级在不到一百年的阶级统治下创造的生产力比以往时代创造的全部生产力总和还要多。

资本主义经济发展的事实无可质疑地说明了资本主义这种新的生产关系使生产力获得了较以往历史时代快得多的发展速度，新的生产关系的确是生产力进一步发展的主要推动者。

四、中国特色社会主义建设的伟大实践

有的人说传统政治经济学是破坏的经济学、研究生产关系，现代的政治经济学应是建设的经济学，研究对象应改为生产力和经济发展，这是一种不正确的观点。

一门科学所以能成为独立的学科，就是因为它有特定的研究对象。毛泽东说过："科学研究的区分，就是根据科学研究所具有的特殊矛盾性。因此，对于某一现象的领域所有的某一种矛盾的研究，就构成某一门科学的对象。"① 一门科学的研究对象不会由于外部的任务的变化而变化。例如物理学是研究物质运动最一般的规律和物质的基本结构的。那是否会因为当前的任务主要是解决工程技术问题而把物理学的研究对象改为工程技术呢？人们一定会认为这种看法是幼稚的。如果研究对象改变了那就等于取消了这门科学

---

① 《毛泽东选集》第 1 卷，第 207 页。

而改为另外的科学了。

另外，经济科学都应当直接服务于国家的经济发展，这是无疑问的。问题是不同门类的经济科学都是从它本身的特定研究对象的角度服务于经济发展的。政治经济学应当有不同于其他经济科学的角度来服务于经济建设的，不能是所有的经济科学，如工业经济学、农业经济学，技术经济学、发展经济学、财政金融学等等都是从同一个角度来为经济发展服务吧！

政治经济学不同于其他一切经济科学的地方，在于它是从社会生产关系的变化和发展的角度来为发展生产力服务的。从这点说，政治经济学不仅不是不实用，而是对经济发展有着最大的实用性。实践是检验真理的唯一标准。我国的特色社会主义的建设实践就是在社会生产关系是生产力发展的主要推进者这一历史唯物主义基本原理的指导下进行的，并因此取得了无可怀疑的巨大成就。所以可以说，我国的建设成就是马克思主义政治经济学的伟大胜利。贬损研究社会生产关系的重大实用意义，完全是与我国的实践不合拍的。

邓小平在论及党的十二届三中全会制订的"关于经济体制改革的决定"讲到理论与实践的关系时说，这次文件好，有些是我们老祖宗没有讲过的话，有新话。"过去我们不可能写出这样的文件。写出来，也很不容易通过。我们用自己的实践回答了新情况下出现的一些新问题。"理论创新只能植根于实践。

中国社会主义经济建设的伟大成就充分证明了马克思主义政治经济学的重要性和实用性。它的实用性主要的不是体现在经济运行等具体操作层面上，而是体现在党的经济建设大政方针的制订上。

改革开放以来，在邓小平理论指导下，坚决把国家工作中心转移到经济建设上来，把实现四个现代化作为压倒一切的中心任务。但是我们会注意到，从十一届三中全会以来，历届党的代表大会的政治报告中列为首要的不是技术方面内容，而是经济体制改革，把它看做是经济发展的根本动力。经济体制改革的内容就是改革生产关系和上层建筑中不适应生产力发展的一系列相互联系的环节和方面。这表明党中央确定地认识到社会生产关系在经济发展中的决定作用。这当然地也就决定了马克思主义政治经济学在促进经济发展上的极端重要地位。

政治经济学所研究的生产关系，不同于生产合理组织学中人与人在生产过程的技术关系，而是人与人在生产中的社会关系，即社会生产关系。它包含三方面内容：1. 生产资料的所有制形式，即生产资料归谁所有，归谁支配；2. 生产过程中人们的地位和职能；3. 分配关系。这些方面的内容正是我国经济改革中的首要问题，在每次党代表大会的政治报告中都占据最突出的地位。

生产资料所有制是中央关注的第一位的问题，所有制结构的改革是推动国民经济发展的最重要的动力。最初的农村改革，废除人民公社制度，实行包产到户和家庭联产承包制，使我们农村经济在几年时间里得到了恢复和发展，进入了农业生产发展的最快时期。

随后，以城市为重点的整个经济体制改革，首要的问题仍然是所有制问题，包括所有制实现形式和所有制结构的改革。所有制结构改革包括两个方面，第一个方面是大力发展国有经济，增强国家所有制主导地位。第二个方面是鼓励和支持非公有制经济的发展，包括个体经济私营经济和外资经济，鼓励和支持它们发展的目的就是调动全社会的发展经济的主动性和创造性，把闲置的财力和人力转变为现实的生产力，解放生产力。

党中央的方针政策体现了对所有制关系重要性的认识，在党的十五大报告中明确规定，"公有制为主体，多种所有制经济共同发展，是我国社会主义初级阶段的一项基本经济制度"。党的十六大报告更进一步明确了不同所有制经济之间的关系和地位，指出"坚持公有制为主体，促进非公有制经济发展，统一于社会主义现代化建设的进程中，不能把两者对立起来。各种所有制经济完全可以在市场竞争中发挥各自的优势，相互促进，共同发展"。这里显示出一种新观念，即不再从消极方面看待非公有制经济的发展，在坚持国有经济起主导作用的前提下，把它也视作发展经济的积极力量。

党中央依据马克思主义政治经济学的基本理论坚定地把发展国有经济和保持它在国民经济中的主导地位作为首要任务，把国有企业看做是发展社会生产力，提高综合国力的主要依靠力量，特别是国有大中型企业是我国工业和国民经济的支柱和中坚力量，坚决批驳了那些主张搞私有化的谬论。江泽民在纪念党的七十八周年座谈会的讲话中说，如果搞私有化，"我们的社会主义制度就会失去经济基础。……我们靠什么来坚持社会主义制度，靠什么来巩固人民政权，靠什么来保证实现全体人民的共同富裕？"

在党的正确政策指导下，私营经济得到了快速发展。现在它们已成为国民经济的重要组成部分，成为增加就业的主渠道、国家税收的重要来源和对外贸易的生力军。根据国家统计局的数据，2005 年内资的私营经济在 GDP 中所占比重约为 42.8%，私营经济占城镇就业比例从 2000 年的 65% 左右增加到 2005 年的 75%。

实践证明了党抓所有制改革的方向是正确的，国有经济和非公有制经济都得了快速发展、壮大，国有企业总体实力不断增强，国有经济的主导作用，控制力、影响力和带动力都得到加强。与此同时，私营经济也得到迅速发展，在国民经济中所占比重不断增大。

这一切充分表明了政治经济学关于生产资料所有制关系在社会发展中的首要的作用的理论的正确和它对经济发展的决定性作用。

生产资料所有制形式所以在社会生产关系体系中处于基础地位，重要的是因为它决定着社会生产的根本目的和动机，这对经济发展显然有重大作用。社会主义生产的根本目的是最大限度地满足全社会成员的物质文化需要。党中央充分认识到这一点，提出了"以人为本"的方针。但理论必须有量化的分析，我国目前经济发展中出现的个人消费不足妨碍了经济的健康增长，也是与对生产目的模糊认识有关。

生产资料所有制形式决定分配关系。在公有制范围内实行按劳分配，在非公有制经济范围内，不同所有制经济按照各自的分配方式活动，个体经济实行按照创造的价值分配，私营经济按工资与剩余价值的关系分配。

党中央非常重视建立适合所有制关系的分配关系，指出改革收入分配制度，规范收分配秩序，构建科学合理、公平公正的社会收入分配关系，关系到最广大人民的根本利益，关系到广大干部群众积极性、主动性、创造性的充分发挥，关系到全面建设小康社会、开创中国特色社会主义事业的全局，是构建社会主义和谐社会的最根本的问题之一。建立正确的分配关系，才能调动起全体社会成员的参与经济发展的社会主义积极性，包括劳动者和私营企业主，显然这是决定着社会生产力迅速发展的最根本的因素之一。

生产资料所有制形式决定交换关系和交换方式。资本主义社会的发展历史证明，市场经济是促进社会生产发展的一种极重要的方法，资本主义最大限度发挥了价值规律和市场机制的作用推动了经济的发展和利润最大化目的的实现。

社会主义制度面临的根本问题也是推进生产力的迅速发展，我们是否也可以利用市场经济的方法呢？邓小平同志在 1979 年 11 月的一次谈话中首次系统地回答了这个问题，他说："市场经济只存在于资本主义社会，只有资本主义的市场经济，这肯定是不正确的。社会主义为什么不可以搞市场经济，这个不能说是资本主义。"后来又说："社会主义和市场经济不存在根本矛盾。问题是用什么方法才能更有力地发展社会生产力，""不要以为，一说计划经济就是社会主义，一说市场经济就是资本主义，不是那么回事，两者都是手段，市场也可以为社会主义服务。"这样，邓小平就在社会主义与市场经济相结合的问题继承和发展了马克思的科学社会主义理论。

　　一位被称为研究市场问题专家的经济学教授在清华大学讲演并在报刊上发表文章强调说，我国的经济体制改革一直在黑暗中摸索，只有在受到现代西方经济学原理启迪，运用它去分析中国的经济问题后，才"提出了应当发挥市场的作用和建立商品经济的改革主张"；由于读了P·萨谬尔森的《经济学》，进行了现代经济学的补课，在这个基础上，"我们逐步形成了对于市场经济和它的各个子系统运作原理的认识"，才提出了有科学依据的建议。没有以西方的理论为指导，这一艰巨的历史任务是不能完成的。这位经济学家是在说，我国经济体制改革目标的确定是在现代西方资产阶级经济学的指导下得出的。

　　这显然不符合事实。恰恰相反，只有在马克思的政治经济学理论基础才能提出社会主义市场经济理论。

　　说社会主义可以搞市场经济，有一个基本理论前提，那就是市场经济只是一种方法、手段，不同社会经济制度都可以利用，它可以为它所处的社会制度服务。这一理论是在哪里产生和得到科学论证的呢？这是由马克思的政治学经济学理论所提供的。马克思在《资本论》中深刻揭示了一般商品关系与资本主义关系的本质区别，并详尽阐明了资本主义怎样利用市场机制为推动生产力发展和为实现其生产根本目的和同等资本获得相同利润这一资产阶级根本利益服务的。马克思还一再揭露了资产阶级经济学力图混淆商品经济与资本主义经济区别的理论错误及这种错误所要达到的狭隘的阶级目的。马克思说："在现存的资产阶级社会的总体上，商品表现为价格以及商品流通等等，只是表面过程，而在这一过程的背后，在深处，进行的完全是不同的另一些过程。"① 这里所说的另一些过程就是指资本家无偿占有雇佣工人的剩余劳动，马克思尖锐地批判说："还有些人错误地把这种表面关系，把这种质的

―――――――――

① 《马克思恩格斯全集》第46卷，第200页。

形式化，把资本关系的假象看做是资本关系的本质本身，因而试图把工人与资本家之间的关系说成是商品所有者之间的一般关系，以此为这种关系辩护并抹杀这种关系的特征。"①

资产阶级经济学包括现代西方经济学一直坚持市场经济等于资本主义经济。他们总把资本主义国家称作市场经济国家。很明显，如果按照现代西方经济学的理论，把市场经济看作等同于资本主义，那就不可能有"社会主义市场经济"的概念和观念。所以，把我们建立社会主义市场经济体制的改革思路说成是西方现代经济学指导下产生的，是完全错误的。在西方无论新宏观经济学还是新自由主义经济学看来，有社会主义，就不能有市场经济，搞市场经济就必须以私有制替代社会主义公有制。十分清楚，从理论上说，西方经济学的基本理论与社会主义市场经济理论是截然对立的，互不相容的。

上面我们考察了社会生产关系的几个最主要的方面，当然每个方面都有很多具体问题要进一步研究，在这些方面实践已给我们提供了很多的启示，就拿生产资料所有制来说，社会主义公有制采取怎样的实现形式就是重要问题，从企业来说，有股份制这种实现形式的利用问题，还存在着国有制如何处理好国家与企业、中央与地方等之间的关系，使公有制形式更加具体化等等，把这些解决好了，都是推进生产力发展的决定性因素。

从上面分析我们可以得出结论，党中央关于经济改革和建设的大政方针的制定都是按照马克思主义政治经济学的理论进行的，是遵循新的生产关系对生产力发展起决定作用的原理来领导经济发展的，这是我们取得今天这样举世瞩目的伟大成就的决定性原因。因此，经济学理论界一些人否认社会生产关系在经济发展中的决定作用，轻视对它的深入研究，企望从技术或经济运行机制等寻找出路，这是既不符合马克思主义的基本理论，也不符合我国社会主义建设的伟大实践，希望在这种错误认识的基础上创建中国经济学，是难以取得预期效果的。

---

① 《马克思恩格斯全集》第 49 卷，第 126 页。

从新的视角探讨政治经济学的研究对象

——中国经济学建设的关键问题一

当前我国理论界为了对我国改革开放以来的经济改革和经济建设实践做出理论概括，并对国家的经济发展和现代化建设进一步作出贡献，提出了创建中国的经济学，也就是马克思主义政治经济学的中国化、当代化。经济理论工作者围绕这一主旨发表了丰富多彩的论文、著作，并编出多种类型的教材，出现了百花齐放、百家争鸣的蓬勃的局面。

毫无疑问，要建立的中国经济学的根本任务归根结底是要推动我国的经济更快更好地发展和不断提高广大人民的生活水平和生活质量。经济科学不论理论经济学还是应用经济学，甚至是专门研究社会科学技术发展的技术经济学，都是服务于一个目的，都是服务于促进国家的经济发展的。各类不同的经济学都有各自的研究对象，它们都是从各自的研究对象的角度来探索推动社会生产力发展的具体途径。要建立的中国经济学要从哪个方面来探索推动经济发展的路径以同各类其他经济学区别开呢？显然，这是必须首先要明确的，否则就会感到茫然，不清楚往哪个方面努力。这个问题可归结为政治经济学的研究对象是什么。

一、从新的视角探讨政治经济学的研究对象

关于政治经济学的研究对象是一个讨论多年的问题，意见有分歧，不同的定义有如下的说法：物质生产、生产力、生产方式、生产关系、生产方式和生产关系、经济增长和经济发展。有的还搬用了现代西方经济学主流派的观点：稀缺资源的配置，等等。但是讨论中显示出某种不足的地方，那就是

争论各方多半是局限于引用马克思主义经典作家的话来论证自己观点。事实证明这样的争论往往难以取得统一认识，各方都可以从书本上找到有利于自己论点的语句，而且还会使讨论陷入词义之争，脱离实际。

在这里，我探索从一个新的角度，即从理论与实践的结合上谈谈政治经济学这门科学的研究对象的确定，明确研究什么应当是建立中国经济学的首要基本问题。

1. 从政治经济学产生的历史谈起

我们先从政治经济学这门科学的产生历史看看，它是由于研究什么被创建起来的。

大家都知道，政治经济学作为一门科学，创始人是英国古典经济学家威廉·配第，它的主要代表人物和完成者是亚当·斯密和李嘉图。斯密的政治经济学主要著作是《国民财富的性质和原因的研究》。从书的名字可以看出，它的研究对象是财富，研究如何不断增大国民财富，也就是如何促进物质生产的发展，因为财富只能是在物质生产过程中创造出来的。他认为国家财富增长的速度是和人民的勤劳程度成比例，而人民的勤劳总是和分工的精细程度成比例，所以劳动分工是国民财富增长的重要原因。

斯密虽然细致地分析了分工，但他在分工问题上并没有提出什么创新见解，他只是对分工在增长国民财富方面的作用特别地加以强调。在他的《国富论》的开篇第一句话就说："劳动生产力上最大的增进，以及运用劳动时所表现的更大的熟练、技巧和判断力，似乎都是分工的结果。"[①] 分工本身属于生产力的范畴，是一种新的生产方式，生产的技术方式。但是，斯密并没有从技术方式的角度对分工作过多的研究，而是在对分工在提高劳动生产力和促进财富增长上的巨大作用作了简洁的阐述后，立即转到从社会关系方面研究建立怎样的关系才能使分工得以发展和提高。在这里才展示出斯密在经济学方面的创造性见解。他有序地探索了推动分工得以发展的整个社会生产关系体系，并由此最后地创立了政治经济学这门独立科学。

斯密认为分工的发展有赖于商品交换规模，由此，他深入研究了商品生产关系和交换规律，深刻地阐述了劳动价值理论，把价值归结为社会必要劳动时间，因为这样的关系有利于分工的发展和劳动者劳动积极性、主动性的

---

① 亚当·斯密，《国民财富的性质和原因的研究》，商务印书馆 1979 年版。

提高。交换的自发发展产生了货币。斯密从商品交换和商品流通的分析进到对资本关系的研究。这一研究进程反映了从商品关系到资本主义关系的发展。不过在他那里没有把商品关系一般与资本主义商品生产加以区别。斯密从劳动价值理论直接导向对工资、利润、地租等这些资本主义收入分配形式的分析，由此揭示了资本主义整个生产关系体系和社会经济制度的内部结构，揭示了这种经济结构怎样作为一个系统，推动和保证了财富的迅速增长。斯密还深入地研究了资本积累，因为资本积累即资本关系的扩大是分工和机器的使用这些新的生产技术方式产生和发展的根本条件。他说："劳动生产力大大提高，非有预先的资本积累不可，同样，资本的积累也自然会引起劳动生产力的大大提高。"①

斯密从研究分工为起点，转到着重研究资本主义经济制度的内部结构，表现出了他作为资产阶级的伟大思想家的超人之处。他深刻地看到，要获得分工这种新的生产力，必须把劳动者集中在一起，共同劳动，这样才能在他们中间实行协作分工。为了建立大规模集体劳动的生产方式，在当时的历史条件下，只有实行普遍的商品交换，并且通过预先积累了一定量货币财富的人购买劳动力，把工人组织在一起进行生产，即建立起资本主义的雇佣劳动制度。因此，斯密认为建立起资本主义生产关系体系，是促进国民财富增长的决定性因素。正因为如此，斯密把对财富生产和财富增长的研究放在对社会生产关系的研究上。这样，政治经济学也就从其他经济学知识中分离出来，把社会生产关系作为独立的研究对象确定下来，斯密和李嘉图都热情地颂誉资本主义制度，把它说成是唯一合乎自然秩序的经济制度。在当时历史条件下这种看法无疑是正确的，马克思完全同意斯密的看法，他说，"工场手工业的分工作为社会生产过程的特殊的资本主义生产形式，——它在当时的基础上只能在资本主义的形式中发展起来。②"

斯密为了达到促进扩大分工和大大提高劳动生产力，以实现财富的增长的研究目的，深刻地揭示资本主义生产关系体系的内在联系、内部结构，从而建立了他的政治经济学体系。马克思对斯密的经济学体系给予了很高的评价，认为他"深入研究资产阶级制度的生理学"，并指出，"在亚当·斯密那

---

① 《马恩全集》第 47 卷，第 348 页。
② 《资本论》第 1 卷，第 403 页。

里，政治经济学已发展为某种整体，它所包括的范围在一定程度上已经形成。"① 李嘉图则更明确地把这种资产阶级制度的内在有机联系和运动过程的理解置于统一的基础上，即价值决定于劳动时间，这就进一步科学地说明了资本主义全部生产关系和交换关系的内部结构，阐明了整个资产阶级社会的经济体系。（当然，他们的研究有它的内部矛盾和缺陷，这些不是本文所要涉及的）

2. 深刻认识社会生产关系在生产力发展中的决定性作用

从政治经济学这门科学的产生过程中可以清楚地看出，正是出于促进财富增长这样实际目的，而把社会生产关系作为本科学的研究对象。斯密深刻地察觉到，一定的社会生产关系是推动劳动生产力提高和经济增长的决定性因素。在当时的条件下，不建立资本主义生产关系，就不可能实行协作、分工和机器生产，就没有劳动生产力的极大提高，也就没有财富的更大增长，也实现不了"富国裕民"的目的。斯密的这一认识是合乎实际的科学的。

现在有些人认为强调政治经济学研究对象是生产关系是不实用的，是出于意识形态的目的；应当直接把对象定位为经济增长和经济发展，否则会脱离中国和当代经济发展的实际。还有人认为时代发生了变化、已进入信息时代，政治经济学的研究对象应当加以转换。这种看法显然是不恰当的。它产生的原因之一，就是他们没有理解把社会生产关系作为研究对象正是出于为了推动经济发展和技术革命这样"致用"的目的。他们没有看到社会生产关系对经济发展的实际作用，没有像亚当·斯密和李嘉图那样深刻地观察和理解到一定的社会生产关系对生产力发展的决定性作用，认为研究生产关系过于抽象，不实用，这显然是不符合实际。

庸俗资产阶级经济学家萨伊在他的《论政治经济学》中就曾怒气冲天地批评过李嘉图，说"有人借口扩充它（科学），把它推到真空里去了，"② 萨伊把李嘉图的政治经济学对资本主义社会生产关系的深刻分析说成是抽象和脱离实际，显然是不对的。热衷于为资本主义制度的永恒性辩护的狭隘目的阻碍了他理解李嘉图理论的科学性，萨伊的怒气不过是因为李嘉图对资本主义生产关系内部结构的分析导致对阶级之间的经济对立的揭露，抓住了历史

---

① 《马克思恩格斯全集》第 26 卷，第 182、181 页。
② 《马恩全集》第 26 卷，第 183 页。

斗争和历史发展过程的根源，为论证资本主义制度的历史暂时性提供了理论依据，为他们的辩护理论树立起难以逾越的障碍。

经济发展应当是经济学的一般主题。不论资产阶级经济学和马克思主义经济学都是如此。马克思所以得出社会主义必然代替资本主义的革命结论，正是因为社会主义能为生产力更快速发展创造更广阔的余地。但经济发展可以从多个方面来研究。首先，它可以从生产力本身来研究，这包括改进生产工具，劳动者的生产经验和熟练程度的积累，劳动者素质的提高，自然科学在物质生产过程中的自觉运用，等等。

科学技术是生产力发展的根本动力。这无疑是正确的。邓小平说科学技术是第一生产力。新的科学技术革命，更进一步表明自然科学在生产过程中的自觉运用，已代替分工成为生产发展的决定性因素。但是科学技术进步是属于生产力本身内容，现在的问题是生产力包括科学技术革命进行的根本动力是什么。只从生产力本身是找不到它内部发展动力的。作为生产力的首要因素的"人"，不能是抽象的人。人不可能作为自然人单独存在，他们都是在一定社会关系中在某种动机和激励下从事生产经营活动的。这种支配人们活动的目的和决定性动机，正是源自于一定的社会生产关系。

没有离开社会生产关系独立存在的社会生产力。因而也没有离开一定生产关系而能独立发展的社会生产力，生产力总是在一定社会生产关系支配下发展的。正是生产力与社会生产关系的矛盾运动，推动着物质生产的发展。离开一定的社会生产关系去寻找生产力发展内部动力，是难以有结果的。生产力与生产关系是物质生产的两个不能分离相互依赖的方面，只能在它们的矛盾运动中把握生产力和生产关系的运动和发展。辩证地理解生产力与生产关系二者的发展关系是理解物质生产发展的方法论基础。

古典政治经济学在他们探讨提高劳动生产力和增大国民财富的研究中，发现了一定的社会生产关系在财富增长中的决定性作用，把它作为政治经济学的研究对象，这是他们在经济科学发展上的历史功绩。政治经济学也就是由此成为一门独立的社会科学。

随着资本主义制度的确立和社会分裂为两大阶级的对立日益明显，古典政治经济学也分裂为两个营垒。资产阶级政治经济学背离科学发展的正当轨道，走上有意识地为资本主义辩护的道路。起初是由詹姆士·穆勒、萨伊、约翰·穆勒等为代表的，通过割裂生产与分配的关系，提出了生产是一般，分配和交换是特殊，消费是个别这样一个错误公式，把资本主义生产说成是一般的、永恒的，从经济学中排除了对社会生产关系的研究。后来马歇尔直到现代西方经济学各流派把经济学的研究从生产领域移到流通和经济运行层次，为改善资本主义制度服务。至于深层本质关系资本主义所有制关系，作为根基被隐蔽起来，只把呈现在流通表面的富丽堂皇的大厦外表显示出来。

只有代表先进生产力和先进生产关系的工人阶级的代表马克思继承了古典政治经济学所创立的政治经济学科学方面，明确地把社会生产关系作为研究对象，创立了马克思主义政治经济学。马克思批判地改造了古典经济学的非历史的形而上学观点和方法，把对资本主义关系的研究置于历史唯物主义的科学方法论基础上。

马克思关于《资本论》研究对象的规定虽然来源于古典经济学，但是对它进行了根本性改造。这一改造的基本点就在于用历史的发展的观点代替了斯密的非历史的形而上学观点，后者把资本主义关系看做是依据人的固有本性建立的人类社会最后的最合理的生产关系。马克思在表述时用"资本主义生产方式"代替了斯密的"分工"。在马克思看来分工是一个生产一般的概念，表现不出它的历史性、特殊性。分工有自然分工与社会分工，在资本主义社会之前就发生了人类社会的三次社会大分工。斯密所说的分工并不是分工一般，而是指工场手工业的社会分工，集中了许多工人的企业的建立和企业内部的分工，是资本主义制度的特殊之点。马克思一再强调它是"特殊的资本主义生产方式"。另外，马克思在规定研究对象时把生产关系与交换关系并列提出，这明显地是给予了"交换关系"以突出地位。这也是为了突出资本主义制度的特殊性的表述方法。因为资本主义经济制度与以往历史各时代不同的基本特征之一是，资本主义总生产过程是生产过程和流通过程的统一。古典经济学由于其非历史非辩证的思想方法的束缚，看不到资本主义这种经济制度的历史特殊性。因此，在古典经济学那里，流通过程的研究是缺失的。只是马克思才建立起了完备的严密的资本主义政治经济学的科学体系。总之，马克思与斯密在政治经济学研究对象规定上的不同之点，是在于历史观和方法论不同，马克思强调了《资本论》所研究的不是什么符合人性的生产一般，而是生产的一定的特殊阶段资本主义生产。

在《资本论》中，马克思一方面通过对资本主义生产关系的研究揭示了资本主义社会两大对立阶级的经济基础，同时也详尽阐述了资本主义生产关系整个体系是怎样推动着社会生产力的巨大发展的，从协作和分工到机器大工业。另外，也揭示了保证资源合理配置的在该生产关系基础上形成的运行机制。与斯密和李嘉图不同的是，马克思站在代表先进社会生产力的工人阶级立场上用历史发展的观点和方法，指出了资本主义制度虽然当时是推动生产力发展的唯一可能的形式，但它不是永恒的，而是历史的、暂时的，随着在该关系推动下的生产力的进一步发展，资本主义已经开始显示出阻碍和破坏生产力发展的一面，因而必将被更适合新生产力的新生产关系所代替，以推动生产力的进一步迅速发展。

以上叙述表明，把社会生产关系确定为研究对象的政治经济学决不是脱离经济发展实际和不致用的，恰恰相反，只有掌握政治经济学理论，十分重视和关注生产关系的调整和发展，才是加速经济发展的最基本的途径。

3. 从以上的分析得出的几点看法

（1）政治经济学这门经济学科的创立与发展是与把社会生产关系作为研究对象直接相联系的。事实不是像一些人所说的，是马克思出于反对资本主义制度的革命要求主观规定的。恰恰相反，它的建立是资产阶级出于确认资本主义经济制度较以往历史时代的经济制度更加优越更能促进国家财富增长这一认识决定的。当时代表先进生产力和先进生产关系的资产阶级的伟大思想家亚当·斯密和李嘉图，他们这种认识是正确的、科学的。马克思是继承了古典经济学家创立的政治经济学这门科学的理论。从马克思关于政治经济学研究对象的规定就可以看出它是渊源于斯密的经济学说。

（2）政治经济学把社会生产关系作为研究对象，目的是什么呢？直接目的正是国家物质生产的发展和国民财富的增长。古典经济学所以紧紧抓住资本主义生产关系的研究，正是因为他们深刻地看到了建立起资本与雇佣劳动这种生产关系是推动国民财富增长的最具有决定性的力量。不建立这种新的生产关系，分工这种新的生产方式就建立不起来，劳动生产力就得不到极大的提高。

（3）政治经济学作为一门社会科学，它属于社会意识形态。一些深受西方经济学影响而对马克思主义经济学缺少基本知识的人往往认为马克思政治经济学研究生产关系是政治，不是学术，不是科学，西方经济学研究资本主义市场经济才是科学，才是学术。这种观点恰恰是现代西方政治观念的反映。

古典经济学家亚当·斯密、李嘉图把社会生产关系作为自己著作的研究对象，显然不是出于政治的要求，而完全是出于提高社会劳动生产力、增大国民财富的强烈愿望。他们认为一定的社会生产关系对社会生产力的进一步发展起着决定性作用的看法完全符合社会发展规律，与马克思后来创立的历史唯物主义的历史观是一致的。不过，由于它的研究对象是社会生产关系，而在存在阶级的社会里，生产关系直接涉及到不同阶级的利害关系，因此，它具有浓厚的社会意识形态色彩。所以，不是出于社会意识形态的要求才规定政治经济学的对象是社会生产关系，而是反过来，是因为它的研究对象决定了它属于社会意识形态。

马克思主义政治经济学的
创新与发展和中国化
——中国经济学建设的关键问题二

一、马克思主义政治经济学的革命性与科学性的内在结合

政治经济学这门科学本来是由古典政治经济学作为增进国民财富、直接服务于经济发展的理论建立的。马克思继承了古典政治经济学的科学方面。但是今天一种流行的观点是把政治经济学看作是与经济发展相对立的一种理论，把它说成是脱离经济建设实践的不具有实用性的学问，这钟错误观点导致把它日益边缘化。所以，深入把握马克思主义政治经济学的基本理论、科学阐明它对经济建设的实用性，成为今天讨论中国经济学发展的一个根本前提。

马克思首先是一位革命家，他毕生的真正使命，就是以这种方式或那种方式参加推翻资本主义社会制度的事业。他的主要著作《资本论》当然地是一本革命性著作。它的主要任务就是要证明资产阶级的灭亡和无产阶级的胜利是同样不可避免的。但是，马克思不只是一位革命家，他还是一位科学家，他发现了人类历史发展的规律，创立了历史唯物主义，并运用这个方法发现了资本主义这个特殊生产方式的经济运动规律，把这个生产方式的内在结构和运动清晰地展现在人们面前。

马克思对资本主义生产方式的考察，其革命性与科学性的结合表现在它对资本主义的考察包括两个方面：从正面和从反面，正面是指肯定资本主义的历史地位和历史作用，从反面是指揭露它的内在的固有矛盾和必然灭亡的

历史趋势。革命性和科学性的紧密结合正是《资本论》的魅力所在。列宁说："这一理论对世界各国社会主义所具有的不可遏止的吸引力，就在于它把严格的高度的科学性（这是社会科学的最新成就）同革命性结合起来，并且不仅仅是因为学说的创始人兼有学者和革命家的品质而偶然地结合起来，而是把二者内在地和不可分割地结合在这个理论本身中。"①

根据《资本论》的革命性和科学性相结合的原则精神，根据它包括既从正面也从反面考察资本主义生产方式的观点，检查一下我们过去在政治经济学的教学与研究中，是存在着很大的片面性的。总的倾向是偏重革命性的和从反面论述的一面。这是不是不对呢？不能这样看。这是由时代的形势决定的。处于革命地推翻旧社会的时期，强调《资本论》的革命性的方面是完全正确的。

问题主要在于过去政治经济学的教学与研究，没有随着形势的变化和新情况新问题的产生，从主要着眼革命性的视角转向全面地阐述《资本论》的科学性的方面。以往是偏重于揭露资本主义的弊端和丑恶面，而很少从正面，从历史的观点阐释它如何推动社会生产力发展的内容。举一个较典型的例子：有人强调说马克思的劳动价值理论和剩余价值理论的真谛就是揭示资本主义制度的不合理性和不公平性。这种观点是完全不正确的。这绝不是《资本论》的本意。如果仔细阅读一下原著，会看到在《资本论》的整本著作中没有一个地方或一句话指责剩余价值的生产和占有是"不公平"的、"不合理"的。马克思和恩格斯特别厌烦那些用不公平、不合理来批评资本主义的人。马克思在《评阿·瓦格纳的"政治经济学教科书"》这篇文章中，严厉地批判了该书中的内容说："这个蠢汉偷偷地塞给我这样一个论断：**只是**由工人生产的'**剩余价值不合理地**为资本主义企业主所得'。然而我的论断完全相反：商品生产发展到一定的时候，必然成为'资本主义的'商品生产，按照商品生产中占统治地位的**价值规律**，'剩余价值'归资本家，而不归工人。"②（文中的重点都是马克思本人加的）马克思是一位科学家，在他那里，人类社会历史的发展是不以人们的主观意志为转移的与自然界运动规律类似的自然史过程。对他来说，对合乎规律的现象不会作是否"合理"、"公平"等伦理的或道德

---

① 《列宁选集》第1卷，第83页。
② 《马克思恩格斯全集》第19卷，第428页。

的评价。

按照《资本论》中的科学性标准来要求，过去的政治经济学教学过程中不科学的东西还是相当不少的。这些不科学的内容产生了许多的不好的影响和后遗症。这也是那些迷信西方经济学的人攻击马克思主义政治经济学只是政治，是意识形态，而不是科学的重要口实。因此，克服这方面的缺陷是今天重新树立马克思主义政治经济学在经济学科中的威望和指导地位的一个重要任务。

二、《资本论》研究的最终目的

政治经济学的研究对象是社会生产关系，在这一点上，马克思与英国古典政治经济是相同的。马克思继承了他们的科学成果。但在研究的目的的规定上，显露出两种政治经济学的极大差异。斯密在《国富论》中把政治经济学的研究目的规定为确立资本主义生产关系的支配地位以推动国民财富的增长，证明它存在的合理性、永恒性，这表现出了资产阶级的阶级局限性。

与斯密不同，马克思从历史发展的宽阔视野着眼指出："本书的最终目的就是揭示现代社会的经济运动规律。"① 马克思所说的研究资本主义社会的经济运动规律包括哪些内容呢？恩格斯对此曾作了以下说明："它从批判封建的生产形式和交换形式的残余开始，证明它们必然要被资本主义形式所代替，然后把资本主义生产方式和相应的交换形式的规律从正面，即从促进一般的社会目的的方面来加以阐述，最后对资本主义的生产方式进行社会主义的批判，就是从反面来表述它的规律，证明这种生产方式，由于它本身的发展，正在接近它使自己不可能再存在下去的境地。"②

根据恩格斯的这一段表述，揭示资本主义社会的经济运动规律的内容应当包括三个方面：1. 资本主义生产方式产生的历史必然性；2. 阐明资本主义生产方式和它们本身的一些经济规律在促进生产力发展和财富增长上的作用，由此为未来的新社会创造物质条件；3. 随着在它推动下的生产力的发展，它

---

① 《资本论》第1卷，第11页。

② 《马克思恩格斯选集》第3卷，第492页。

本身逐渐变旧，开始成为阻碍生产力发展因素，破坏着自己存在的基础，最后必将为新的社会制度所代替。这其中第 1 和第 3 方面，以往教学中都有详细的阐述，在这里只就第 2 个方面，即从正面阐述资本主义生产关系对资本主义社会生产力发展的决定性作用。

资本主义生产方式的历史使命就是为新的更高级的社会形态创造必需的物质条件。在这个意义上，马克思在《资本论》中"非常详细地"考察了这种生产关系是怎样决定着该社会的生产力的迅速发展的。这里我就从这个新角度，从正面扼要地叙述一下资本主义生产关系在生产力发展上的决定性作用。

马克思是怎样论述资本主义生产关系决定着社会生产力的快速发展的呢？下面从几个主要方面谈谈我的认识。

（1）资本主义生产关系创造了新的社会生产力。同一生产过程内部的社会分工是当时条件下提高劳动生产力的最有力的杠杆。但只有建立起资本主义的所有制关系和雇佣劳动制度，工场手工业的社会分工这种新的生产力才能形成。从这个意义上说，资本主义关系创造了这种新的生产力。马克思就说："整个社会内的分工，不论是否以商品交换为媒介，是各种社会经济形态所共有的，而工场手工业分工却完全是资本主义生产方式的独特创造。"①

（2）资本主义私有制决定了它生产的根本目的是为了追求剩余价值。从历史发展的观点看，这一生产目的与小商品生产者的生产目的截然不同。小商品生产者是为使用价值而生产，价值生产只是获取使用价值的手段，而追求剩余价值的动力则是无限的。追求剩余价值的动力使资本家充满着无限的扩张欲望和积累动力。为了资本价值增殖能力的不断增大，必须依赖资本不断扩大的积累。由此，资本积累成了资本家从事经济活动的目的。"为积累而积累，为生产而生产——古典经济学用这个公式表达了资产阶级时期的历史使命。"②

（3）资本主义生产方式的确立大大强化了市场经济的作用力度，充分发挥了市场规律的隐含的潜力。这可从两方面得到说明，一是资本主义所有制关系和雇佣劳动制度的建立才使商品生产成为占统治地位的生产形式；二是

---

① 《资本论》第 1 卷，第 397 页。
② 《资本论》第 1 卷，第 652 页。

资本主义生产的根本目的是追逐剩余价值，剩余价值是价值的一个部分，追求剩余价值的强烈欲望必然强化价值规律的作用力度，"一切在这个基础上生长起来的提高社会劳动生产力的方法，同时也就是提高剩余价值和剩余产品的生产方法，而剩余价值或剩余产品又是积累的形成要素。因此，这些方法同时也就是资本生产资本或加速资本积累的方法。……这两种经济因素由于这种互相推动的复合关系，引起资本技术构成的变化。"① 资本主义充分发挥了市场价值规律的作用，推动着生产力的发展和科学技术的进步。

（4）资本主义所有制关系适应生产力的状况而不断发展和变革它的实现形式，决定着生产力的进一步发展。一个突出表现就是股份公司的产生。蒸汽机的出现，铁路的建设，钢铁工业的发展，这些新生产力都要求资本的大量聚集和生产规模的扩大。原来的资本主义私有制是以单个资本的形式体现的，这种私有制形式阻碍了新的生产力的产生。股份制解决了这个问题。马克思说："在工业上运用股份公司的形式，标志着现代各国经济生活中的新时代。……它显示出过去料想不到的联合的生产能力，并且使工业企业具有单个资本家力所不能及的规模，"并强调说，"它们对国民经济的迅速增长的影响恐怕估价再高也不为过，它们是发展现代社会生产力的强大杠杆。"②

（5）资本主义制度下分配关系的转变和调整是正确配置资源以推动科学技术强大进步的重要手段。

先进技术的采用和资本有机构成的提高，会导致利润率的降低。从不同生产部门间的关系看，资本有机构成高的部门会比资本有机构成低的部门相对地生产更少的剩余价值。如果生产关系不调整和发展，资本就会因此失去技术创新和发展生产力的动力，也不可能实现资源的优化配置。适应生产力发展的要求，剩余价值转化为利润和利润转化为平均利润，形成一般利润率。利润这种转化形式的产生是出于调整资本家之间利益关系的需要。在资本有机构成不同的部门，利润平均化为一般利润率，使各个部门的利润与投入的资本量成比例；这种发展了的资本主义关系推动了技术不断进步，保证了资源趋向配置到科学技术不断创新的领域中去。

（6）资本主义生产关系总和是一个完整的系统，资本主义的整个生产关

---

① 《资本论》第1卷，第685页。
② 《马克思恩格斯全集》第12卷，第37页、609页。

系体系决定着社会生产力的快速发展。《资本论》对不同的经济部门都做了详细的考察，指出了它们作为资本主义经济结构中的必要要素，都是怎样促进经济发展的。除了生产部门外，流通过程在社会再生产过程中起着重要的决定性作用，这是资本主义生产方式与过去的生产方式区别的根本特征。商业资本、借贷资本等都给以重点的考察。

以上我是从正面简述了《资本论》中关于资本主义生产关系对社会生产力发展的积极推动作用。这些内容构成《资本论》的极重要部分。显然，马克思并不是要为资本主义唱赞歌，像亚当·斯密、李嘉图所做的那样。马克思特别指出了这一点，他在《资本论》第一卷第一版序言中说："为了避免可能产生的误解，要说明一下。我决不用玫瑰色描绘资本家和地主的面貌。……我的观点是把经济的社会形态的发展理解为一种自然史的过程。"① 马克思在阐述资本主义生产方式在发展社会生产力的正面作用时，时刻没有忽视这些发展都是以牺牲工人的发展为代价的这一资本主义特点，不过马克思把这些看成是历史发展和进步所不得不付出的代价。

以上视角是从正面阐述资本主义生产关系是当时社会生产力发展的主要推进者，这个重要论断是符合《资本论》研究目的所要揭示的资本主义社会的经济运动规律的内容，这里体现了对资本主义生产方式既从正面又从反面进行考察的革命性与科学性二者的内在结合的精神。

有了这种全面的观点，我们就可以澄清经济学理论界一些人的一种不正确看法。有人把政治经济学划分为两种：传统的经济学和现代的经济学，前者是"革命的经济学"，后者是"建设经济学"。这种划分是不正确的。从上面的阐述可以看出，作为革命性与科学性相结合的《资本论》，既是无产阶级社会主义革命的理论论证，也包括资本主义生产关系在当时社会生产力迅速发展和财富的快速增长推动的决定性因素的确认。

学习和研究的重点，在不同的时代会有所不同。在当前，我国已取得了革命的胜利，党已经成为执政党，经济建设已成为主要矛盾方面的条件下，政治经济学研究的任务，就应当偏重从《资本论》中探索马克思所深刻阐明的生产关系是社会生产力快速发展的主要推进者作用的理论，用这一理论指导我们去研究怎样发挥社会主义生产关系对生产力发展的主要推动者的作用。

---

① 《资本论》第 1 卷，2004 年第 2 版，第 10 页。

这是今天探讨马克思主义经济学的创新与发展的最有意义、而且也是对我们经济建设最有实用性的方面。

把马克思主义政治经济学只列入"革命经济学"，把它从对国民经济发展这一个时代任务发生作用中排斥出去，这是自己否定自己，自己从一个最重要的阵地退了出来。这种被边缘化情况不是由于西方经济学的涌入造成的，而是我们队伍自己对马克思主义经济学理解上的偏差造成的。后果就是为西方经济学让出了扩张空间，日益占领经济学的阵地。

三、马克思主义政治经济学的两面旗帜

今天在我国，马克思主义政治经济学的创新、发展和它的中国化应当是一回事。因为理论的创新、发展不是源于主观思维，而只能源于实践。马克思主义经济学的创新只能植根于中国特色社会主义经济建设实践，也就是把马克思主义政治经济学的基本原理与我国的社会主义建设实际相结合。

讲马克思主义经济学中国化，或者说中国经济学建设，首要的是，必须坚持马克思主义政治经济学的基本理论，否则就不是马克思主义经济学的中国化，而是别的什么经济学的中国化，这种做法实质上就会成为主观上是要举发展马克思主义的旗帜，而实际上却是在否定马克思主义，使自己处于尴尬的境地。

马克思主义政治经济学的基本方面是什么呢？从上面的阐述，可以归结为两个方面，即，一是把社会生产关系作为研究对象，探讨适应生产力的水平应建立什么样的社会生产关系，怎样发挥新的生产关系对生产力发展的主要推动者的作用；二是揭示社会的经济运动规律，探索支配社会生产力发展的政治经济学规律，帮助人们自觉地依照客观经济规律从事活动，推动经济的快速和科学的发展推进社会历史的不断进步。

从当前我国经济理论界的状况看，这方面还没有取得明确的统一认识。不少人在谈马克思主义经济学的发展时，倾向于撇开社会生产关系这个研究对象，把研究对象定为主要是研究生产力或物质生产一般。希望政治经济学更能贴近经济建设实际增强应用性这种愿望是好的。但是，如果不集中主要力量探索怎样发挥社会生产关系是生产力发展的主要推动者的作用，而是把

它撂到一边，从别的方向上研究经济发展问题，那就不是马克思主义经济学的研究对象了。

如果不把社会生产关系作为研究对象，那就等于否定了马克思主义政治经济学；如果不把研究的最终目的规定为揭示经济运动规律，也是否定了政治经济学是一门科学。斯大林在批判 20 世纪 50 年代苏联一些经济学家否定政治经济学的研究对象是生产关系的错误时曾明确指出，"在社会主义政治经济学中，用生产力组织代替经济问题，这是什么意思呢？这就是取消社会主义政治经济学。"在政治经济学研究目的的问题上，斯大林也同样强调说，"不承认客观的规律性，不研究这些规律性，就会使我们取消政治经济学。"① 这些观点是正确的。明确的研究对象和研究目的，是马克思主义政治经济学的两面旗帜。如果把它的两面旗帜抛弃了，就谈不上它的创新和中国化了。

马克思主义政治经济学必须创新和发展。时代在前进，实践在发展，迫切需要我们作出新的理论总结，不断开拓中国化马克思主义政治经济学发展的新境界，要突出它的实践特色，重视我们党在这方面的创新理论成果。

突出政治经济学的实践特色就是要强调它的实用性，但对所说的"应用"，必须要有正确的理解。政治经济学是属于理论经济学，它主要研究一定社会生产关系体系的选择、变化和发展怎样推动生产力发展的。因此从应用的角度说，它与应用经济学是有着质的区别的。最近，马克思主义政治经济学与应用经济学的关系成为理论界讨论的一个热点。这个问题的提出是有意义的，用马克思主义政治经济学指导应用经济学的创新和发展。但是，有一种倾向也应引起我们的警惕。近日在贵阳召开的一次国际研讨会上，一位法国马克思主义政治经济学教授在会上说："马克思主义理论本身存在着理论和实践脱节缺陷，其完善途径在于以马克思主义经济学为指导的应用经济学的发展。"② 依照这种意见，为使马克思主义经济学理论不脱离实际，必须使政治经济学转向应用经济学。这种看法实质上是要取消马克思主义政治经济学。他们没有看到，政治经济学这门科学的创立就证明了它的实用性。正因为一定社会生产关系是推动生产力发展和财富快速增长的决定性因素，才把它作为这门科学的研究对象的。现代西方经济学各派学说还仍然把这点作为他们

① 《斯大林选集》下，第 594、604 页。

② 参阅《经济学动态》，2007 年第 7 期。

发展自己理论的基础，怎么能说理论经济学是脱离实际的，而只有应用经济学才是有实用价值的呢?! 今天正值努力探索政治经济学的创新和发展的时候，必须防止这种错误看法的影响，把力量放在理论经济学本身上，把写出像马克思的《资本论》，至少写出像《国富论》那样的著作作为努力方向，像它们那样系统地全面地揭示了资本主义制度的内部结构和它怎样决定了社会生产力的迅速发展的，根据这一理论和方法系统地揭示社会主义制度的内部结构和它怎样决定着社会主义社会生产力的迅速发展的。写出了这样的理论性著作和教材，才是我们的努力方向，既是马克思主义政治经济学的重大发展，也体现出了它的应用性。这应当是理论经济学工作者不应回避的本分和责任。向应用经济学转化不是理论经济学发展自己的正确方向。不能像有人说的，种了别人的地，荒了自己的田。

四、马克思主义政治经济学的创新、发展和中国化

探索和研究中国特色社会主义的整个生产关系体系怎样决定着我国经济的迅速发展的，是马克思主义政治经济学创新和发展的正确途径。在这方面，以毛泽东、邓小平、江泽民为核心的党的三代中央领导集体带领我们党不断探索和研究建设社会主义这个重大问题，已经取得重要成果。党的十六大以来，党中央继承和发展了党的三代中央领导集体关于发展的重要思想，提出了科学发展观。科学发展观，第一要义是发展，核心是以人为本，基本要求是全面协调可持续，根本方法是统筹兼顾。这些都是党的理论创新成果。它们都体现了马克思主义政治经济学的基本理论，是这个理论的运用与发展。所以对党的理论创新成果必须在思想上给以切实的重视，它是我国社会主义建设实践的经验总结，应当是我们研究马克思主义经济学的创新与发展和中国化的思想源泉。

按照马克思主义政治经济学的理论，一个社会的生产关系体系是一个多方面多层次的复杂结构，最重要的是把握生产关系结构层次性，有的属于深层关系，有的属于表层关系。层次关系是理解一定社会生产关系的内部结构和怎样发挥结构的整体功能的最重要的方面。

在资本主义制度下，剩余价值是最核心的经济关系，它体现资本主义所

有制关系。市场交换关系则是表层关系，它为资本主义的本质利益的实现服务，并掩盖资本主义关系的本质。在社会主义制度下，最深层的关系是人们的等量劳动互换关系，它体现社会主义公有制关系。商品关系也是作为表层关系存在于社会主义生产关系体系中。把握马克思主义经济学的关于生产关系结构理论，是党制定路线方针政策的基本依据。

改革开放以来，在邓小平理论指导下，坚决把国家工作中心转移到经济建设上来，把实现四个现代化作为压倒一切的中心任务，强调发展是硬道理，指出一心一意地搞四个现代化是中国的最大的政治。但是我们会注意到，从十一届三中全会以来，历届党的代表大会的政治报告中列为首要地位的不是技术方面内容，而是经济体制改革，把它看做是经济发展的根本动力。经济体制改革的内容就是"改革生产关系和上层建筑中不适应生产力发展的一系列相互联系的环节和方面"。这表明党中央确定地认识到社会生产关系在经济发展中的决定作用。这当然地也就决定了马克思主义政治经济学在促进经济发展上的极端重要地位。

生产资料所有制是中央关注的第一位的问题，所有制结构的改革是推动国民经济发展的最重要的动力。最初的农村改革，废除了人民公社制度，实行包产到户和家庭联产承包制，这种改革决定了我国农村经济在几年时间里就得到了恢复和发展，进入了农业生产发展的最快时期。

随后，以城市为重点的整个经济体制改革方面，首要的问题仍然是所有制问题，包括所有制结构和所有制实现形式改革。所有制结构改革包括两个方面，第一个方面是坚持公有制为主体，大力发展国有经济，维护它在国民经济发展中的主导地位。第二个方面是鼓励和支持非公有制经济的发展，鼓励和支持它们发展的目的就是调动全社会的发展经济的主动性和创造性，把闲置的财力和人力转变为现实的生产力，解放生产力。

党中央的方针政策体现了对所有制关系重要性的认识。在党的十五大报告中明确规定，"公有制为主体，多种所有制经济共同发展，是我国社会主义初级阶段的一项基本经济制度"。党的十六大报告更进一步明确了不同所有制经济之间的关系和地位，指出"坚持公有制为主体，促进非公有制经济发展，统一于社会主义现代化建设的进程中，不能把两者对立起来。各种所有制经济完全可以在市场竞争中发挥各自的优势，相互促进，共同发展。"这里显示出一种新的观念，即不再从消极方面看待非公有制经济的发展，在坚持国有经济起主导作用的前提下，把它也视作发展经济的积极力量。通过改革，国有经济和非公有制经济都得了快速发展、壮大，国有企业总体实力不断增强，国有经济的主导作用、控制力、影响力和带动力都得到加强。与此同时，私营经济在国有经济的主导下也得到迅速发展，在国民经济中所占比重不断提高，对经济发展的促进作用也不断增强。实践证明，正是这种所有制结构改革和它的不断完善，决定了国民经济得以快速、稳定的发展。另外，实现生产资料所有制形式的分配关系，同样是生产力发展的一个决定性因素。

　　在生产关系的层次结构中，市场交换关系是社会主义关系的表层，它只是作为一种方法、手段，被社会主义制度利用来为发展生产力服务。社会主义能否利用市场经济，是社会主义建设中的一个重大问题。公有制能够与市场经济相结合，已经在全党取得共识。但是关于这个问题的论述还缺少深刻的理论论证，有人曾评论学术界这类文章说它们缺少理论厚度。只靠实践成功提供的材料来证明二者可以结合是很不够的，因为人们还能举出很多相反的事例证明它不一定是最佳选择。它为什么能够与公有制经济兼容呢？实践上的成功只能说明这其中包含着深刻的理论上的新问题，需要我们发展理论，而不要把成功的实践等同于理论论证。这里需要理论上的创新。只有得到理论论证的实践，才能使人确信实践是正确的，理论也由此得以发展。

　　譬如，商品关系中的等价交换与公有制的本质关系——等量劳动互换（按劳分配）这二者所体现的利益关系是对立的。如果不能在理论上阐明等价交换与等量劳动互换之间的对立和在实践上找到解决二者矛盾的途径，那么，说公有制能与市场经济相结合，就是缺乏理论论证的，就会被看做是不切实际的空想。

　　当前的理论界有这样一种不科学的看法，他们把实行市场经济看做是我国经济得到迅速发展的首要力量，在经济学教材中列为首章，甚至把社会主义政治经济学改称社会主义市场经济学。这是不符合马克思主义关于社会生产关系层次结构的基本理论的。

　　上面提到的几个问题，都是我国政治经济学应当研究和解决的重大问题（当然不只是这几个问题），这些问题的解决将对国家政策的制定从而对经济的发展起重大的推动作用。要建立的中国经济学，研究的着重点就应当是回答我国经济建设中所提出的一系列重大新问题。政治经济学的任务是揭示一个社会的基本经济结构，即整个社会生产关系体系，把握了社会的基本结构，也就有了建立中国经济学的科学体系的基础，因为政治经济学的科学体系不过是该社会生产关系体系的反映。

以上的叙述表明，我党在领导经济建设的实践中完全是依据马克思主义政治经济学的基本原理行事的。在实践上坚持把生产关系的调整和改革作为发展经济的最首要的关注点，在生产关系的调整中，抓住生产资料所有制形式的结构和实现形式的改革。这一切清楚地表明，中国特色社会主义的建设实践就是马克思主义政治经济学基本原理与我国具体实际的结合，就是它的中国化的生动体现。在这个意义上，中国特色社会主义建设的成功实践，就是马克思主义政治经济学在中国的胜利。

根据上面的阐述，我们在马克思主义经济学的创新、发展和中国化方面能有一个明确的方向。在马克思主义政治经济学两面旗帜的认识上的动摇，既不符合马克思主义的基本原理，又脱离中国特色社会主义建设成功实际。这些错误思想是从哪里来的呢？我们应进行深入的思考。

社会主义市场经济理论是
马克思主义的中国化

30 年来，我们取得一切成绩和进步的根本原因，归结起来就是："开辟了中国特色社会主义道路，形成了中国特色社会主义理论体系。"中国特色社会主义理论体系是中国特色社会主义的经济、政治、社会、文化全面健康发展的最根本的思想保证和最深厚的精神动力。这一理论体系是马克思主义基本原理与我国社会主义建设实际相结合的产物，是马克思主义中国化的伟大成果。只有用它武装全党和全国人民，才能不断提高全党的马克思主义理论水平，才能增强全国人民对中国特色社会主义的政治认同、理论认同、感情认同，坚定党对建设中国特色社会主义的信心和决心，万众一心，开拓经济社会发展新局面。

中国特色社会主义经济理论体系是中国特色社会主义理论体系的主要组成部分，社会主义市场经济理论是其中具有突出意义的部分。党的十五大报告就指出，"建设有中国特色社会主义的经济，就是在社会主义条件下发展市场经济。"科学地阐明这一理论，取得全社会的认同，对进一步解放和发展生产力，调动全社会的积极性和创造性，凝聚全体人民的力量到促进国民经济又好又快发展中去有重大意义。完善社会主义市场经济体制是实现未来经济发展目标的关键因素之一。

社会主义市场经济理论是由邓小平同志首先提出和系统地论证的。怎样进一步地解放和发展社会生产力是他思考这一问题出发点。邓小平总结了国际和国内的社会主义建设经验和教训，也总结了资本主义社会经济发展的经验和教训，提出必须对我国过去的经济体制进行根本的改革，这就是要建立起一种使市场机制能够充分发挥作用的管理体制。邓小平说，"社会主义同资本主义比较，它的优越性就在于能做到全国一盘棋，集中力量，保证重点。

缺点在于市场运用得不好，经济搞得不活"。因此，解决好计划与市场的问题，关键在于如何利用好市场。

邓小平关于社会主义与市场经济相结合的思想集中地反映在他的 1979 年 11 月的一次谈话中，他说："说市场经济只存在于资本主义社会，只有资本主义的市场经济，这肯定是不正确的。社会主义为什么不可以搞市场经济，这个不能说是资本主义。我们是计划经济为主，也结合市场经济，但这是社会主义的市场经济。虽然方法上基本上和资本主义社会的相似，但也有不同，是全民所有制之间的关系，当然也是同集体所有制之间的关系，也是同外国资本主义的关系，但是归根结底是社会主义的，是社会主义社会的。市场经济不能说只是资本主义的。市场经济，在封建社会时期就有了萌芽。社会主义也可以搞市场经济。同样地，学习资本主义国家的某些好东西，包括经营管理方法，也不等于实行资本主义。这是社会主义利用这种方法来发展社会生产力。把这当作方法，不会影响整个社会主义，不会重新回到资本主义。"① 这段谈话一方面表明他在哪些方面继承了以往的马克思主义理论，一方面也表明了他在哪些方面发展了马克思主义科学社会主义思想。

根据邓小平的上面论述，他的社会主义市场经济理论包括以下主要内容。

一、坚持使用市场经济概念。以往我国经济学界一般很少使用市场经济这个概念，都称作商品生产、商品经济。商品经济与市场经济二者实际上没有很大区别。凡是有商品生产的地方，都是借助市场建立他们之间的联系，也就是通过市场来配置劳动时间和生产要素，因此也可以说属于市场经济。如果说有区别的话，二者含义的重点可能不同。使用商品经济或商品生产概念时，主要着眼于揭示它的经济利益关系特点，例如揭示价值量由社会必要劳动时间决定，商品生产者之间实行等价交换，从而按创造的价值实行分配；使用市场经济概念时，是偏重于从运行的角度来考察，也就是主要着眼于通过怎样的方式把资源配置于多个不同生产领域，以实现整个国民经济的按比例发展。

从邓小平同志的论述中可以清楚地看出，他很重视使用"市场经济"这个词。他在 1979 年 11 月提出这个问题时，直截了当地说社会主义可以搞"市场经济"。这反映出邓小平的一些明确的思想：（1）他是从经济运行机制

---

① 《邓小平文选》第 2 卷，第 236 页。

方面思考利用市场方法的。他不是要考察商品生产和商品交换中经济利益关系的本质规定，而是考虑运用怎样的机制来实现生产者的利益关系，以推动资源在不同种生产部门之间正确配置，保证国民经济高效率地运行。（2）充分肯定价值规律自发地起调节生产的重要作用。过去一般都承认在社会主义下大力发展商品经济的必要性，甚至强调价值规律是教育经济工作干部的大学校，但是并不承认价值规律在社会主义条件下起生产调节者的作用。邓小平显然是要纠正这种看法。坚持使用市场经济概念就是对价值规律起生产调节者作用的肯定。（3）在用词上用市场经济代替市场调节。市场经济当然意味着生产由市场调节，二者是可以通用的。但是二者对市场调节的范围和深度的认识上可以是不同的。市场调节只是显示出调节生产这种方式，而不显示它作用的范围，市场经济则是确认市场调节的作用是覆盖整个经济的。我们可以看到，邓小平在表述自己的思想时，都是说市场经济，而很少说市场调节。几次出现这种情况：邓小平在谈话中用的是市场经济这个词，而在报上公开发表时却改为市场调节。这反映出一部分干部在发展市场经济问题上还未取得一致意见。邓小平在等待大家在经济发展实践中逐步取得共识。

进入 90 年代，邓小平连续在谈话中强调发展社会主义市场经济的重要性，以解除有的干部在这方面的顾虑。他年年讲这个问题，反映出他的急迫心情。在 1990 年同几位中央负责同志的谈话时说："不要以为搞点市场经济就是资本主义道路，没有那么回事。计划和市场都得要。不搞市场连世界上的信息都不知道，是自甘落后。"① 在 1991 年视察上海时的谈话中，再次说明这个问题，他说：不要以为"一说市场经济就是资本主义，不是那么回事，两者都是手段，市场也可以为社会主义服务。"② 邓小平为了推动全党更快取得共识，积极行动，举了实行家庭联产承包制的例子说："光我一个人说话还不够，我们党要说话。"他说，有人"嘴里不说，心里想不通，行动上就拖，有的顶了两年，我们等待"，"太着急也不行，要用实际来证明。"多年的改革开放和实行市场经济推动解放和发展生产力上取得了不容置疑的巨大成就，使更多干部的思想不断获得解放，发展市场经济问题逐渐取得了共识。

经济理论工作者在这一段时间里没有跟上邓小平这一思想，没有从理论

---

① 《邓小平文选》第 3 卷，第 364 页。
② 《邓小平文选》第 3 卷，第 367 页。

上不是片面地而是科学地论证为什么不能说市场经济等于资本主义。甚至有的人还特别著文论证市场经济等于资本主义。这显然不利于推动广大干部在发展市场经济问题上尽快解放思想、统一认识。

1992年邓小平的南方谈话再次系统地阐述市场经济不属于资本主义的观点，以说服大家，解除在利用市场上的担心。到拟定党的十四大报告时，邓小平的这一思想在全党取得了认识上的完全统一。在十四大报告中确定了经济体制改革的目标就是建立社会主义市场经济体制，并给社会主义市场经济体制作了以下的表述："使市场在社会主义国家宏观调控下对资源配置起基础性作用。"基础性作用这一表述表明了市场调节在全国经济的资源配置中作用的广度和深度。以上关于经济体制改革目标形成历程显示了邓小平在创立社会主义市场经济理论过程中的独特作用。

二、思考发展市场经济问题的着眼点是全民所有制企业之间关系。这里涉及到所有制与市场经济之间基本关系的认识。经济理论界一些人说我们实行市场经济是由多种所有制经济并存所决定的。这种看法没有表现出我们提出发展社会主义市场经济这一问题实质，也没有表明我们的理论创新所在。商品交换关系本来就是社会分工和商品私有制决定的。产品属于处于分工中的生产者私人所有是商品关系存在的一般基础。这已是政治经济学的一般常识，它不能说明社会主义市场经济的特殊性，也不能说明它发展了马克思的政治经济学。发展社会主义市场经济理论，其所以成为中国特色社会主义经济理论体系的重要组成部分，构成我党重大理论创新的，恰恰应当论证在全民所有制企业或国有企业之间实行市场经济的必要性。邓小平1979那次关于社会主义可以搞市场经济的谈话中明确表示他所说的是"全民所有制之间的关系"。这清楚地表明提出发展市场经济是以全民所有制经济的存在和发展为研究对象的。

这里显示出了一个重要理论，即所有制关系与经济运行机制之间是怎样的关系。马克思主义政治经济学的基本理论是生产资料所有制关系决定经济运行机制的样式，而不是相反。社会发展规律一再表明，是一定所有制关系决定市场经济的存在，这是马克思主义一条基本原理。是一定所有制关系选择利用市场经济，而不是市场经济选择所有制的形式。有的人忽视了马克思主义政治经济学这一基本理论，提出由市场经济选择所有制的主张。他们说市场经济只能是在生产资料私有制基础上产生，它只能在私有制基础上才能得到充分的发展，公有制特别是国有经济由于产权不明确，不适合市场经济的要求，所以必须转变为私人所有制、企业所有制或混合所有制经济。他们在理论上加以论证说："在正在进行经济改革的我国的今天，大力发展商品经济的实践事实上导致了生产资料所有制的重新选择。"①

这些观点是不对的，不符合社会经济的发展规律。市场经济本身是一种流通方式，是指生产者之间是借助市场实现他们之间的产品和劳动的交换。流通方式是由生产方式决定的。交换的性质和形式是由参与交换的生产主体的性质决定的。小私有生产者决定了是简单商品经济，资本主义企业决定了市场经济的资本主义性质。市场交换方式不能对生产方式有反规定作用。在历史上商品交换曾起过瓦解封建生产方式的作用，但它不能决定资本主义生产方式的产生。

依据马克思主义政治经济学的基本理论，以下说法就是不正确的，不符合实际的：发展市场经济的需要决定了我们的所有制结构是多种所有制经济共同发展；按照市场经济的要求，决定了国有经济的改革方向，决定了股份制是社会主义公有制的主要实现形式。这些看法都把所有制与市场经济的关系看颠倒了。这种错误理论观点会导致在实践中背离我国经济改革的正确方向，例如有的人就认为，国有企业股份制改革不是为了壮大国有经济，增强它的竞争力、控制力，而是为了削弱国有制，最后用股份制这种混合经济取代国有制。

邓小平一开始提出是在全民所有制企业之间发展市场经济关系，清楚地表明他坚持马克思主义的基本原理，是全民所有制选择市场经济，利用它发展自己，而不是由市场经济选择和规定基本所有制关系。

三、市场经济不等于资本主义。这一观点是邓小平肯定社会主义可以与市场经济相结合的基本理论前提。资产阶级经济学，从古典政治经济学到现代西方经济学，它们有一个共同的基本认识，就是市场经济等于资本主义。这种认识在理论上是根本错误的。从思想方法上看，这与他们局限于从流通领域观察问题有关，或者说他们只关注事物的形式和表面现象而不看它的本质。

马克思从生产关系的本质上考察，深刻地指出商品生产与资本主义生产

---

① 范恒山：《所有制改革：理论与方案》，首都经济贸易大学出版社 2002 年版。

是两种本质不同的经济关系。在《资本论》中马克思是从考察没有资本主义的一般商品开始的，这就表明存在着没有资本主义生产的商品生产。随后，才揭示了一般商品关系到资本主义关系的转化，指明一般货币转化为资本的根本条件，这就是生产资料垄断在少数人手里，劳动者失去了一切生产资料，因而不得不出卖自己的劳动力给资本家。一般商品关系由此才转变为资本主义生产关系，转变的基础是生产资料所有制形式改变。所以，把商品关系等同于资本主义是根本不符合实际的。

马克思揭露了资产阶级经济学力图混淆商品经济与资本主义经济的区别的理论错误及这种错误所要达到的狭隘的阶级目的。马克思说："在现存的资产阶级社会的总体上，商品表现为价格以及商品流通等等，只是表面过程，而在这一过程的背后，在深处，进行的完全是不同的另一些过程。"[1] 这里所说的另一些过程就是指资本家无偿占有雇佣工人的剩余劳动。马克思尖锐地批判说："还有些人错误地把这种表面关系，把这种质的形式化，把资本关系的假象看做是资本关系的本质本身，因而试图把工人与资本家之间的关系说成是商品所有者之间的一般关系，以此为这种关系辩护并抹杀这种关系的特征。"[2]

资产阶级经济学包括现代西方经济学一直坚持市场经济等于资本主义经济。他们喜欢把资本主义国家称作市场经济国家，尽力避免使用资本主义国家的名称，如马克思所指出的，这完全是出于资产阶级意识形态的目的，用市场一般平等、自由交换关系掩盖无偿占有剩余价值的关系。

市场经济等于资本主义这一错误理论观点产生了两种不相同的错误看法，一种认为既然只有资本主义私有制才能发展市场经济，因而主张为了发展生产力，利用商品经济，必须在所有制上实行私有化，提出大力推行"国退民进"主张，这显然违背了经济体制改革是社会主义制度的自我完善的方针。另一些人则认为既然市场经济等于资本主义，那就不应主张发展市场经济，只能讲实行市场调节，否则必然会导致资本主义，应限制和逐步取消市场经济，建立计划经济为主的经济体制。这就把自己置身于否定经济改革的境地上。由于把市场经济看作等同于资本主义，一些西方的媒体和经济学家看到

---

① 《马克思恩格斯全集》第46卷，第200页。
② 《马克思恩格斯全集》第49卷，第126页。

我们实行市场经济而把中国特色社会主义叫做是有中国特色的资本主义。

只有认可市场经济不等于资本主义，它与资本主义经济关系存在着本质区别，才有可能提出社会主义可以与市场经济结合的问题，否则就不可能提出社会主义市场经济这个概念。

四、市场经济是方法，是手段。这是对市场经济这种经济形式在社会主义经济制度中的地位和功能的确认。对特定社会经济制度来说，市场经济作为一种资源配置方式，当然只是手段、方法，是该社会经济制度利用它配置资源，实现不断的扩大再生产，以为它的根本利益服务。

有人说，市场经济就是市场经济，不存在社会主义的还是资本主义的区别。持这种说法的人，他们的看法是建立这样一个错误理论的基础上的，即把市场经济看做是中性的，是一种独立经济制度，可以单独存在的。因此，不论社会主义还是资本主义，对市场经济来说都是外在的，是附着在市场经济这一独立实体经济上的社会形式。所以，他们反对讲社会主义市场经济、资本主义市场经济，只讲"现代市场经济"，既没有社会主义规定性，也没有资本主义规定性。这种看法当然是不对的。市场经济不是一种能独立存在的经济制度，因为作为市场主体，都是有规定性的，或者是资本主义企业，或者是社会主义公有制企业，没有不存在规定性的抽象的市场主体，所以也不可能存在抽象的没有规定性的市场经济。不是现代社会主义市场经济，就是现代资本主义市场经济，在现实中不会有独立存在的抽象的"现代市场经济"。

但是，如果只是作为一种资源配置方式来规定的话，作为手段，就不存在社会主义与资本主义的区别。社会主义可以利用，资本主义也可以利用。区别只在于资本主义利用它是为资本主义制度的根本利益服务，社会主义利用它是为社会主义的根本利益服务。邓小平一再强调计划经济和市场经济都是方法，是手段，指出，搞社会主义市场经济，"这是社会主义利用这种方法来发展社会生产力"。

把市场经济看作发展生产力的方法是马克思主义政治经济学的重要观点。在《资本论》中，马克思科学地阐明了资产阶级是怎样利用市场方法来推动生产力发展的。马克思和恩格斯都分析了资本主义为实现剩余价值的生产目的，是怎样把商品经济价值规律中所包含的促进生产力发展的潜力最大限度地调动了起来。但市场经济不是一种独立的经济制度，市场经济的一般原则必须服从资本主义生产的根本目的。当一般商品经济的等价交换原则不能与同量资本要求获取等量利润这一资产阶级根本利益要求相适应时，它必须被改变，必须从按价值交换转变为按生产价格交换。这清楚地表明了市场经济一般作为一种调节工具，它必须服从它所依附的社会经济制度，为该制度的根本利益关系服务。

邓小平把市场经济看做是手段、方法，完全是继承了马克思的政治经济学关于商品关系与特定社会经济制度之间相互关系的基本理论的。马克思把资本主义制度下的商品关系看做是资本主义制度的"形式"、"表层"、"表面过程"；斯大林把它看做是社会主义经济的"外壳"；邓小平则把它看做是"手段"、"方法"。这几种不同的提法表现出了一个相同的理论观点，即商品关系是从属于特定的经济制度的，为它服务的，三种表述的区别是提问题的角度不同。马克思是要强调商品关系与资本主义关系的本质区别和它对资本主义关系本质的掩盖，斯大林则是要强调商品关系与社会主义本质关系存在着根本区别和前者对后者的从属地位，邓小平则是从实践的角度强调怎样更好地利用它为发展社会主义的社会生产力服务。

有一种看法不符合马克思关于市场经济在特定基本经济制度中的定位的理论，不符合市场经济是方法、手段的观点。譬如有人说"社会主义与市场经济相结合，是社会主义和市场经济两个方面相互适应的过程。公有制要适应市场经济，市场经济发展则要适应社会主义共同富裕目标。这样，就能实现社会主义与市场经济的有机结合。"① 这种说法不可能对在实践中如何实现二者结合有帮助。因为任何一个事物的矛盾的两个方面都不能平均看待，其中必有一个处于矛盾的主要方面，即处于主导地位的方面，它决定该事物的性质。所以，社会主义公有制与市场经济二者不能是互相适应，而应该是市场经济适应社会主义的本质利益要求。

不过，对市场经济是手段、是方法的观点，不能作简单的机械的理解，它不是可以随机选择、任意取舍的一个外部工具，它是该社会生产关系体系的一个有机部分。说它只是一种方法、手段，是相对于利用它的特定社会基本制度而言的，本意是说对特定的基本经济制度来说，它本身不直接体现该

---

① 张卓元：《把社会主义基本制度同发展市场经济结合起来》，载《人民日报》，2008 年 10 月 6 日。

制度的根本性质，是被该制度利用来为其基本利益服务的。应当看到，市场经济本身也是一定的生产关系，也体现一定的利益关系。例如，按价值交换就是市场经济的一种基本利益关系。不过这种利益关系必须从属于特定基本制度的根本利益关系，为后者的实现服务。它也正是由此构成该社会经济体系的内在有机组成部分。例如，资本主义制度的价值与剩余价值的关系就是如此，价值关系是为剩余价值生产服务的。另外，市场经济作为一种经济形式，有它本身特殊的运动规律，价值由劳动时间决定就是市场经济的客观规律，不过它也是从属于特定社会的基本经济规律的，并由此构成该社会经济规律体系的有机组成部分。因此，为了利用好市场经济这个手段，必须研究市场经济的客观规律，在经济活动中，遵循价值规律的要求和实现规律要求的各种机制，像价格、竞争等，通过这些机制对市场上的供给和需求关系的调节，实现资源的合理配置。价值规律会指导和强制企业微观主体紧盯着社会市场的需求和把产品生产成本降到最低限度，这不需要外部人为力量的干预，一般地说，从上而下的直接管理都很难比它做得更好。

市场经济能否融入特定的社会经济制度成为该社会的生产关系的有机组成部分，关键并不是在于计划手段与市场手段如何匹配的问题，而是在于市场经济的一般经济利益能否与它所附着的特定社会经济制度的根本利益结合起来，前者能否为后者的实现服务。例如，在资本主义条件下，一般商品经济的按价值交换这种利益关系是不能与资本主义的平均利润这种利益关系相适应的，前者必须服从后者，交换从按价值交换改变为按生产价格交换后，二者就能结合起来，市场经济因此成为实现资本主义根本利益关系的有力的手段和方法。

在社会主义制度下，为了能利用市场经济这一手段，也必须解决一般市场经济的利益关系与社会主义本质利益关系的结合问题。社会主义制度下人与人之间的本质利益关系是等量劳动互换或按劳分配关系。等价交换关系与表现为按劳分配的等量劳动互换关系是矛盾的。只有很好地解决了这对矛盾，才能真正实现社会主义与市场经济相结合共同组成一个生产关系的有机整体，使市场经济成为实现社会主义根本利益的有力的手段和方法。这是一个重要理论问题和实践问题。例如，当前全国人民关心的工农之间、区域之间、国有企业职工之间、国有企业内部管理者与直接生产者之间的收入差距问题，都表现出利用市场方法和如何使它与社会主义本质利益关系的正确结合问题。

只有这些问题在理论上和实践上解决了，才能说我们真正实现了社会主义与市场经济的有机结合。这需要专门加以研究和论述。

只有揭示和阐明了市场经济一般的利益关系与社会主义本质利益关系之间的矛盾和找到解决这一矛盾的途径，才真正能实现市场经济成为发展社会主义社会生产力的有力手段。把建立社会主义市场经济体制看做是一个从西方经济学那里随意选取现成方法的技术过程，提出把西方经济学中国化，是把问题简单化了。

五、社会主义搞市场经济不会导致资本主义。这是从以上的观点得出的必然结论。邓小平说，"把这当作方法，不会影响整个社会主义，不会重新回到资本主义。"把市场经济只作为方法来定位，具有重要的方法论意义。根据这一方法来思考，就不会在发展市场经济中迷失政治方向。社会主义只能在有利于社会生产力的发展和有利于社会主义制度的巩固前提下来选择运用市场的方式、方法、范围和力度。

这一切都有赖于对社会主义市场经济理论的内涵有科学的、准确的理解，对市场经济在社会主义经济制度中的定位和功能有明确的认识。有了这些，我们在发挥市场经济的作用时就有了明确的方向。这应当是我们在充分发挥市场作用时不致走偏方向的理论保证。

20世纪30年代到60年代，原东欧一些社会主义国家的经济学家曾提出了市场社会主义学说，主张把社会主义与市场经济结合起来，他们看到在社会主义下利用市场的必要性。但是，他们不少人并不是站在马克思主义的立场上思考问题，结果成了用市场经济有效率来贬损社会主义公有制、国有制的理论。他们在所有制与市场经济的关系上缺少基本的马克思主义理解，所以没有对社会主义市场经济理论的创立提供多少有益的见解。相反，很多市场社会主义者都陷入了用市场否定公有制，颂扬资本主义私有制的泥潭，其中一些人后来甚至怀疑自己的理论，力图证明把公有制与市场结合的做法是一种幻想，走上与新自由主义结为伙伴的道路，公然主张在社会主义国家恢复资本主义制度的统治。因此，以下说法是不对的："中国社会主义市场经济理论与西方市场社会主义理论没有原则分歧"，"将中国社会主义市场经济改革的理论与实践汇入世界市场社会主义理论与实践的大潮之中"。这些看法显然没有认识到二者的根本区别。

六、马克思主义政治经济学的中国化

从上面关于社会市场经济理论主要内容的阐述中可以看到有些看法是不正确的。有人说，我国的经济体制改革一直在黑暗中摸索，只有在受到现代西方经济学原理的启迪，运用它去分析中国的经济问题后，从而"提出了应当发挥市场的作用和建立商品经济的改革主张"；由于热心读了 P·萨缪尔森的《经济学》，进行了现代经济学的补课，在这基础上，"我们逐步形成了对于市场经济和它的各个子系统动作原理的认识"，才提出了有科学依据的建议。他们说，"现代市场制度是一种经过几百年演变形成的巨大而复杂的系统，如果按传统的某种理论（指马克思主义）指引来进行，它的建立和建设是不可能的，没有对反映这一系统运动规律的现代经济学的深切把握，没有以西方的理论为指导，这一艰巨的历史任务是不能完成的"；"一些经济学家冲破'左'的束缚，逐渐恢复了与世界经济学界的联系，开始运用现代经济学的基本理论和基本分析工具用以指导中国市场化改革"。按照他们的说法，我国经济体制改革目标的确定是在现代西方资产阶级经济学的指导下得出的。

这显然不符合事实。从上面我们阐明的社会主义市场经济理论的五个方面的内容上看，邓小平提出社会主义可以与市场经济相结合的思想，其理论前提和根据，哪一条也不是西方经济学所能提供的，而且都是与它们的基本理论相对立的。现代西方经济学对我们来说，只能是作为一种研究运用市场经济的方法的学问来学习的，而不是用他们的理论做指导。如果把西方经济学所坚持的市场经济等于资本主义等观点作为指导思想，就根本不可能提出社会主义市场经济这个概念。邓小平在评价 1984 年十二届三中全会通过的《中共中央关于经济体制改革的决定》中确立了社会主义是有计划的商品经济这一结论时，高兴地说，这"是写出了一本政治经济学的初稿，是马克思主义基本原理和中国社会主义实践相结合的政治经济学。"可见把社会主义可以与市场经济相结合的看法看做是在西方经济学指导下提出的，是违背起码的事实的。这表明他们对马克思主义政治经济学和现代西方经济学的基本理论和二者的本质区别都缺乏真正的理解，不认同把中国特色社会主义理论体系看做是马克思主义的中国化的伟大成果。

社会主义市场经济的理论依据是
马克思主义政治经济学还是西方经济学？

——评吴敬琏教授的讲话

　　社会主义市场经济体制的改革方向从总体上已为全党和全国人民所认可，已成为不可逆转的变革过程。但是在对社会主义市场经济的认识上还存在着一些分歧，有些还是重大原则问题。譬如，实行社会主义市场经济是在马克思主义政治经济学指导下，还是在西方经济学指导下采取的？这个问题需要在取得巨大成就的基础上进一步统一认识，这里最重要的是如何认识建立社会主义市场经济体制的理论根据，是根据马克思主义政治经济学理论，还是根据现代西方经济学理论？

　　最近以研究市场问题著名的吴敬琏教授在某大学讲演并在一些报刊上发表文章一再强调西方经济学地位，他说，我国的经济体制改革一直在黑暗中摸索，只有在受到现代西方经济学原理的启迪，运用它去分析中国的经济问题后，从而"提出了应当发挥市场的作用和建立商品经济的改革主张"；由于热心读了P·萨缪尔森的《经济学》，进行了现代经济学的补课，在这个基础上，"我们逐步形成了对于市场经济和它的各个子系统运作原理的认识"，才提出了有科学依据的建议。他说，"现代市场制度是一种经过几百年演变形成的巨大而复杂的系统，如果按传统的某种理论（指马克思主义）指引来进行，它的建立和建设是不可能的，没有对反映这一系统运动规律的现代经济学的深切把握，没有以西方的理论为指导，这一艰巨的历史任务是不能完成的。""一些经济学家冲破'左'的束缚，逐渐恢复了与世界经济学界的联系，开始运用现代经济学的基本理论和基本分析工具用以指导中国市场化改革"。这就是说，我国经济体制改革目标的确定是在现代西方资产阶级经济学的指导下得出的。

这显然不符合事实。下面我从理论方面和实证方面分析一下上述观点。

首先我们从理论方面加以分析。

说社会主义可以搞市场经济，有一个基本理论前提，那就是市场经济只是一种方法、手段，不同社会经济制度都可以利用，它可以为它所处的社会制度服务。这一理论是在哪里产生和得到科学论证的呢？这是由马克思的政治经济学理论所论证的。马克思在《资本论》中深刻揭示了一般商品关系与资本主义关系的本质区别，并详尽阐明了资本主义怎样利用市场机制为推动生产力发展和实现其生产根本目的剩余价值生产，和同等资本获得相同利润这一资产阶级根本利益服务的。马克思还一再揭露了资产阶级经济学力图混淆商品经济与资本主义经济的区别的理论错误及这种错误所要达到的狭隘的阶级目的。马克思说："在现存的资产阶级社会的总体上，商品表现为价格以及商品流通等等，只是表面过程，而在这一过程的背后，在深处，进行的完全是不同的另一些过程。"① 这里所说的另一些过程就是指资本家无偿占有雇佣工人的剩余劳动。马克思尖锐地批判说："还有些人错误地把这种表面关系，把这种质的形式化，把资本关系的假象看做是资本关系的本质本身，因而试图把工人与资本家之间的关系说成是商品所有者之间的一般关系，以此为这种关系辩护并抹杀这种关系的特征。"②

资产阶级经济学包括现代西方经济学，一直坚持市场经济等于资本主义经济。他们总把资本主义国家称作市场经济国家，而尽力避免直接使用资本主义国家的名称，如马克思所指出的，这完全是出于资产阶级意识形态的目的的，用市场一般平等、自由交换关系掩盖占有剩余价值的剥削关系。

从以上分析可以清楚看出，如果按照现代西方经济学的理论，把市场经济看做等同于资本主义，那就不可能有"社会主义市场经济"的概念和观念。所以，把我们的建立社会主义市场经济体制的改革思路说成是在现代西方经济学指导下产生的，是完全错误的。在西方无论新宏观经济学还是新自由主义经济学看来，有社会主义，就不能有市场经济；搞市场经济就必须以私有制替代社会主义公有制。十分清楚，从理论上说，西方经济学的基本理论与社会主义市场经济理论是截然对立的，互不相容的。

---

① 《马克思恩格斯全集》第46卷，第200页。
② 《马克思恩格斯全集》第49卷，第126页。

　　下面再从实证方面看看一些国家在西方经济学理论指导下进行经济改革的实际效果。

　　突出的一个例子是拉美国家，特别是阿根廷。在 20 世纪 80 年代前这个国家的经济发展还是可以的。它是发展中国家较早实现工业化的"新兴工业化国家"，但是由于外债的压力，被迫按照西方新自由主义经济学理论实行改革，这些改革是在由美国经济学"大师"弗里德曼等教授培养的一些阿根廷"年青经济学家"的支持下进行的。改革的核心就是市场自由化和大规模私有化。结果，改革十几年下来，国民经济严重衰退，国家负债 1300 多亿美元，财政崩溃，社会分化，人民贫困，贫困率由 1974 年 7.7%，到目前的 30%，失业率超过了 20%。1998 年以来阿根廷在不到 4 年的时间里由世界富国之一沦为"资不抵债"的国家。

　　另一个突出的例子是俄罗斯的改革。俄罗斯前十年的改革很大程度上就是在西方经济学的指导下进行的。美国一位经济学教授热若尔·罗兰就曾说："这种改革的政策直接来源于（西方）基础教科书经济学。"一些"华盛顿共识"的支持者认为："一旦转型引进市场改革，就可以立刻有收获，效率就可以提高。因此，转型应该是大爆炸式的，激进的休克式的。"他们认为搞市场化改革必须实行私有化，只有私有财产制才能带来最强的激励，提高生产率和增加利润。所以改革一开始就要实行大规模的私有化，只有这样可以摧毁旧国家机构，并尽快将国有资产转移到私人手中。

　　俄罗斯前十年在西方经济学指导下的改革效果是尽人皆知的了，改革前的 1989 年俄罗斯的 GDP 是中国的 2 倍强，而在十年后却仅为中国的三分之一。由此新自由主义经济学已在经济学界受到严重质疑，在实行改革遭受摧残的国家人们心目中则已陷于完全破产。

　　以上分析表明，无论从理论方面和实证方面都证明，西方经济学不可能成为社会主义制度下发展市场经济的指导思想。与许多国家的经济改革遭到失败相反，我国在邓小平理论指导下在实行社会主义市场经济的改革中取得了巨大成就，极大地推动了经济的发展，令世人瞩目。在这样的形势下，一些人反而重新捡起西方经济学这面旗子，以取代邓小平社会主义市场经济理论，来指导我国的经济体制改革，实是令人难以置信！

　　为了彻底弄清楚规定我国经济体制改革方向为社会主义市场经济体制的指导思想究竟是马克思政治经济学还是西方经济学，以避免一些人利用来搞乱人们的思想，误导改革方向，下面从正面阐述一下为什么说我们的改革方向是在马克思主义指导下制定的。

社会主义市场经济理论是邓小平在 1979 年 11 月的一次同外国客人的谈话中首次系统阐述的。他说："说市场经济只存在于资本主义社会，只有资本主义的市场经济，这肯定是不正确的。社会主义为什么不可以搞市场经济，这个不能说是资本主义。我们是计划经济为主，也结合市场经济，但这是社会主义的市场经济。虽然方法上基本上和资本主义社会的相似，但也有不同，是全民所有制之间的关系，当然也有同集体所有制之间的关系，也有同外国资本主义的关系，但是归根到底是社会主义的，是社会主义社会的。市场经济不能说只是资本主义的。市场经济，在封建社会时期就有了萌芽。社会主义也可以搞市场经济。同样地，学习资本主义国家的某些好东西，包括经营管理方法，也不等于实行资本主义。这是社会主义利用这种方法来发展社会生产力。把这当做方法，不会影响整个社会主义，不会重新回到资本主义。"① 这段谈话一方面表明他是以马克思政治经济学的基本理论为依据的，也表明了他在哪些方面继承了以往的马克思主义领导人的理论，和他在哪些方面发展了马克思主义科学社会主义思想。

邓小平提出社会主义可以搞市场经济这一思想，其理论前提有以下几个方面。

一、市场经济不等于资本主义。在上引谈话中，他一开始就指出"说市场经济只存在于资本主义社会，只有资本主义的市场经济，这肯定是不正确的。"后来又多次谈到。在 1992 年又再次强调说："市场经济不等于资本主义，社会主义也有市场。"② 这种观点是科学的，它的基本理论依据就是马克思的经济学说。马克思在《资本论》中深刻揭示了一般商品经济与资本主义经济之间的本质区别，阐明了二者反映着根本不同的两种所有制关系，一个是劳动者握有生产资料的所有权，一是劳动者丧失所有权，生产资本归资本家垄断占有。把这两种经济关系区别开，就为提出社会主义市场经济理论打下基础。

二、市场经济不是独立存在的特定经济制度，而是一种手段方法。这是

---

① 《邓小平文选》第 2 卷，第 236 页。
② 《邓小平文选》第 3 卷，第 373 页。

马克思政治经济学的一个基本原理。在资本主义制度下，市场经济就是作为手段、方法被资本家利用来为生产剩余价值服务的。资产阶级正是在追求剩余价值的动力下，启动了市场经济内在的潜力，大大地推动了生产力的发展，在不到一百年的期间里创造的生产力超过了以往一切世代全部生产力的总和。把市场经济与资本主义经济等同是资产阶级经济学的特点，从古典的到现代的都是如此，其目的，如马克思所指出的，是企图用一般的商品交换的平等关系掩盖资本主义对劳动者的剩余劳动的无偿占有。

三、社会主义可以利用市场经济的方法，发展生产力，巩固和发展社会主义制度。社会主义与市场经济可以相结合。邓小平关于市场经济可以为社会主义所利用这一看法是前两点的延续，他说："社会主义和市场经济不存在根本矛盾。问题是用什么方法才能更有力地发展社会生产力。"[1] 他又说："不要以为，一说计划经济就是社会主义，一说市场经济就是资本主义，不是那么回事，两者都是手段，市场也可以为社会主义服务。"[2] 在这方面，以往的马克思主义领导人在理论上和实践上也已经证明了这一点。斯大林在总结苏联社会主义建设三十年经验的著作《苏联社会主义经济问题》中，就论述了在社会主义制度下利用商品生产发展经济的必然性和必要性，他作出了价值规律是教育经济管理干部的学校这一有名的理论判断。毛泽东在总结1958年"大跃进"的教训时也特别强调大力发展商品生产的重要意义，强调价值规律是一个伟大的学校，不掌握它就不可能建设社会主义和共产主义。这些都为邓小平创立社会主义市场经济理论提供了思想和实践材料。

四、存在着社会主义市场经济，市场经济不必然导向资本主义。邓小平肯定了存在社会主义的市场经济，这是社会主义利用这种方法来发展生产力，把这当作方法，不会影响整个社会主义，不回重新回到资本主义。这一观点也是继承了以往的马克思主义领导人的思想。斯大林用两种公有制形式的存在论证社会主义下商品生产存在的原因，这当然是社会主义的商品生产。在社会主义制度下，商品经济不必然导向资本主义。斯大林深刻地分析说，商品经济替奴隶制服务过，替封建制度服务过，都没有导向资本主义。他说："为什么商品生产就不能在一定时期内同样地为我国社会主义社会服务而并不

---

①　《邓小平文选》第3卷，第148页。

②　同上，第367页。

引导到资本主义呢?"

以上分析说明,邓小平在社会主义与商品经济的关系方面的思想在哪些看法上继承了马克思主义政治经济学的基本理论。但是,也应看到邓小平关于社会主义与市场经济相结合的理论大大超越了以往所有社会主义国家领导人在社会主义与商品经济之间关系的认识,创造性地发展了他们的看法。新的创意主要地表现在以下两点上:

邓小平用"市场经济"代替过去通常使用的商品经济概念。当然,市场经济与商品经济之间没有本质区别,语词可以通用。但在邓小平那里坚持用"市场经济",却有着特殊的含义。

市场经济的含义是市场导向的经济,即经济活动不是由计划导向,而是由市场导向。也就是说,让价值规律通过竞争和价格波动的机制,自发地调节资源在多个不同生产领域间的分配。肯定这一点,就意味着对以往的计划经济体制进行根本性的变革。

斯大林和毛泽东都强调过价值规律的伟大作用,但在他们那里,价值规律只被当作一种核算工具,而不允许它在社会主义经济中起生产调节者的作用,生产只能由计划来调节。实践已经证明这是不成功的。如果否定价值规律的生产调节者的作用,实际上等于否定了它本身,因为配置资源是价值规律的本质规定。遏制它的这一作用,其他作用,例如刺激劳动生产力提高的作用,都是不可能发挥出来的。这是所有社会主义国家尽管也进行过经济体制改革,但价值规律却没有起到教育经济管理干部学校作用的原因。这也是社会主义制度的优越性未能充分发挥的一个重要原因。

邓小平在谈到发展市场经济时,一开始就强调在全民所有制企业之间建立市场关系。在斯大林那里虽然强调商品生产的作用,但却把它限制在全民所有制与集体所有制之间,只有在这两种不同所有制之间才有真正的商品交换关系。邓小平断然突破了这一限制。如果国有企业被排除在市场交换之外,国民经济的一个主要部分就不进入市场交换,这也就谈不到市场在社会范围内配置资源的作用了。

从这两点来说,都是理论上和实践上的突破,是创造性地发展了马克思主义的经济理论,是马克思主义中国化的伟大成果。

正因为是一个伟大理论创新,社会主义市场经济理论不可能一下子为社会所接受的。"市场经济"这个概念的使用长时间曾为许多人所怀疑。随着邓小平在这个问题上的理论探索的不断深化和经济体制改革的实践的效果证明，人们的认识逐步统一到这一思想上来。这时社会主义经济体制改革的目标模式逐渐清晰起来。

以上分析可以说明，邓小平正是在马克思政治经济学理论指导下继承了马克思关于市场经济不等于资本主义的理论，并深刻总结了社会主义建设的经验教训，认识到必须利用市场机制推动生产力发展，从而得出了把发展社会主义市场经济作为经济体制改革的目标的科学结论。无论从哪方面说，这都是马克思主义的科学社会主义理论的伟大创造。把社会主义能与市场经济相结合，社会主义可以利用市场经济发展自己说成受现代西方经济学的教育，是运用现代经济学理论得出的结论，这是既没有弄懂什么是"社会主义市场经济"这一理论的实质，也是缺乏对这一理论发展历史的知识的表现。

我们否定把现代西方经济学作为我们改革的指导思想这一错误观点，并不是反对借鉴西方经济学有关市场运行管理方法的某些主张。因为市场经济既然不等于资本主义，只是一种方法和手段，那么不论是社会主义市场经济还是资本主义市场经济，总有它们共同的地方。资本主义市场经济已有数百年的历史，积累了更多的利用市场方法发展经济的具体制度和措施，我们要积极学习和借鉴其中符合社会化大生产要求和市场经济一般规律的东西。例如与发挥市场作用相联系的所有权与经营权相分离，对经济的宏观管理，企业管理制度、金融制度等制度创新，等等。应当注意的是对他们使用的反映这些市场经济一般规律的具体方法，只能借鉴，不能照搬。因为总的指导思想不同，在这些具体方法中都渗透着资产阶级经济学理论的影响。例如，如果把市场经济等同于资本主义的理论作为指导思想，那么就会把社会主义国有经济与市场经济对立起来，就会像一些经济学者所强调的，认为非国有经济才为市场经济"提供坚实的基础"。这就导致主张发展市场经济必须竭力缩小国有经济比重，削弱它的地位；导致不能正确理解我们利用股份制这种方法的真意，不是把实行股份制看做是利用来增强国有经济的实力和控制力、影响力的一种方法，而是看作缩小国有经济力量和作用的措施；导致错误理解国有经济在布局和结构上的战略性调整、"有进有退"的方针，党的这一方针的本意是为了进一步推动国有资本更多地投向关系国家安全和国民经济命脉的重要行业和关键领域，他们却错误地把这一措施解释为实行"国退民进"的机遇，是为了削弱和甩掉国有经济这个包袱，在行动上实行一卖了之。这一切都表明，彻底搞清楚，以什么样理论作为指导思想来指导我们的经济体制改革是一个关系改革成败和国家命运的重大问题。在这个问题上是不能含糊的。

有中国特色社会主义的经济，就是在社会主义条件下发展市场经济，不断解放和发展生产力。在建立社会主义市场经济体制和发展生产力上，我们已经取得了举世瞩目的成绩。这无可置疑地证明了邓小平关于社会主义与市场经济相结合的理论的正确。但当前这个体制还是不完善的。2003年党的十六届三中全会讨论通过的《中共中央关于完善社会主义市场经济体制若干问题的决定》提出完善这个体制的目标和任务。《决定》中首先强调的一项主要任务是完善公有制为主体，多种所有制经济共同发展的基本经济制度。把完善基本经济制度作为首要任务提出是因为它的完善起着决定性作用，只有坚持公有制为主体、国有经济为主导，才能保证市场经济是社会主义性质的。从这里也可以看出指导我们思想的理论基础是马克思列宁主义，而不是西方经济学。在西方经济学和迷信它的一些人那里，只有"市场经济"而没有"社会主义市场经济"这个词。如我们前面所分析的，这在理论上是不能成立的。马克思主义政治经济学告诉我们，在现实中没有独立存在的"市场经济"，它只能是作为手段为一定的社会经济制度服务。是社会制度选择市场，而不能是市场选择社会制度。必须防止对西方经济学的教条主义态度。

国有企业股份制改革的实质是什么？

——厉以宁教授"新公有制"评析

一、股份制的历史地位

股份制对资本主义国民经济的发展起着巨大的推动作用，它是资本主义所有制关系的重大发展。股份制是由资本主义条件下生产力发展的要求决定的。蒸汽机的发明造成了产业革命的物质技术基础，但如果没有资本大规模集中，蒸汽机的大规模使用和运用到其他生产领域是不可能的。而在当时历史条件下，资本的积聚和集中在单个资本家手中就是产业革命发展所必需的社会生产关系条件。这一过程如果只靠单个资本的积累和积聚，发展将是缓慢的。在这种客观形势下，出现了股份制这种筹集和聚集资本的新形式，和与它相联系的股票市场、股票交易所这些实现资本集中的极为巧妙的新手段，它既维护了资本主义私有制关系不被损害，又方便地促使生产资料迅速地大规模集中。

在资本主义私有制基础上，股份制成了资本社会化的最有力的杠杆。通过这种方法，单个私人资本迅速结合成社会资本，一夜之间可以形成巨大的单个资本。生产资料占有上的社会化水平在不断发展，股份制成为适应生产力社会化要求的占有社会化的一个必然选择。也正是在这个意义上，恩格斯把它称作一个"革命因素"。马克思说："在工业上运用股份公司的形式标志着现代各国经济生活中的新时代。——它显示出过去料想不到的联合的生产能力，并且使工业企业具有单个资本家力所不能及的规模"，"它们是发展现代社会生产力的有力杠杆"。①

由于股份制成为发展生产力的有力手段，从而它也成为进一步巩固资本主义私有制有力手段。尽管股份制导致所有权与经营权的分离，削弱了单个资本家的经营权力，如马克思所说的"留下来的只有管理人员，资本家则作为多余的人从生产过程中消失了"，不过这只是表明资本家的存在已不是社会生产过程中的必需要素，表明了资本主义制度的历史暂时性。但这些都不表明资本主义所有制关系受到削弱。从单个企业来看，似乎单个资本家支配企业的权力受到限制，但从社会范围或从根本上来看，它起着使资本主义制度得以由此而巩固和发展，它强化了资本在全社会的统治。因为不这样，资本主义制度将无法继续维持它对社会生产力发展的推动作用，从而无法维持和强化它对社会的统治。资本主义的发展现实清楚地显示出，股份制大大加强了后来产生的垄断资本的影响力和带动力，成就了垄断资本的全面统治。股票愈分散，愈表明垄断资本巨大控制力的加强。从本质上看，这里不含有任何社会主义所有制关系的萌芽或"公有因素"，但它却推动了资本主义基本矛盾的进一步发展，并由此使社会发展更靠近社会主义的大门。正是在这个意义上，马克思说："在股份公司内，职能已经与资本所有权相分离，……是资本再转化为生产者的财产所必需的过渡点，不过这种财产不再是多个互相分离的生产者的私有财产，而是联合起来的生产者的财产，即直接的社会财产"。②"资本主义股份制企业……是资本主义生产方式转化为联合的生产方式的过渡形式。……是消极地扬弃。"③

二、股份制改革是要把"传统公有制"改为 "新公有制"吗？

从我国提出国有企业的股份制改革以来，关于股份制的性质问题在理论界出现了不同意见。特别在党的十六届三中全会提出使股份制成为公有制的

---

① 《马恩全集》第12卷，第37页、610页。
② 《马恩全集》第25卷，第494页。
③ 《马恩全集》第25卷，第498页。

主要实现形式以后，关于股份制性质的争论再次成为热点。这些认识上的歧见主要是由对股份制和公有制这两者的基本属性缺乏深刻理解产生的。

我们看到这样一些观点。有人断定股份制公众所有制具有社会主义公有制的本质特征。他说："从总体上看，我国现阶段的公众股份制既是劳动者所有制，又是劳动者社会联合所有制，并且能够真正地体现和充分地实现劳动者个人作为资本和企业所有者的主人翁权利，已经具备社会主义公有制的本质特征，因而具有社会主义公有制的性质。"①

还有人把股份制说成是"现代公有制"或"新公有制"，并把它作为取代"传统公有制"（指社会主义国有制和劳动群众集体所有制）的所有制形式。例如："这种股份制的基本特点：从产权结构看，是物力资本和劳动力资本平等联合，有机结合。从产权特征看，就是体现财产个人所有和社会占有相结合这一现代公有制的特点。""股份制要成为公有制的主要实现形式。不过，这种公有制不是传统的公有制（传统的国有制和集体所有制），而是现代公有制。"② 厉以宁教授更突出这一点，他说："公有制的完善是指突破传统的全民所有制形式，把传统公有制改为新型公有制。"③

他们为什么把股份制直接等同于社会主义公有制，甚至是超越"传统的公有制"的"新公有制"或"现代公有制"，并用后者否定前者呢？

首先我们看到这种观点是误解了中央文件中所说的股份制是公有制的实现形式的含义，错误解释为股份制就是公有制，是公有制的形式。股份制是公有制的实现形式，是以社会主义公有制的根本性质的独立存在为前提的，是要利用股份制这种资本组织形式，"有利于扩大公有资本的支配范围，增强公有制的主体作用"（十五大报告），是为促进企业经营机制转换和管理体制的改革以增大国有经济的影响力和带动力。这里丝毫不意味着通过股份制改革后国有制这种社会主义公有制形式就不再独立存在并继续发挥主导作用了。

很明显，持上述观点的人是把国有企业股份制改革的性质从根本上改换了，他们把实行股份制改革不是看作扩大国有资本支配范围的措施，而是试

---

① 于金富：《"公众股份制是我国现阶段一种公有制主要实现形式"》，载《经济学动态》，2004 年第 4 期。

② 王珏：《"股份制是公私有机结合形成的一种财产社会化形式"》，载《理论动态》，2004 年 2 月 20 日。

③ 厉以宁：《"论新公有制企业"》，载《经济学动态》，2004 年第 1 期。

图把股份制改革作为取消国有制和集体所有制这两种公有制形式独立存在的措施，把股份制看做是最后替代和取消国有制与集体所有制的手段。很明显，这里表现出两条根本不同的改革思路。

三、错误认识产生的原因

产生上述错误认识的原因主要有以下方面。

（一）把对企业性质的分析与对所有制性质的分析混淆了。如果是从企业层面来说，一个原来独资的国有企业吸收私人资本投资，共同组成股份公司，就不能再把这个企业简单地称作国有企业了，而是股份制企业，这是对的，但这绝不是说在股份企业里国有制、私有制这两种不同的所有制形式不再存在了。我国建立的股份制企业是一种混合所有制经济。"混合"是以参与的多种所有制形式的独立存在为前提的。这里有国有资本、集体资本和私人资本，不同资本的混合并没有消除多种不同种资本的基本性质，这里只是混合而不是化合。不能因为实行混合所有制经济，参与的公有资本和私人资本之间的本质区别就由此消失。混合所有制经济并没有消灭企业里不同资本的价值实体的独立存在，这突出体现在各种资本都要求按其投入的资本量获取相应利润。不这样就不叫做混合所有制经济了。如果私人资本投资到股份企业里就不再作为私人资本独立存在并根据投资量享有独立的经济利益，化合成一种"新公有制"，私人资本所有者首先会站出来反对这种主张并拒绝参与这样的"股份制改革"的。

把企业性质分析与所有制分析混淆的另一表现是，有人提出了层次论，说具体事物是复杂的，不能非公即私，在公与私之间存在层次，存在着"共同因素"。这种说法，对分析企业说是适用的。从企业来看，在实行股份制的条件下，许多企业不会是公有私有泾渭分明，有的是纯粹公有制企业，有的是纯粹的私有企业，在两者之间必然是多层次的，有的公有性多些，有的公有性小些。但是，作为所有制关系就不能这样说，公有与私有应当是界限清晰的。在改革过程中，人们不是一再强调要产权清晰吗！当前批判改革过程中一些私人侵吞国有财产现象也表明公有与私有之间是黑白分明的，这里有什么层次性呢？

（二）对党的改革方针的错误解读的另一个原因是，在理论认识上对什么是社会主义公有制的本质特征和什么是股份制的公众所有制，缺乏真正的理解，顾名思义地把"公众所有制"当成了"公有制"。

生产资料所有制是社会生产关系体系的基础，决定着社会生产关系的各个方面。所有制表现人们在生产资料占有上的基本关系，表现生产资料在社会成员之间的分配关系，是说明生产资料归谁所有和支配，它决定不同社会成员在社会生产过程中的职能和地位。

社会主义公有制是生产资料归全社会成员共同所有。它的本质特征是全体社会成员在生产资料的所有权上完全平等，任何个人或集团都不能在生产资料占有上进行垄断或享有特权。这种平等关系在经济上具体体现在以下两个主要方面：（1）全体成员对生产资料的管理上享有完全平等权利，每个成员都有同等权利参与社会和生产过程的管理；（2）在分配关系上完全平等，任何个人或集团都不能由对生产资料的所有权而享有特殊的经济利益。在社会主义阶段，每个个人只能依据他向社会提供的劳动的质与量获取相应的报酬。

这里应当说明，在社会主义阶段，由于生产力发展水平还很低，还存在着旧的社会分工，存在着脑力劳动者和体力劳动者之间的重大差别，因此，在社会和生产的管理上的平等权利上在实际上还难以完全实现，还存在一定的不平等，这在当前是不可避免的，承认脑力劳动者与体力劳动者差别的存在还是推动生产力发展所必须的。但管理者必须最大限度地发扬民主，全心全意依靠群众，集中全体成员的意见，实行民主管理。从分配关系上说，无论管理者或直接生产者，都平等地按他提供的劳动量取得报酬。

社会主义公有制在社会主义现阶段有两种基本形式：国有制和集体所有制。国有制是全民所有制的形式。全民所有制在现阶段所以采取国家所有制形式，是因为全体社会成员要想实现对全社会和整个生产过程的支配和管理，必须要有一个有形的组织作为他们的代表才能实现这种管理。这个代表全社会的有形的组织历史上传下来的一个现成形式，就是国家机构。

在人类历史上国家一开始就是作为代表全社会利益的机构出现的（尽管在剥削阶级社会里，它是虚伪的）。社会主义制度在还没有创造出更适当的形式的时候，当然地也就利用国家这个现成的形式，在社会主义制度下国家第一次真正成为代表全社会利益的机构。采取国有制形式还有一个原因，这就是利用国家作为强力机构的作用，因为需要保护公有制和按劳分配，以制止私人侵吞公有财产和侵犯个人财产。

可见，国有制就是国家作为全社会的代表实行对生产的管理，以实现全体社会成员的共同利益。国家机构中的所有成员无论在生产资料的占有上和收入分配上都不具有任何特权。所以，国有制是社会主义公有制的形式。

集体所有制是指在一个局部范围内实行生产资料的公有。在这个局部范围内，一个农业合作组织或企业，全体成员都是生产资料的平等所有者，组成的成员都有平等的管理权，在收入分配上也只能实行按劳分配，不存在利用生产资料占有的多寡而由此获取特别利益，因此，集体所有制是社会主义公有制的一种形式。

国有制属于公有化程度更高的所有制形式，由于它是与更高水平的生产力社会化程度相适应的形式，所以它也必然成为社会主义公有制在现阶段的最基本形式。过去我国的国有制企业存在着许多严重的弊病，影响着效率和效益的应有的提高。但这并不是国有制这种公有制形式本身所固有的，它是由于还没有找到适合现时生产力状况的管理体制引致的，它完全可以通过体制改革逐步加以完善。

以上关于社会主义所有制关系的描述是马克思依据社会经济发展客观规律揭示的社会主义阶段所有制的基本特征或"模型"。这是属于基本理论层次的问题。一种所有制形式属于公有制还是非公有制，它应当成为衡量的标准。概念明确应当是认识事物的必要条件。

如果认为公有制的上述规定或"模型"与现实不一致，或认为是带有空想性质的个别结论，那么，论证的方法就不应是从它与现实或现存现象不一致这一点提出问题，而应是去审视这个"模型"本身提出的根据能否成立，是否可靠，从根据到得出结论的推理过程的各个环节是否有错误和不合逻辑。至少这应当是一件严肃的科学工作，而不能只从它与现实不一致而轻易地否定它。因为理论与现实不一致是带规律性的现象，目标与实现目标过程的现实不一致则是常识。

四、公众持股股份公司的属性是私有制而不是公有制

股份公司的"公众所有制"是什么性质的所有制呢？我们看到它与国有制和集体所有制这些社会主义公有制形式完全不同。它的基本特征是这样的：

（一）股份制公众所有制企业，它的成员在生产资料的所有权上是不平等的，它以股东之间在资本所有权上的巨大差异为特征。如果企业每个人都握有同量的股份握有等量股票，那就等于是一种合作制，而不是股份制。公众所有制的重大特点是，以掌握股权数量的多少决定权力的大小。所有权上的不平等决定着股东之间的地位和职能上的差异，掌握该企业最大量股票的股东对企业活动就有绝对的支配权。生产要素占有上的不平等决定了管理权上的不平等是它与社会主义公有制的根本区别。

（二）所有权上的不平等也决定了股东之间分配上的基本关系。股东之间是根据占有股份的大小来分配盈利的，占有最大股份的则享有最大的剩余产品的索取权。这是与社会主义公有制的一个最明显的差别。

（三）股份制的公众所有制企业中还存在着股东与不握有本企业股票的广大职工之间的关系。作为股东是私人资本的所有者，他们与直接生产者的关系是一种雇佣关系，是劳动力商品的买卖关系，是生产资料所有者与没有任何生产资料的劳动者之间的关系，因此，他们之间是生产资料所有者无偿占有劳动者的剩余劳动的关系。这怎么能把这种关系说成是社会主义公有制的本质特征呢？

以上分析表明，从基本生产关系上看，公众所有制不具有任何公有制的本质特征。因此，把资本主义制度下的股份制的公众所有制企业说成是公有制或现代公有制显然是不对的。这种错误看法表明他们对什么是社会主义公有制的基本规定缺乏理解，也对公众所有制的基本规定缺乏认识。把公有制与"公众所有制"等同起来，看到了公有制的"公"与公众所有制的"公众"的形式，而忽略了认真分析二者实质内容上的本质差别。只看表面上的形式上的共同点而抹杀事物实质内容上的区别，是西方资产阶级经济学方法论的特点。

可见，从经济关系内容上来看，股份制的公众所有制的属性应是私有制，

而不是公有制。参与股份公司的成员的"财产"不同于一般居民在个人消费品方面的个人财产,而是用于生产经营的生产要素的私人财产,是资本所有权。这里的"公众"是以生产要素的私有者的身份即资本所有者身份出现的,而不是像公有制企业那样是以劳动者的身份参与的。当然,不能说凡购买股票的都是资本家,这里有个量的限界。对于广大分散的股票持有者来说,购买股票虽然被说成是一种"投资",但其实质不过是个人财产的一种保值手段,与储蓄的性质类似。但无论如何不能把这种"投资"活动与公有制企业中全体成员以劳动者身份参与企业的生产活动看成是相同的,把二者混淆起来,而且标以"新"和"现代"的头衔。

也正因为如此,虽然股份制这种企业组织形式使得私人资本表现为社会资本,但马克思总是强调指出这丝毫没有改变资本主义股份公司的私有制性质。

五、正确理解"使股份制成为公有制的主要实现形式"

上面分析表明股份制的公众所有,是确认参加者的生产要素私有者的身份的。从法律上说,股份公司制度均是属于私法范畴的。即使是公有股权,也是必须接受私法调节的。就股票持有者之间关系说,这里不承认生产资料公有制。他们之间是完全一样地只作为其所持资本的所有者互相对待的。在这个意义上都是平等的所有者,互相承认对方是其资本的同等私有者。这里只承认一种差别,这就是握有股份的大小,除此之外,不承认其他权力。

但如果从社会经济制度层面上看,股份制的公众所有制本身又不具有独立的经济制度规定。股份制企业的社会性质是由参与的"公众"的社会性质和它所占比重决定。在社会主义现阶段,国有经济利用股份制这种资本组织形式筹集社会资本,就出现了"公众"的新成员:国有制和集体所有制。股份制企业的社会制度性质由参与者的社会性质决定。由私人资本家参与组成的股份公司,就是资本主义股份公司,由社会主义公有资本参与组成的股份公司,就是社会主义性质的股份公司。一个股份制企业的整体性质,由哪一类性质的资本掌握控股权来决定。如果是国有资本握有控股权,则基本上属于国有制企业;如果是私人资本握有控股权,则基本上属于资本主义性质股份公司，其中参股的国有资本仍然属于公有资本。

党的十五大报告清楚地阐明了股份制改革的性质，报告指出："股份制是现代企业的一种资本组织形式，有利于所有权和经营权的分离，有利于提高企业和资本的运作效率，资本主义可以用，社会主义也可以用。不能笼统地说股份制是公有还是私有，关键看控股权掌握在谁手中。国家和集体控股，具有明显的公有性，有利于扩大公有资本的支配范围，增强公有制的主体作用。"我国经济体制改革和经济发展的实践越来越证明，股份制这种企业组织形式可以成为社会主义公有制筹集社会闲置资本以扩大自己的控制力、影响力和带动力的有力工具，可以成为推动企业管理体制改革提高效率的有效手段。

正是基于以上的理论和实践，党的十六届三中全会确认股份制是社会主义公有制的主要实现形式。正确地利用这种形式壮大了国有经济的资本实力，加快了经济机制的转换和管理体制的改革，调动了全体资本的积极性，大大推动了社会生产力的发展。客观的发展现实要求国有经济必须利用股份制这种形式来壮大自己，发展自己，扩大自己的控制范围，强化自己的影响力和带动力，增强自己对国民经济整体的主导作用。现实表明，我国经济的迅速发展，特别是非公有经济的迅速发展和人民群众收入的增加，社会上已经形成了大量的闲置的社会资金。这些资金正在寻找投资的出路。对这部分资金，你不去利用它，管理它，其他非公有制经济也会去利用它，这样就会相对地减弱国有经济的扩张能力和支配能力，这显然是不利于社会主义制度的巩固和发展的。利用股份制是否会有一定的危险呢？当然会有的。国有企业有可能会被私人资本或外资利用股份制形式收购。但不应因为有危险而不去利用，那是不对的。因为你不去把它吸收过来，这部分非公有资本仍然是现实的存在，它们会到处乱闯，削弱了国有经济的主导地位，也浪费了生产力资源。

资本主义制度下，垄断资本集团利用股份制支配着十倍几十倍大于本身的社会资本，巩固了自己的控制力和支配力，我们可以学习这种方法，一定也能更好地利用它扩大和巩固社会主义公有制的控制力和影响力。

党中央提出"使股份制成为公有制的主要实现形式"的实质就在于此。

很明显，党中央提出使股份制成为公有制的主要实现形式，绝不是说股份制就是公有制，不是说社会主义公有制经济的本质关系通过股份制来实现。这是不可能的。更不是像有些人所说的要把国有制和集体所有制本身转化成所谓的"公众所有制",转化成"新公有制"或"现代公有制"。股份制改革后，国有制仍然是作为一种社会主义公有制形式独立存在着，所改变的只是国有经济利用这种形式来扩大自己的控制力、带动力。国有经济和集体经济绝不是要通过股份制改革与私有资本"化合"成一种"新公有制"，丧失自己的本质特征，不再是一种独立存在的所有制关系，而是要利用它突出自己和壮大、巩固自己力量的独立角色，以更好地实现主导整个国民经济发展的作用。

在理论上弄清社会主义公有制与股份制的公众所有制的本质区别，有着重要的实践意义。由于一些人没有弄清国有企业的股份制改革与私有化的区别，在一些地方就在股份制改革的旗号下实行国有企业的私有化，造成国有资产的大量流失。这不能不说是与上述错误看法的影响有关。

在实行股份制改革中，也的确应当看到这种危险。长期以来，股份制是资本主义私有制的主要实现形式，与资本主义私有制似乎有着更自然、更密切的联系。一些国家实行私有化也都是利用股份制形式进行的。20世纪80年代英国一些发达资本主义国家，通过股份制实行了大规模的私有化，苏联剧变年代，也是通过股份化，一些大国有企业实现了从社会主义公有制蜕变为垄断寡头的私有财产。

因此，我们实行股份制改革时，必须清醒地看到这种危险，需要国家控股的企业，应防止在资产重组和扩股过程中控股权的旁落，防止在股份制改革过程中国有资产的流失和被侵吞。

可见，认为股份制的公众所有制就是公有制是不对的，更不应拔高为"新公有制"或"现代公有制"。把混合所有制经济等同于公有制不仅在逻辑上是矛盾的，在实践上也是危险的，它模糊了私有制与公有制的区别，在实际工作中就会误导经济工作者在利用股份制发展经济中迷失方向。这就会把变公有制为私有制、削弱社会主义制度经济基础的可能危险演化为实在危险。

不应用西方经济学理论阐释生产要素
按贡献参与分配的原则

党的十六大报告提出:"确立劳动、资本、技术和管理等生产要素按贡献参与分配的原则,完善按劳分配为主体,多种分配方式并存的分配制度。"这是我国社会主义初级阶段应当确立的分配原则和制度。按生产要素贡献进行分配,是我国社会主义现阶段分配制度的一个重要方面,理论界对此作了各种各样的解释。但是其中不少观点值得商榷。有些观点用早已为马克思的政治经济学理论所批判了的庸俗资产阶级经济学观点去解读,用生产要素价值论取代马克思的剩余价值生产理论,这就妨碍了人们正确把握党提出的生产要素按贡献参与分配政策的实际涵义,从而也阻断了在实际工作中正确贯彻这一分配原则的途径。因此,在理论上科学地阐明这一分配制度,切实弄清它的内涵,这不仅对正确安排社会主义初级阶段的分配关系的实际操作提供理论指导是重要的,也是对树立马克思主义经济学在意识形态领域的指导地位是必要的。

一、"按生产要素贡献分配"不是一个永恒原则

从单纯劳动过程来看,撇开它所处的特殊社会关系,人自身是这一过程的能动主体,劳动过程是人自身利用劳动资料加工于劳动对象的过程,其结果是生产出满足自己需要的产品。这里是人与自然物质的对立。例如纺纱,没有棉花和纺纱机,是纺不出纱来的。但从劳动者来看,纺纱机只是纺纱用的手段,棉花只是纺纱的对象;纺纱机和棉花不进入劳动过程,则只能是一堆死物,只是由于活劳动,赋予它生命,使它们从可能的使用价值变为起作

用的使用价值，如马克思所描述的："它们被劳动的火焰笼罩着，被当作劳动自己的躯体，被赋予活力，以在劳动过程中执行与它们的概念和职务相适合的职能。"① 对人这个生产主体来说，所有物质生产资料都只是他从事劳动的物质要素。其他物质生产资料不管今天科学技术发展到多么惊人的程度，它们也还只是劳动者为实现自己目的的手段和材料。劳动者与生产资料之间这一基本关系是永恒的。

但是当人类社会离开原始共产主义制度进入奴隶社会之后，劳动者与生产资料二者的地位就发生了变化，劳动者与生产资料所有权相分离。奴隶主是生产资料的所有者，生产过程的主体是奴隶主，他是生产过程的支配者，劳动者与物质生产资料并列一起，直接劳动者——奴隶，被并入生产资料，成为会说话的工具。到了资本主义社会，资本家垄断占有生产资料，直接生产者虽然在形式上已经获得了人身自由，不再被看做是生产资料的一种，但由于他们一无所有，为了生存不得不把自己的劳动力出卖给资本家。生产过程的主体从劳动者移到了资本家。从资产阶级的角度看，劳动过程只是消费他所购买的劳动力商品的过程，但只有把物质生产资料加到劳动力身上才能消费劳动力。所以，在他看来，劳动力与生产资料都只不过是他所购买的、归他所有的各种物之间的过程，它们都是同样的生产要素，都是他的资本价值的物质形态或载体。劳动力一旦并入资本，就构成资本的一个部分。劳动的生产力也表现为资本的生产力。资本作为一种独立的价值，借助于这个劳动过程，实现了价值的增殖。正是在这种生产关系基础上，资产阶级经济学才提出了生产要素在物质财富生产和价值增殖中的贡献问题。

分配关系是由生产资料所有制形式决定的。产品总是属于生产资料的所有者。按生产要素分配是生产资料私人所有权在经济上实现自己的一种说法，生产要素参与分配就是在生产资料私有制的基础上提出的。

在生产资料公有制范围内是提不出按生产要素分配问题的，从而也提不出它在财富生产中的贡献问题。例如，在原始公社范围内，人们集体参加劳动，产品平均分配，这里不会产生生产要素，像土地、弓箭、刀斧等有什么贡献和如何参与分配的问题。

一旦私有制产生，就出现了物质生产要素的所有者参与分配的关系。这

---

① 《马克思恩格斯全集》第 23 卷，第 208 页。

在小商品经济中已经产生了。在商品经济中，基本经济关系是价值关系，生产者之间的交换是在等价交换基础上进行，按价值交换，从而也就按生产者在生产中凝结在商品中的劳动时间——价值进行分配。

价值是一般人类劳动的凝结，按价值交换似乎就是按耗费的劳动量来分配。但是应当看到，这种交换关系中包含着生产资料的作用在内。因为价值不是由个别劳动时间决定，而是由社会必要劳动时间决定。较早采用先进技术的生产者花费同样的劳动时间就能生产更多的产品和形成更大的价值，从而在市场上也就能实现更多的价值。

这种商品关系表明，按资产阶级经济学所说的按生产要素分配的观点来看，这里的物质生产要素是参与了分配的。使用先进技术的生产者由此多得的收入，就表现为是先进生产要素为生产者创造的收入。他亨有这一权利，是因为这里的物质生产条件是归劳动者私有的，由此带来的好处当然地属于其所有者。

可见，由于生产资料私有制，"生产要素按贡献参与分配"的现象在小商品经济中已经存在。但是，这只是一种理论上分析，按生产要素分配这时在经济学家的理论中也没有反映。为什么呢？因为在小商品生产者那里，劳动和所有权是直接结合的。对劳动者来说，所有产品都是他本人劳动的成果。他只关心他花费的劳动所凝结的价值是否全部得到实现，他特别关注的是他的个别劳动时间与社会必要劳动时间的差距。他不会去问他个人的总劳动时间里哪些是必要劳动时间，属工资部分，哪些是剩余劳动时间，创造了剩余价值，因为全部产品都属于他自己，也提不出哪些是他的劳动贡献，哪些是生产要素的贡献。这些问题对他们都是不现实的。

看来，生产要素按贡献参与分配是一定特殊生产关系基础上才会产生的观念，它不属于财富生产过程一般，而且也不属于生产资料私有制一般，而是一种特殊的私有制。这就是只有在生产资料所有权与劳动相分离的条件下，"按生产要素贡献分配"才会作为一个现实问题提出来。

由此我们可以作出以下结论：生产资料是物质生产的根本条件，它的优劣对劳动生产率从而对物质财富的生产起着决定性作用，这些都属于经济学的基本常识。但是提出"按生产要素分配"，却是一定生产关系的产物。

二、按劳分配是按生产要素分配的对立物

按劳分配是社会主义公有制的实现。在这里生产资料是归全社会成员公共所有，属于全体劳动者的。劳动者创造的全部产品也都属于他们自己，这时的分配关系是这样的：从一年的全部产品中（如果产品采取商品形式，就表现为总价值），首先进行必要的扣除，除了扣除补偿消耗掉的生产资料外，再要扣除以满足社会公共需要，包括扩大再生产的需要部分（这一部分是为公共基金进行的劳动，即剩余劳动部分），其余部分则在参与劳动的成员之间按照每个人的劳动的质量和数量进行分配（这一部分相当于必要劳动部分）。在这种关系中，显然根本提不出按生产要素贡献进行分配的问题。在这里关键只在于如何处理好积累（剩余劳动）与消费（必要劳动）之间的关系。

在我们过去实行的农村集体经济中，可以看到这种关系的雏形。在一个作为独立核算单位的生产队内部，分配是这样进行的：一年生产完了，在所收获的总产品和总价值中，先扣除上一年的生产要素消耗部分，之后扣除公益金和公积金等，然后在全体社员之间按照各自向集体提供的劳动量（当时不是以价值形式，而是以工分形式作为计量劳动的尺度）进行分配。在这种生产资料属于全体社员的公有制条件下，显然不存在按生产要素分配，从而也提不出生产要素贡献的问题。当然农业合作社的情况下不能直接显示出在一个国家范围内的复杂情况，特别是不能明白地显示出存在实行市场经济体制条件下的复杂情况。但是就其分配上的本质关系而言，应当是一样的。这些复杂情况不会改变生产资料公有制范围内人们之间分配关系的本质。

按劳分配的分配原则的提出，是以否定按物质生产要素分配为根本前提的，不否定生产资料私有制，不取消私人向社会提供生产资料并要求按他提供的生产要素获取报酬的关系，就不可能实行按劳分配。在公有制条件下，所以能够实行按劳分配个人消费品，是因为在公有制条件下，每个人除了自己的劳动，谁都不能提供其他任何东西，同时，除了个人消费资料，没有任何东西可以转为个人的财产。

有人说按形成的价值分配就是按劳分配，还说劳动价值论是按劳分配的基础。这是不对的。一是这里把劳动与价值等同。劳动是人类社会存在的基

础，是永恒的，价值只是劳动在商品社会中所采取的一种特殊社会形式。二是决定价值的不是个别劳动时间，而是社会必要劳动时间。而社会必要劳动时间，如我们前面所分析的，它不仅反映劳动者本身的劳动状况，而且还与所使用的物质生产条件的好坏直接有关。因此，按社会必要劳动时间交换，实际上包含着人们所说的生产条件的贡献分配这样的关系。三是，价值是一种生产关系，而且不是一般的劳动交换关系，而是一种特殊的生产关系。特殊的地方，就在于它承认生产资料私有制，从而认可由生产条件优良带来的利益属于它的所有者所有，也就是认可"按生产要素贡献分配"。

马克思在《哥达纲领批判》一著中谈到社会主义阶段实行按劳分配必要性时，就明确指出了按劳分配中的等量劳动互换与商品交换中的等量劳动交换之间的区别。关键在于必须把按劳分配中的等量劳动互换中的"劳动"，与商品等价交换中的等量劳动交换中的"劳动"区别开，二者内涵是不一样的。前者的"劳动"是纯粹劳动者本身的劳动状况，而后者的"劳动"是社会必要劳动，包含了生产条件优劣对劳动状况的影响。前者表现的是公有制关系，后者则表现生产资料私有制下生产者之间的一种关系。可见，把这二者混同起来说按劳分配是以劳动价值论为基础，是不符合实际的。

至于有人把按劳分配也划归按生产要素分配的范畴则更是不正确的。

三、"按生产要素分配"只是一种粗浅的表面现象

从以上分析可见，"按生产要素分配"作为一种理论被提出，则是在资本主义所有制关系确立之后。也正是在种生产关系下，产生了资产阶级经济学的生产要素价值论。它的代表人物是法国资产阶级政治经济学家萨伊。萨伊的分配理论是以生产三要素论为基础的。他认为劳动、资本和土地（自然力）在创造价值的过程中，共同提供了生产性的服务，从而创造出来的产品构成了拥有这些生产手段的人的收入。工人、资本家和地主分别从产品的价值中得到相应的报酬：工人得到工资，资本家得到利息，地主得到地租。萨伊也很重视科学技术的作用，认为科学家的研究工作的成果对财富生产的增长作用极大，他还很重视管理者劳动（实际指的是资本家），认为科学家的知识和企业家的管理应该得到较高的报酬。

萨伊所说的生产要素实际上包括五个部分：劳动、资本、土地、科学和管理。不过他把科学知识和管理列入劳动范畴，是脑力劳动，所以他只讲生产三要素。萨伊系统地论述了生产要素论，把按生产要素分配归结为按生产要素所有者的贡献进行分配。马克思对这种理论观点进行了深刻的批判，讥讽地称之为"三位一体公式"。

在马克思看来，"按生产要素分配"，只不过是粗浅观察到的一种现象，它似乎是一个客观存在，但它没有显示出事情的真相和实质，而是掩盖了实际的分配关系。

在资本主义制度下，如果把资本家获得收入定性为是按生产要素分配或按资本的贡献分配，人们首先就会提出这样的问题：它的量是怎样决定的。如果对此没有明确的说法，那它就很难在科学上成立。定量分析是以定性分析为根据的，量的决定方式反映出质的规定。如果量的决定上找不到恰当说明，那就表明该事物的质的规定上可能是不科学的。让我们看看"按生产要素分配"中各种收入的量是怎么决定的。

（一）按生产要素分配，是否是指按提供的其物质实体的数量来分配呢？提供的生产要素数量多，就多参与分配？提供的生产要素数量少，就少参与分配？这里，生产要素的数量是指它的物质实体的量，还是指它的价值的量呢？

先假设是指生产要素物质实体的数量。这里出现的问题是（1）不同的生产资料的量从物质实体上是无法比较其多少的，一条大的汽车装配线比100吨钢材，哪个数量多，哪个数量少呢？（2）另外，收入都是在价值形式上计量的，生产资料物质实体的量和其收入的价值量，这二者是无法通约的量，不可能用机器、原料这些资本的物质实体的数量与它分得多少数量的价值直接联系起来。显然，按生产要素分配，不能是按生产要素的物质实体的量来衡量其贡献并决定其获得收入的量。

（二）再假设是按提供的生产要素的价值的量，也就是价值形态的资本量来考核其贡献。但这里也还是存在问题。（1）如果指的是提供的资本价值量，我们可以认可把资本投入生产过程而不把它吃光是对社会的一种贡献，但问题在于不管投入的生产要素的价值量有多大，它也只是一个既定的量，在生产过程前后，它的价值是不会自行生蛋的。那么，所要求参与分配的价值部分是从哪里来的，其量又是怎样决定的呢？如果没有这个超过原来资本价值的更多价值实体存在，也就根本谈不到参与分配。按生产要素分配的要求本身仍然回答不了这个问题。

（2）假如承认用来按生产要素分配的由劳动者创造的价值总额已经现实地存在，问题还是没有解决。因为这里还没有说明，这是否是按资本价值的贡献来分配呢？这种贡献的大小又是如何计量的呢？从按生产要素分配这种说法里还是得不到回答。

这表明，"按生产要素分配"这种说法说的不是事实，不是事情的真相，没有反映事情的本质。

问题的关键在于，资本家获取利润根本不是什么"按生产要素分配"，或"按生产要素贡献分配"。事情的真相是由马克思揭示的，马克思的剩余价值理论才科学地从质的规定上和量的决定上阐明了这种分配关系的本质。

实际关系是这样的：资本家购买了劳动者的劳动力商品，强制地把劳动时间延长到劳动者创造出本身劳动力价值的必要劳动时间以上，工人在剩余劳动时间里创造出了剩余价值，归资本家无偿占有。劳动者获得本身劳动力价值，资本家获得剩余价值，这是资本主义制度的基本分配关系。剩余价值的占有才是萨伊所说的"按生产要素贡献分配"这一表面现象背后的实在内容。从本质上说，这里根本不是什么按生产要素分配，劳动要素获得工资，资本要素获得利润，而是资本家无偿占有工人创造的超过劳动力价值之上的剩余价值。

质的规定明确了，量的决定方式也就清楚了。在新创造的全部新价值中，剩余价值是如何决定的呢？那是由必要劳动时间与剩余劳动时间的比率来决定，即由剩余价值率来决定。

必要劳动与剩余劳动之间的比例又是怎样决定的呢？必要劳动时间是由再生产劳动力价值所必需的劳动时间决定，这个量在一定时期是一个一定的量。在必要劳动时间之上的剩余劳动时间是怎样决定的？这决定于工作日的长度。工作日的最低限是必要劳动时间，而剩余劳动时间则决定于工作日总长度。工作日长度则决定于工人与资本家为此而进行的斗争。在资本主义条件下，劳动者是劳动力商品出卖者，资本家是买者，在市场上表现为一种平等的商品交换关系，因此双方都根据商品交换原则进行着权利斗争。劳动者认为我出卖的只是劳动力一天的使用权，我必须用这一天的劳动收入再生产出劳动力，以便明天能够重新出卖，你无权劫掠我的劳动力。资本家则强调，按市场交换原则，商品的消费权归买者所有，我有权以任何的方式使用我购买来的物品。双方的这种平等权利之间的斗争，取决于力量的对比。在资本主义制度下，为工作日的长度进行斗争是资产阶级和无产阶级之间斗争的重要内容。

这样，我们也就说明了资本家获取剩余价值总量的绝对界限。这里不存在按生产要素分配的关系。把剩余价值占有关系说成是按生产要素贡献分配，只不过是资产阶级从自己的立场上固守表面现象，从而为自己的剥削行为作辩护，根本不符合事物真实。

如上所述，工人获得本身劳动力价值，资本家无偿占有工人创造的剩余价值，这种资本主义制度的基本分配关系，不能用"按生产要素分配"来概括。只有涉及资本家之间的关系时，才存在着按投入的资本量进行分配的关系。马克思关于剩余价值转化为利润和利润转化为平均利润的理论阐明了这个问题。既然利润在现实中被看做是资本家全部预付资本带来的，从而每个资本家都有权要求按他投入的资本量参与分配。资本家之间的斗争导致平均利润规律的实现，同量资本可以获得相同的利润。但这只是在剩余价值总量既定的条件下重新分割的关系。土地所有者参与分配也类同，在剩余价值总量已定的条件下，土地所有者按照投入的土地，不管土地好坏，都必须交纳地租，这是由土地私有权的垄断决定的。就绝对地租来说，比较简单一些，但就级差地租来说，不是按土地的所有权或按土地的质量和数量参与分配所能说清楚的，其数量的规定就包含有多种因素，其决定也是一个复杂的过程，也绝不是按生产要素分配这样一个表述所能解释的。所以，按生产要素分配的说法说明不了任何一个分配问题，只是模糊分配关系实质的一种虚伪提法。

四、按生产要素所有权分配与按生产要素贡献分配的争论

在讨论按生产要素分配问题时，产生了两种不同观点。这两种观点有其共同的地方，即他们都把"按生产要素分配"当作应予以承认的立论前提。二者的分歧只在于：一种认为按生产要素分配，是指按生产条件的所有权分配。例如有人说，按生产要素分配的根据就在要素的所有权。这种说法是对的，产品只能是属于生产资料所有者，这是政治经济学的基本原理。不过仅

这样解释按生产要素分配，过于一般。另一种观点对这种看法提出质疑，认为"所有权本身并不创造收益。它不过把各生产要素所创造的收益转归各生产要素的所有者"，因而提出必须找到所有权参与分配的价值基础或物质基础。这种质疑，也是有道理的。这说明单从生产资料所有权的一般规定，说明不了任何一个具体的分配关系。但是上面的质疑的内容中，也含有极不合理的成分，这里提出各种生产要素在生产过程中的"实际贡献"，并认为由此决定"各种生产要素的报酬"。

生产要素是各种不同的物体，它们在产品生产中发挥着不同的作用，有的作为劳动资料，有的作为劳动对象，但是把这种作用说成是"贡献"，似乎不妥，劳动者不会把这看做是它们对生产的"贡献"，更不会说这些物质生产要素应以它的贡献取得"报酬"。

首先遇到的问题是生产要素的"贡献"难以计量。

生产要素在物质财富制造中发挥重要作用。财富的制造，除了劳动外，劳动资料和劳动对象是极其重要的，是物质财富的重要源泉。没有铁矿石和高炉是炼不出铁来的。劳动是财富之父，土地是财富之母。可是从实物形态来看，不同生产领域间其作用是难以比较的。铁矿石的作用大还是电子计算机的作用大？正如两种使用价值即有用性上的大小一样是无法比较的。

有的人认为生产要素的贡献，可以"从该生产要素同其所得的经济成果的比率来衡量"，但是这只适用于单一的生产或同一生产部门各个生产单位之间，不同生产部门的效用则难以比较。

生产力的水平是可以用劳动资料的效率来衡量，例如计算机的中央处理器，奔腾Ⅳ就比奔腾Ⅱ有更快的运算速度。但这种比较只能在同种设备之间进行，不同生产领域的不同设备的效率就难以比较。炼钢电炉的出钢速度与计算机的运算速度不能比较哪个效率更大。

有人说"生产要素的贡献是它们为社会提供了多少物质产品、精神产品和社会服务"，认为要素贡献率是可以计算的，"有了要素贡献率也就有了要素分配的基本依据"。但是他本人又承认贡献率现在还不能计算，必须"假以时日，终能达成"。但是这种承诺是否有科学依据，是否能兑现，还是一个未定数。我们只有分配先行，分配标准等待以后确定了!?

各生产要素物质实体是否在价值形成中作出了"贡献"，这个贡献能否计量呢？这种计量在实践中也是不可能的。因为价值只是劳动在商品中的凝结，价值中不包含物质原子。另外，物质生产资料是使用价值，是生产的永恒因素，它们是价值生产的条件，而不是价值的源泉。

其次，生产要素本身也不要求获取报酬。贡献和报酬，不是人与物的关系，而是人与人的关系。合理的说法应当是生产要素的所有者按其"贡献"参与分配。

需要搞清楚的是生产要素所有者的"贡献"和报酬是如何计量的。

有人说"按生产要素分配，也就是按生产要素的市场价格来衡量其贡献的大小并决定其报酬多少"，或者说"人们的收入总是由要素报酬构成的，而要素报酬是由要素价格决定的"。这些论点只不过是对事物的最表面的观察的反映。如果说提供的生产要素的价格决定其贡献的大小，只在这个意义上可以成立，即他的所有者把它投入生产过程，作为劳动者劳动得以进行的物质条件，也就是作为劳动和剩余劳动的吸收器。但这只是资本主义经济关系的反应，一旦生产资料资本主义所有制关系不存在了，这种按生产要素贡献分配的关系也就不存在了，生产要素价格作出贡献的"沉重负担"也就可以解除了。所以，按生产要素价格的贡献参与分配也只不过是一个虚幻想象。

我们再从资本主义经济的现实运动来看，用提供的生产要素的价格来计量其贡献也是不可能存在的。因为投入的生产要素价格的数量大，不一定就能贡献出更大的价值。譬如，资本有机构成高的生产部门，由于使用的劳动力数量相对地少，从而在同样时间里就比资本有机构成低的部门创造的价值和剩余价值少，利润率就比较低。从这里也可以看出，把按生产要素分配说成是按生产要素价格的贡献分配收入，对客观现实也是缺乏解释力的。

上面分析表明，由于争论双方立论基点——"按生产要素分配"，本身就是一个缺少实在内容的虚幻现象，所以在它基础上进行讨论当然得不出科学的令人信服的结论。

五、按劳分配与其他分配方式相结合

萨伊提出生产三要素论、生产要素价值论，是为了为资本参与分配寻找价值基础，为资本主义制度辩护，结果得出了利润的源泉是资本这种生产要素，由此成为庸俗资产阶级经济学的祖师爷。今天学术界又提出这个问题，可能是为党提出的按劳分配与按生产要素分配相结合、生产要素按贡献参与分配的原则和政策给以论证。提出这样的研究任务是无可指责的。问题在于解决问题的方向和方法是否正确。如果方法论不正确，就会导致理论的探讨走向邪路，陷入庸俗资产阶级经济学的泥潭。

应当怎样正确把握党在社会主义初级阶段的分配政策呢？

提出按劳分配与按生产要素（实际是指其所有者）分配相结合，是以劳动与生产资料既有相结合又有相分离情况同时并存为前提的。在劳动者与生产资料直接结合的地方，包括小商品生产者经济，都不会存在分配上二者结合的问题。在完全公有制的范围内，生产资料属于全体成员共同所有，产品也属于全体所有，因而在总产品中进行必要的扣除之后，在全体成员间实行按劳分配，这里没有按生产要素分配的空间。

在私有制经济中，也不存在二者结合问题。因为那里根本不存在按劳分配关系。那里劳动者只是获得自己劳动力商品价值的等价货币，创造的总价值中扣除工资外的剩余价值归资本家所有。这里只是在形式上表现为是"按生产要素贡献分配"，实质上仍然是资本家利用对生产资料的所有权对工人剩余劳动的无偿占有。

我们应当学习马克思那样处理本质关系和它必然采取的表象之间的关系的方法，科学地阐释我们在现阶段所采取的分配政策。不能倒退回去，用西方资产阶级经济学的观点来解释我们的政策。如果不去正确地科学地论述我们政策的理论根据，就不能引导人们在实践中正确地贯彻这一政策。驱散西方经济学在经济理论领域散播的迷雾，是正确阐释我们当前的分配原则的必要前提。

我国现在正处在社会主义的初级阶段，从所有制结构方面来说，以公有制为主体，多种所有制经济共同发展是我们现阶段的基本经济制度。产品的分配是由生产资料所有制形式决定的。既然公有制为主体，决定了按劳分配是我们分配关系的主体；多种所有制经济共同发展，因而必然存在多种分配方式。个体经济则按照它们在生产和流通中的劳动花费，按照他们在新价值创造和实现中的作用参与分配。私营企业主则依照他们运用的资本在生产过程中生产的剩余价值参与分配。他们把资本投入各个领域从事生产和流通，也可以说是对社会的贡献，因为社会主义国家可以利用这些资本的投入增加劳动者就业，从而促进了生产力的解放和发展，增大了社会财富，也有利于人民生活水平的提高。既然是一种贡献，当然就得允许他们从生产的成果中获取报酬，即除了上交国家税收外，其他剩余价值部分应归他们所有。在这里私人企业主收入水平不是由所谓"要素贡献率"决定（因为谁也说不清这种贡献率是怎么计算的），而是由剩余价值率决定。只要在这个量的范围内，他们收入的合理合法性也就得到说明，在实践中也有了明确的根据加以贯彻。应当注意的是，我们不要由此退回去追求用生产要素创造价值或创造财富来解释生产要素按贡献参与分配的政策。资本的贡献是在于它提供了劳动者借以劳动的物质条件，使劳动者能与生产资料相结合，从而有利于促进生产力的发展和社会财富的增长。对这种贡献应当运用马克思主义关于一种制度存在的历史正当性来解释。尽管这里存在剥削，但这种剥削在今天的我国还有它存在的合理性。在理论上应防止的是为它存在的历史正当性去寻找"道义"上的合理性。"道义"既不能阐明它的性质，也不能说明它的量如何决定。因此，这种观点对科学规定和实际安排各种收入间的关系也无任何实用价值。

马克思经济危机理论

——与凯恩斯危机理论的区别

周期爆发的生产过剩经济危机是资本主义经济制度诸经济规律作用的综合表现，是资本主义基本矛盾的突出表现，也是资本主义制度与以往社会经济制度相区别的一个最重要的特征。生产过剩危机对生产力的巨大破坏最明显地表明了资本主义只不过是历史上一种过渡的、暂时性的经济制度。

对资本主义生产方式这样一个最重要的现象进行科学考察和阐述，应当是马克思的政治经济学的最重要的任务之一。《资本论》的研究最终目的就是解释资本主义的经济运动规律，而生产过剩经济危机的周期性爆发正是资本主义全部经济运动规律作用的结果，科学地阐明它当然地成为《资本论》的最重要的研究目的。

但是有人说，马克思没有系统的全面的经济危机理论，只是分散地散见于他的理论分析缝隙中。这种看法是不对的。产生这种看法的原因，一是因为对生产过剩经济危机这一经济现象在马克思在资本主义生产方式的历史命运的判断中的重要地位认识不足；另外一个重要原因是对《资本论》缺乏真正系统地钻研和把握，偏重关注一个个经济范畴和经济规律的单独研究，忽视对《资本论》所阐述生产关系体系及其运动规律进行整体的思考。实际上，马克思的三卷的《资本论》就是要对生产过剩经济危机做出系统论证的。因为这一现象充分表明了资本主义不是发展社会生产力的永恒的最佳社会形式，它是资本主义必然会被新的生产方式所代替的最重要的理论根据。应当说，生产过剩经济危机理论像一条红线贯穿于《资本论》整个论述中。马克思在《资本论》一卷分析商品流通形式时明确说，"这些形式包含着危机的可能性，但仅仅是可能性。这种可能性要发展为现实，必须有整整一系列关系，从简单商品流通的观点来看，这些关系还根本不存在。"① 三卷《资本论》就是考察这个整整一系列关系的，阐明是怎样使危机形式上的可能性转变为一种现实必然性。

当前有这样一种情况，一些人看到凯恩斯承认周期性生产过剩经济危机的客观存在，因而强调马克思与凯恩斯的一致性，调和马克思主义与凯恩斯主义的观点，有的甚至企图给凯恩斯披上马克思主义外衣。"一些西方学者'把马克思凯恩斯化'、'把凯恩斯马克思化'，只看到两种经济体系都研究失业、经济危机、资本主义发展趋势等共同问题，却完全无视两大理论体系的立场、观点、方法的根本区别。"② 我国经济理论界也有这种情况。还有少数西方马克思主义者幻想用凯恩斯主义来代替马克思主义作为指导思想。出现这种看法的原因，主要还是对马克思和凯恩斯的经济危机理论都缺乏真正的理解。特别是看到《资本论》中没有独立的标明经济危机的章节，认为马克思还不如凯恩斯讲得具体。承认经济危机这一现象的客观存在是一回事，对它产生的根源和它对资本主义命运的作用的分析上，两个理论体系却是根本不同的。为了划清马克思主义经济理论与现代西方经济学之间的界限，树立马克思主义在意识形态领域的指导地位，不应仅限于一般地强调，有必要在一系列的重大经济理论问题上具体揭示二者的区别所在。

一、马克思的经济危机理论

（一）危机的形式上的可能性

马克思关于经济危机的论述是从商品流通形式的分析开始的。当直接的物物交换发展为以货币为交换媒介的商品流通后，卖与买分裂为两个独立的过程。一个人卖了自己的产品并不一定要马上买回自己需要的别人的产品。这就可能造成另外的卖者卖不出自己的产品。这种卖者与买者之间的对立需要在危机中实现二者的统一。

马克思批判萨伊的买与卖具有同一性的观点，萨伊认为卖就是买，卖者

---

① 马克思：《资本论》第 1 卷，人民出版社 1975 年版。
② 吴易风：《西方经济学论马克思经济学》，载《经济学动态》，2008 年第 1 期。

会把买者带到市场上来，商品流通必然造成买与卖的平衡。如果这是就卖者与买者两个人来看，对甲是卖，对乙就是买，但是就同一个人来说，买与卖却是两个不同的行为，说卖就是买，显然是没有意义的。马克思在批判了上述错误认识的基础上，指出，"这些形式包含着危机的可能性"。但是马克思又强调指出："这仅仅是可能性，只有在资本主义生产方式下，这种可能性才能发展为现实性。"

生产过剩经济危机是资本主义社会特有的一种经济现象。马克思指出："使危机这种可能性变成危机其原因并不包含在这个形式本身之中，这个形式所包含的只是：危机的形式已经存在。"① 有的经济学家，例如约翰·穆勒，想用买卖分离这种危机的形式说明危机，马克思说，"就是用危机来说明危机。"② 他们所以这样说，背后的深层含义是商品卖不出去是偶然的，所以，危机也是偶然的，这与生产的资本主义性质是无关的。

货币执行支付手段的职能后，货币在两个不同的时刻分别起价值尺度和价值实现手段的作用，危机的可能性就包含在这两个时刻的分离中。这是危机可能性的第二种形式。因为在货币作为支付手段的条件下，商品是以赊销的形式出卖的。虽然商品已经转手，但商品的价值并没有真正实现，商品所有者之间形成错综复杂的债务连锁关系。因此，这里包含着一个直接的矛盾，在各种支付互相抵消时，货币只是观念上的价值尺度，而在必须进行实际支付时，人们要的是实在的货币。一旦有一个或几个债务人不能如期支付，就会引起连锁反应，使一系列支付不能实现，使整个信用关系遭到破坏，造成经济危机。可见，货币执行支付手段的职能，使危机的形式上的可能性进一步发展了。

（二）生产过剩危机的深层基础

以上分析表明，经济危机所以周期性爆发，不在于商品生产和商品流通这种形式。它产生的原因植根于资本主义生产方式本身，是资本主义经济的一切矛盾的集中表现。对必然导致经济危机产生的原因，马克思是从资本主义生产过程的本质开始考察的。在《资本论》第一卷，马克思在对单个企业的微观分析中揭露了资本主义生产的本质是剩余价值生产。由于追逐剩余价

---

① 《马克思恩格斯全集》第 26 卷，第 582 页。
② 同上，第 573 页。

值，资本家有着无限扩大资本积累的欲望。马克思在微观分析的基础上，又对资本主义再生产过程进行动态的宏观的分析，揭示出不断扩大的资本积累导致资本有机构成的不断提高，因而形成了相对过剩人口。正是过剩人口调节着一般工资率的变动，它的存在迫使在业工人不能提出正常的工资要求。这决定了资本在一端积累，而贫困在工人阶级这一端积累。马克思揭示出资本主义积累的绝对的一般的规律，显示出了在资本主义制度下生产与消费的对抗性矛盾，显示出阶级之间的对抗。这一规律表明了有效需求不足的深层根源，从而也可以说是阐述生产过剩经济危机的最深层的一般基础。

　　生产过程本质关系的分析还没有阐明危机的原因，马克思指出对资本主义生产阶段运动规律的分析并没有增加危机的任何新的因素，危机的发生问题还表现不出来，"因为这里不仅谈不到再生产出来的价值的实现，也谈不到剩余价值的实现"，"只有在本身同时就是再生产过程的流通过程中，这一点才能初次显露出来"①。随后马克思在《资本论》第二卷专门对流通过程作了深入的考察。

　　（三）资本流通过程的分析展示了危机的形式上可能性的进一步发展

　　马克思在《资本论》二卷里揭示了一般商品流通到资本流通的转变，使危机的形式上的可能性进一步发展了。马克思仍然是运用从微观到宏观的研究方法对资本流通过程作了深入分析。先从微观上对单个企业的流通进行考察，揭示资本流通过程的本质和它的运动规律。在微观分析中，指出了资本流通过程的本质不是一般的商品买卖，而是资本的形态变化，是三种循环形态的连续不断的变化过程。这其中任一种形态的转化和任一种循环形态的转化发生障碍，就会导致整个再生产过程和流通过程的中断和破坏，形成危机。在揭示资本流通过程这一运行规律的基础上，又从宏观上，对全社会资本的流通过程作了进一步分析。社会总资本的循环与周转不过是相互交错的各个单个资本循环的总和。

　　在这部分中马克思主要是揭露了全社会总资本正常运行的条件，这就是各种不同的生产部门之间保持恰当的比例，是再生产正常运行的基本条件，不再生产过程就要遭到破坏，就会发生危机。而当这种比例是只能借助于货币流通为媒介来实现时，特别是要借助于货币资本为原动力来实现时，比例

---

　　① 《马克思恩格斯全集》第 26 卷，第 585 页。

经常遭到破坏就是难以避免的。显然，通过这种分析，我们对经济危机爆发的理解就更加接近了。但是，这种研究离阐明生产过剩危机由可能性变化为现实性还并不具有充分的理由。因为以上研究所说明的，还是限于买与卖可能分离这种形式，还没有说明分离为什么是必然的、全面的。所以马克思指出：关于危机问题，"在论述再生产的这一部分只能作不充分的叙述，需要在《资本和利润》一章中加以补充。"① 这里所说的《资本和利润》一章是指现在的《资本论》的第三卷。

（四）平均利润率趋向下降的规律是生产过剩危机的直接根据

此前对资本直接生产过程和流通过程的分别的研究，都不可能对生产过剩危机的必然性作出充分的分析，只有在《资本论》第三卷对作为直接生产过程和流通过程统一的总生产过程的研究才能做到。

马克思指出："构成现代生产过剩的基础的，正是生产力的不可遏止的发展和由此产生的大规模的生产，这种大规模的生产是在这样的条件卜进行的：一方面，广大的生产者的消费只限于必需品的范围，另一方面，资本家的利润成为生产的界限。"② 关于生产力的不可遏止的发展这一现实的科学分析是在《资本论》第三卷关于利润的理论分析中作出的。

在第三卷中马克思仍然是运用了从微观到宏观这种分析方法对剩余价值到利润的转化进行了研究。剩余价值到利润的转化，不是一个简单的名称问题，而是资本主义现实关系的一种调整。剩余价值到利润的转化意味着剩余价值的来源被看做是从可变资本转移到总预付资本上。这种"转移"不是人们偶然看错了或者某些人的恶意篡改的结果，而是资本之间的现实关系的确认。这就是说，在资本主义制度下，每个资本家获取的剩余价值量只能与他投入的资本量相联系。利润被规定为是全部预付资本的产儿，实际上是反映资本主义条件下资本家之间本质关系的确定。利润在概念上被规定为全部预付资本的产儿，也就决定了它转化为平均利润的必然性。各个资本获取的利润量与它的投入量相联系这一生产和分配关系，形成全社会的平均利润率。正是这一本质利益关系成为资本无限扩大积累的不可遏止的直接动力。

更为甚者，平均利润率有着不断下降的趋势。西方经济学家不承认平均

---

① 《马克思恩格斯全集》第 26 卷，第 586 页。

② 同上，第 603 页。

利润率趋向下降规律的存在，这当然是不对的，因为如马克思正确指明的，平均利润率趋向下降，"只是劳动生产率提高的另一种表现"①。平均利润率趋向下降，就迫使资本家用扩大投资用增大利润的绝对量来弥补。这就更加推动资本家不能不排除一切障碍疯狂追加投资。

通过以上几个方面的分析，生产过剩危机这种现象就真正得到了科学论证。直接生产过程的从微观到宏观的分析，揭示了资本主义制度下生产与消费的对抗性矛盾，流通过程分析揭示了生产与消费的依存性和再生产正常进行的客观的比例关系。资本主义生产总过程的研究揭示了资本主义不顾消费的无限扩大资本积累的不可遏止的趋势。这样，马克思才得出了如下的结论："同这个惊人巨大的生产力为之服务的、与财富的增长相比变得越来越狭小的基础相矛盾，同这个日益膨胀的资本的价值增殖的条件相矛盾。危机就是这样发生的。"②

从以上可以看出，不能说马克思没有全面的系统的经济危机理论，恰恰相反，马克思对经济危机进行了逻辑严谨的科学论证，对它的分析像数学严密推导过程一样精确，不越过一个必需的中间环节。这是真正科学理论必须具备的品格。我们有必要对《资本论》等马克思主义的著作进一步作认真的系统的学习，否则就谈不到对马克思主义的发展和创新。

现代西方经济学者的一些人，否定平均利润率趋向下降的规律，认为由于科学技术的进步，资本不断节省，资本的有机构成是不变的甚至会下降，他们用这个理论否定马克思的经济危机必然性的理论。英国西方经济学家琼·罗宾逊就这样说："对于这样一个世界，马克思的分析将没有用武之地，他那部分依存于利润率下降趋势的危机理论全部都要破产。"③ 这种观点显然不符合资本有机构成不断提高的事实。

---

① 《马克思恩格斯全集》第 26 卷，第 676 页。
② 马克思：《资本论》第 3 卷，第 296 页。
③ 彭必源：《对外国学者非议马克思利润率下降规律的分析》，载《当代经济研究》，2008 年第 1 期。

二、凯恩斯关于经济危机的观点

凯恩斯是第一个承认经济危机的客观存在，并寻求改良资本主义经济运行方式的西方经济学家。他的代表作《就业、利息和货币通论》有大量关于经济危机，主要是产出不足危机的论述。产出不足的危机最终以就业不足甚至大规模失业的形式爆发。

（一）经常性失业的客观存在

凯恩斯反对传统的资产阶级学者所信奉的无危机和充分就业理论以及由此导致的对付危机的态度，他不同意说资本主义总是处于充分就业状态，失业的存在只是一种偶然现象，或只承认失业只是结构性的，是暂时性的"摩擦失业"。在他看来，危机和失业会经常出现，充分就业仅仅偶然存在。凯恩斯敢于承认资本主义社会中经常性失业的客观存在，与他之前的古典、新古典经济学家相比，是很大的进步。他承认了供给与需求之间的矛盾，批判了萨伊的供给创造需求的谬论，承认了物物交换与商品流通之间的本质区别。

这些表明一方面1929－1933年的世界经济危机爆发已经不容许再闭眼不看事实，简单地否认已经不可能再使人信服，另外就是马克思主义政治经济学理论对资本主义经济分析的深刻性也影响了他。他接受了马克思对商品流通内在矛盾的分析，也就为他的危机理论提供了一个必要前提。尽管凯恩斯不愿意承认他的这一进步继承自马克思，但在他的《就业、利息和货币通论》中，他也提到"总需求函数完全可以置之不论，这也是李嘉图经济学说的基本观点。一百多年来，我们所承袭的经济学都是以这一观点为基础的。……这个概念只能偷偷摸摸地生活在卡尔·马克思、西尔·维盖塞尔或道格拉斯少校这些不入流的经济学家的著作中。"正是这个"不入流"的卡尔·马克思，在对资本主义社会的一切危机、弊病的认识上，却要比凯恩斯目光深邃且鞭辟入里。

（二）将失业的原因归结为心理因素

凯恩斯并没有从资本主义制度内部，没有从资本主义生产方式上去寻找失业的原因，而是把失业归因于有效需求不足，并进一步归结为心理因素。他认为，"就业量取决于消费倾向和新投资量……如果消费倾向和投资率导致有效需求不足，那么，就业的实际水平将低于现行实质工资制度下所可能得到的劳动力供给量。""雇主决定雇佣劳动力的人数 N 取决于 D1 和 D2 之和 D。D1 是预期的社会消费量，D2 是预期的新投资量。D 就是前面我们所说的有效需求。""当我们的收入增加时，我们的消费 D1 也随之增加，但不如收入增加得那样快。解决我们实际问题的关键就在这个心理法则上。"三个基本心理法则是"心理上的消费倾向、心理上的流动性偏好，以及心理上对资本资产的预期"。事实上，即使消费与收入增长得同样快，生产过剩危机同样会发生。

三、马克思与凯恩斯的研究方法的比较

对于资本主义经济危机的成因的分析构成了马克思与凯恩斯研究方法的最大区别。

（一）从生产领域寻找原因与从流通领域寻找原因

凯恩斯在回答总产出下降和失业率上升的根源时，完全继承了新古典经济学的研究思路，把研究眼光局限在流通领域，认为危机的原因就是在流通领域中没有足够的购买力来使生产出来的全部产品销售出去，因而提供的解决办法也只是在流通领域中提供足够的购买力来避免危机，从而得出有效需求不足引起就业不足的结论。他避开了深入到生产领域研究人与人之间的生产关系，探讨生产与消费为什么会处于对抗性矛盾之中。这位颠覆了自由市场神话、开创政府干预经济学的大师在解答资本主义宏观经济的一切问题时，却仅仅是局限在流通领域内。但是应当承认在资产阶级经济学家的队伍里，凯恩斯是勇敢地否定自由市场神话的第一人。

西方经济学中有一派经济学家批判凯恩斯的宏观经济学的总量研究缺乏"微观行为的基础"，说他的总量理论没有提供个人行为方面的解释。这些批评的本意是要否定凯恩斯的总量分析得出的关于危机和失业是资本主义的经常现象的观点。实际上，凯恩斯的宏观经济理论并不在于缺乏微观行为基础。如果作为一种趋势分析的话，他对微观企业的自发活动导致宏观失调的研究，应当是他的创意所在。凯恩斯宏观分析缺的是生产过程的分析。对生产过程的本质，既缺乏微观分析，更缺乏宏观分析，这就使他不可能看到危机形式

的深层制度基础。马克思正是对资本主义再生产本质的宏观分析（《资本论》第一卷第 7 篇），揭示了相对过剩人口必然存在的原因和生产与消费之间存在对抗性矛盾的必然性。有了这样的研究，才能对有效需求不足的现实有清楚的理解。

（二）研究对象和研究目的根本不同

马克思经济学研究的是资本主义生产关系的内部结构。这里涉及的人是资本关系的人格化，是生产关系的本质的体现。凯恩斯则是研究资本流通过程中呈现出来的表面过程，是实际的生产当事人资本家的日常活动，是他们对经济运行的预期和决策活动。在《资本论》中单个资本家和资产阶级只是作为人格化的资本来考察的，考察他们的合乎规律性的思维和活动，不陷入生产当事人的日常经营活动。马克思说："竞争的实际运动不在我们的研究计划之内，我们只需要把资本主义生产方式的内部组织，在它的可以说是理想的平均形式中表现出来。"①

马克思经济学研究的目的，是揭示资本主义生产方式的经济运动规律。从两个角度对这些规律进行考察，一是积极方面，揭示资本主义生产关系体系是怎样推动着社会生产力的发展的，一是从消极方面，揭示资本主义生产关系怎样逐渐变旧，开始阻碍和破坏生产力的发展，揭示它必然被社会主义所代替的历史发展趋势。对经济危机的分析，马克思一方面指出"危机永远只是现有矛盾的暂时的暴力的解决，永远只是使已经破坏的平衡得到瞬间恢复的暴力的爆发"，另一方面，周期性地爆发全面的生产过剩危机，造成资本过剩与人口过剩并存这样一种荒谬现象，证明"资本主义生产决不是发展生产力和生产财富的绝对形式"②，表明了它存在的历史暂时性。

凯恩斯的经济理论所研究的是实际的生产当事人对经济运行的预期和决策活动。他的《通论》写作的根本目的是探讨怎样提高国民收入使它达到充分就业状态，以解决资本主义的失业问题和生产过剩经济危机问题，以维护资本主义经济制度的永恒存在。

（三）唯物史观的和唯心史观的研究方法

凯恩斯通过有效需求这一概念，将总产出下降和失业率上升的原因进一

---

① 马克思：《资本论》第 3 卷，第 939 页。

② 同上，第 293 页。

步归结为心理因素，认为是消费不如收入增加得快的消费倾向和资本家对投资回报的预期引起有效需求不足，从而影响了对劳动力的需求。用人的主观心理解释事物的客观运动，这是回避本质、掩盖真实原因的一种虚伪说法。这种用通过分析参与流通交换各方表面联系的心理因素，来解释失业的根源并依此解决问题，不可能是有效的。试比较一下，马克思通过对资本主义再生产本质关系的宏观分析，揭示了资本有机构成的提高引致相对过剩人口的产生，相对过剩人口的形成和它对工人阶级工资率的影响，最后揭示工人阶级贫困化的规律说明了有效需求不足的真正根源。与这些分析比较起来，凯恩斯对有效需求的说明就显得异常肤浅和苍白。

我们不否认人的主观心理对有效需求有影响，尤其对实际生产当事人的资本家来讲，这种主观心理因素是发生作用的，人的行为都是受他个人的意志支配的，受他对周围环境判断的影响。但是在实际经济运行中，不稳定的因素是很多的，对这些多种不稳定因素的预期直接影响着生产当事人的投资决策。对未来预期乐观，则扩大投资，促进经济繁荣；对未来预期悲观，则投资迟疑，会导致经济萧条。但是必须看到，他们的心理状态对全部总结果来说，也只具有从属的意义。另外，心理状态也有它的客观原因。今天预期乐观，另外的时候又悲观，这只能是与对经济形势的客观判断有关。可是凯恩斯和后来的经济学者，却不去追究这些心理因素得以形成的根据。作为总体的规律性的现象，是不可能用心理因素来说明的。贫富两极分化是导致全社会购买力不足更根本和重要的原因。对此，凯恩斯本人也是承认的。他指出，富人和穷人的边际消费倾向是不同的。富人收入高但消费倾向较低，穷人消费倾向较高但收入低。因此，是财富在一极的积累、贫困在另一极的积累导致了心理需求旺盛的穷人没有支付能力，支付能力掌握在缺乏消费倾向的富人手里。

凯恩斯以技术关系或心理因素解释资本边际效率的变化趋势，从而对总产出下降和失业率上升的影响的。他认为，资本边际效率会变化无常，因为未来是不确定的，投资人对未来的预期是没有多少把握的，投资人的信心状态对资本边际效率有重大影响。从而，凯恩斯将资本主义方式下特定的经济危机看作人类社会一切经济生产方式下普遍的、共有的危机。

四、马克思的经济危机理论今天仍然有效

从以上分析可以看出，无论凯恩斯的把危机的产生归之为有效需求不足和罗斯福所说的是过多的产品及过低的价格导致经济大萧条，都还只是限于流通领域危机形式本身的描绘，避开对危机形式所以周期性爆发的根源作出说明。尽管如此，由于国家干预经济政策适应社会化大生产发展的要求，虽然仅限于怎样疏通流通渠道，但也有利于危机的暂时缓和。但即使这样的改良主义理论和措施，一开始就遭到资产阶级内部一些人的抵制。与凯恩斯主义对立的新自由主义学派反对任何国家对经济的干预。起初他们的声音还比较小，到了20世纪70年代，资本主义国家陷入"滞胀"，高失业和高通货膨胀同时并存。凯恩斯主义经济学对此没有能力做出解释，这又为新自由主义思潮的兴起提供了条件。

新自由主义的重要代表人物弗里德曼的市场经济自由主义的货币主义理论占了主流地位。在他看来，商业循环纯粹是货币现象，周期性的危机只是同货币供应量的变动相联系的。他认为1929－1933年的大危机只是因为政府未能阻止货币存量的大幅度下降造成的。他断言大萧条"是由政府的管理不力而不是私人经济的内在不稳定性造成的"，"萧条绝非自由企业体系的失败而是政府的惨败"[1]。持这种观点的人也否定了罗斯福新政对暂时渡过当时经济危机的积极作用，认为罗斯福的20世纪30年代的国家干预经济的政策是"政府干预市场经济的悲剧见证"[2]。凯恩斯的国家干预经济理论和罗斯福的政策被看做是"把一次缓和的经济收缩变成一场大的灾难"的原因。这里显然含有极强烈的意识形态因素。

现代西方经济学家们，由于他们对危机形成根源的理论认识上的缺失，限于危机形式的实证描述，因而对危机的看法也是变化的。当危机爆发时，总是幻想它是某种特殊因素诱发的偶然事件。而当经济出现繁荣时，则高喊

---

[1]　马涛：《"弗里德曼：凯恩斯的革命的反革命"》，载《社会科学报》，2006年12月7日。

[2]　爱德华·钱塞勒"《被遗忘的人》：美国大萧条时期的新历史"，参考消息，2007年9月5日。

经济危机已经被驯服。例如近期 1997 年美国由于信息技术的发展导致经济进入一个强劲的扩张时期，被称作"新经济"时期，他们就说危机"已被驯服，昔日周而复始的繁荣和衰退交替不会再现，经济走上稳定发展之途"，"美国将进入一个没有周期的'新时代'"。但是他们的幻想一再破灭。美国全国经济研究局宣布：美国在 2001 年 3 月进入经济衰退①。

我国理论界对马克思的危机理论也出现了一些不同的声音。有人说由于时代发展了，马克思的经济危机理论显示出它的历史局限性，已经不能完全正确解释现实的经济危机现象。理由是：由于资本主义国家对经济运行干预的加强，危机发生的强度、形式和内容与马克思所阐述的危机已经有所不同；另外，由于新的科技革命使资本主义的生产盲目性程度大大降低，国民经济比例失调现象大大减轻。他们说这些新现象是马克思的危机理论所不能解释的。

这些意见是不能成立的。马克思关于生产过剩危机形成根源的基本理论仍然是认识当前资本主义制度下危机现象的根本依据。尽管资本主义国家的干预措施，包括对经济的某些调解和福利政策等使危机爆发的具体情况有某些变化，但危机仍然周期爆发这一事实就确凿地证明马克思危机理论的有效性。至于危机爆发时的具体情况各次都会有所不同，因为它都是在其他多种因素影响和不同条件下发生的，不过这些都是一些从属的影响因素。正如我们前面所说，马克思的《资本论》研究的不是经济运行中呈现在市场表面上的多色彩的现象，而是揭示经济运动的基本规律性。对当前资本主义国家经济危机出现的一些新特点，应在马克思危机理论的基础上，研究新情况，做出科学说明，不应把危机的具体形式方面的差别与危机的规律性的理论阐述作简单对比，用前者否定后者。

还有一种质疑马克思危机理论的观点，有人认为实践表明社会主义制度也会发生危机，所以马克思关于危机是资本主义所特有的经济现象这一观点已被否定。这一看法更是不正确的。持这种看法的人的根据是我们国家经济发展中也出现过严重比例失调现象。提出这样的看法表明他们还没有把握马克思的危机理论。马克思所考察的危机是指生产过剩危机，而不是国民经济

---

① 黄志贤：《"新经济"与经济周期》，载《西方经济学与世界经济的发展》，2003 年 7 月。

比例失调现象。马克思严格区别这二者，他把前者叫做全面生产过剩经济危机，把后者叫做结构性危机或局部危机。马克思特别重点批判了李嘉图把资本主义制度下的经济危机仅理解为结构性的，而反对会出现全面性生产过剩危机。

社会主义制度下，由于人们对物质生产发展规律认识不够，在经济发展中会发生比例失调的结构性矛盾，这要通过对科学发展规律性的认识，加强和完善国家宏观调控来校正。但是绝不可能发生全面生产过剩危机。因为社会主义公有制的建立和它处于主导地位，生产的根本目的就是人及其需要，根本不存在生产与消费之间的对抗性矛盾。即使一时出现了生产总量与总需求量的不适应的情况，也不会形成全面的生产过剩。国家可以采取多种适当方式在全体社会成员中进行分配，更好地满足他们的需要，因为这里全部财富本来就是属于全社会的。由于在社会主义条件下不存在周期性危机，因此再生产也就不存在经济周期问题，整个国民经济都会在科学发展观指引下实现全面、稳定、协调发展。

（合作者　沈尤佳）

马克思公共产品理论与西方公共产品理论比较研究

党的十七大报告指出，必须在经济发展基础上，更加注重社会建设，扩大居民享有的公共服务，促进社会公平正义，努力使全体人民学有所教、劳有所得、病有所医、老有所养、住有所居。这一重要论述为公共产品理论提供了研究的新方向。

一、公共产品存在的原因和本质

公共服务理论是马克思政治经济学的重要部分，它是在马克思政治经济学基本理论和方法的指导下，从个人和社会存在和发展的最基本需要出发，从整体和供给角度探讨了公共产品的存在原因、本质及其供求等基本理论问题。通过分析社会总产品中作必要扣除的方法，并通过对社会公共工程等公共产品供给问题的举例分析，把握公共产品的供给主体、供给方式及其选择标准等。这一理论对把握当前我国社会主义市场经济条件下扩大公共服务问题研究奠定了理论基础。

（一）用满足社会共同利益需要的本质说明其具体消费的特殊性

在《哥达纲领批判》中，马克思批判拉萨尔的"不折不扣的劳动所得"时分析道，社会总产品在进行个人分配之前，必须扣除"用来应付不幸事故，自然灾害等的后备基金或保险基金"，"用来满足共同需要的部分，如学校、保健设施等"，"为丧失劳动能力的人等等设立的基金"等。在马克思看来，这些关系到社会存在和发展的共同利益需要必须得到有效满足，然后才是对社会总产品的其余部分的个人分配，才能谈得上个人的消费和发展。从马克思的分析可以看出，社会总产品中满足社会存在和发展的共同基本需要部分，实质上指的正是理论界所探讨的公共产品范畴。不过马克思是从整体和供给的角度研究公共产品，认为公共产品的存在是社会存在和发展的共同利益需要导致的，研究的重点是社会总产品的分配问题。

显然，满足这部分共同利益需要的社会总产品与进入个人分配的社会总产品在消费上具有不同的属性。现实生活中，公关产品的特殊性表现在它的消费的均等性、非排他性。这种消费特殊性在马克思看来，不是由于市场失灵产生的，而是来源于它是社会总产品中满足人和社会存在和发展的基本共同需要部分并直接由社会提供，社会成员个人不用等价付费而共同享用，由此它才在具体消费过程中表现出均等性、非排他性等相对与私人产品而言的消费特殊性。但是，不能因为某一产品或服务具有相对于私人产品而言的这些消费特殊性，就说它是公共产品，只能说公共产品在消费的过程中会表现出这些特殊消费属性。比如，许多私人产品或服务在消费过程中也会表现出非竞争性、非排他性等，像一些新技术、新管理方式等都具有正的外部性，消费过程中也表现出非竞争性、非排他性等，但他们都是私人产品。由此看来，不是用非竞争性、非排他性等具体消费属性来界定公共产品的本质，而是应该用公共产品的本质来描述这些具体现象属性。

（二）从整体和供给角度把握其供求及方式

针对公共产品的供给问题，马克思曾举例做过明确地论述。"节约用水和共同用水是基本的要求，这种要求在西方，如弗兰德和意大利，曾使私人企业家结成自愿的联合，但在东方，由于文明程度太低，幅员辽阔，不能产生自愿的联合，所以就需要中央集权的政府来干预，因此亚洲的一切政府都不能不执行一种经济职能，即举办公共工程的职能。"① 可以看出，这里马克思给出了公共产品供给的两个主体，即"私人企业家结成自愿的联合"和政府；两种供给方式及其选择标准，即市场和政府供给方式以及生产力发展水平决定的一定社会发展水平下的社会共同利益需要性质标准。

从整体的角度来看，公共产品满足的社会共同利益需要必然要求一个作为整体利益的代表来提供，政府和私人企业家结成的自愿联合都是整体利益的代表，因此才能在实践中承担公共产品供给主体的角色。同时，以整体为

① 《马克思恩格斯选集》第2卷，人民出版社第64页。

研究出发点考察这种共同利益需要，围绕着这部分社会需要来提供相应的公共产品。这就表明决定公共产品供给的需求因素是社会存在和发展最基本共同需要，而不是现实中因市场失灵所产生的市场需求。

从公共产品供给所满足的社会共同利益需要来看，在社会生产力发展水平较低的情况下，社会总产品比较少，所以绝大部分必须用来满足维持社会生存的最基本的方面。比如，在原始共产主义社会，部落氏族将所有的劳动产品当作共同财产满足衣食住行的最基本的共同生存需要。当社会生产力发展水平比较高时，社会共同利益需要也相应地丰富起来，不仅仅停留在维持社会生存的一些基本的共同需要上。如在《哥达纲领批判》中马克思所言，在生产资料公有制条件下，"和现代社会比起来，这一部分（用来满足共同需要的部分）将会立即显著地增加，并将随着新社会的发展而日益增加"。

就供给方式而言，当社会生产力发展水平比较低时，共同利益需要主要体现为维持社会存在的最基本的方面，供给方式也就比较单一的依靠共同利益的代表机构直接从社会从产品中扣除。当社会生产力发展水平达到一定程度时，社会共同需要也在不断拓展，满足社会共同发展需要部分的比重也越来越大，公共产品、公共服务的供给方式也随着社会经济的发展而日趋多元化，开始在计划和市场两种主要资源配置方式中按照一定的标准进行选择。

就选择标准而言，马克思公共产品理论强调根据一定社会生产方式发展水平下的社会共同利益需要性质，来决定到底适合政府计划供给还是应用市场手段供给。马克思举例说，在当时的西方由于社会生产力发展水平较高，节约用水和共用水这种社会共同利益需要不仅仅是生存的基本共同需要。而且也是进一步发展的共同需要，并且这部分社会需要是那些私人企业家进一步发展自身企业所必需的共同利益需要。它的社会效益比较集中地体现在这些市场主体身上，因此它适合在这些市场主体之间应用市场方式来解决这部分社会需要的满足问题。而在东方，由于生产力发展水平低、幅员辽阔导致这种社会需要不能产生自愿的联合来满足，使其不适合应用市场的方式来供给，如果等到应用市场的方式来满足这种社会需要，则必然会影响到社会的存在和发展，所以也就会由政府从社会总产品中直接扣除相应部分来满足。

二、西方公共产品理论的本质评析

西方公共产品理论无论是早期的公共产品思想火花，诸如，大卫·休谟的"搭便车"思想、亚当·斯密的"守夜人"思想，还是奥意财政学派以来形成的系统公共产品理论，抑或是萨缪尔森以来的现代公共产品理论等，都是以唯心史观和形而上学方法论为指导来研究公共产品现象。所以，它们不是历史地对待公共产品所反映的客观现象，而是把资本主义私有制条件下的市场经济作为立论基础，把它作为适用于人类社会自始至终的绝对现象，认为公共产品是弥补市场失灵的产物，从个人或消费占有方面界定其本质，围绕着消费偏好以市场需求为导向研究其供求问题。

（一）从个人和消费占有角度界定公共产品的本质

西方公共产品理论以资本主义私有制基础上的市场经济为根本出发点和从资本家这种实际生产当事人的视角来思考问题，认为整个社会经济是一个完全在市场作用下的体系，一切都借助市场来解决，一切都从私有制和市场经济占支配地位的前提出发。当一方面面对那些日益发展的维持社会存在所必需的共同利益需要时，比如国防、司法、行政、教育等；另一方面面对那些由于资本主义紧密联系的市场体系而凸现的社会发展共同利益需要时，比如，公共基础设施、公共工程、市场基础设施等。现实中这种共同利益需要又由于存在着外部性和无法界定私有产权或界定成本太高等原因，市场不能有效引导资本主义私有制自觉地满足它，就将能够满足这种社会需要并与私人产品具有不同消费属性的公共产品看做是市场失灵的产物。

显然，这种市场失灵观来源于局限于从个人和消费占有角度研究公共产品现象得出的结论。比如，早期，亚当·斯密在《国富论》中谈到，"……为社会的一般利益而支出的。因此，照正当道理，这两者应当来自社会一般的贡献，而社会各个人的资助，又须尽可能与他们各自能力相称。"① 可以看出，亚当·斯密从社会各个人的资助角度来考察社会一般贡献如何满足社会一般利益支出，其研究出发点正是个人或消费占有。后来，奥意财政学派更

---

① ［英］亚当·斯密：《国民财富的性质和原因的研究》，商务印书馆 1974 年版。

进一步明确从个人及其消费占有特性上来认识公共产品。比如，马左拉认为公共产品不能被分割使用，也难以排出不付费者，因而通过市场供给往往会导致供给不足。马尔科也从个人消费的角度揭示出公共产品需求的隐蔽性。

当前，西方公共产品理论的发展也主要体现在如何从个人或消费占有的特殊性上把握公共产品的本质。比如，保罗·萨缪尔森对公共产品下的经典定义，"每个人对这种产品的消费都不会导致其他人对该产品消费减少的产品"。① 虽然后来西方经济学界对萨缪尔森这一定义提出了诸多疑问，但是对公共产品的研究仍然坚持这样一出发点。比如，阿特金森和斯蒂格利茨认为萨缪尔森严格定义的是一种极端情况，"更为一般的情况是，有一类商品具有这样一种性质：（在对该商品的总支出不变的情况下）某个人消费的增加并不会使他人的消费以同量减少。"② 以布坎南为代表的俱乐部理论则认为存在这样一种组织，它仅对组织成员提供商品，即俱乐部产品，俱乐部内部成员对产品的消费是平等的、非排他的、如果俱乐部的规模为一个人，实际上就是私人产品。如果是全体人，就是公共产品。③ 可以看出，他们的认识仍然集中于从个人和消费占有角度把握公共产品的本质，只不过对其非竞争性和非排他性等作了连续性处理。

我国理论界对公共产品本质的认识受西方公共产品理论影响较大。比如，有从公用品、公益品等表现形式来描述公共产品，将公用品定义为"由于产品的物质技术特点，使其使用价值具有多个人共同享用性，人们可以不付费地获得这种产品和共同享有其使用效果。"④ 从这种定义的角度和内容来看，显然它仍然局限于西方公共产品理论从个人和消费占有角度来考察公共产品现象，相对于私人产品的消费属性来界定公共产品的本质。就物质技术特点决定的使用价值而言，只有在它被用作公共产品时才会表现出非竞争性、非排他性等消费特殊性。一旦它不被用作公共产品，而进入到个人分配领域，其消费特殊性将会消失。比如，钢铁被用作国防产品时，具有消费的非竞争

---

① Samuelson P. A. The Pure Theory of Public Expenditure, The Review of Economics and Statistics, V. 36, No. 4, pp387 – 389, November 1954.

② ［英］安东尼·B·阿特金森、［美］约瑟夫·E·斯蒂格利茨：《公共经济学》，上海三联书店、上海人民出版社 1994 年版。

③ Buchanan, J. M. , "An Economic Theory of Clubs", Economics, Vol. 23（1965），pp. 1 – 14.

④ 市场经济与公共产品，载《经济学动态》，2007 年第 6 期。

性、非排他性等特殊性。但如果被用作于私人小轿车的原材料时，它在消费上就具有严格的竞争性和排他性等。同时，就非竞争性、非排他性等消费特殊性而言，这些只是对公共产品消费属性的一个有限罗列，远不能完全概括出公共产品的属性，还会陷于公共产品纯度衡量的纠纷之中。比如，用公共性来判断公共产品的纯度。公共性本身就是从消费的非竞争性和非排他性等角度来判定的，现在又反过来用它作为标准来判定公共产品的非竞争性和非排他性程度，显然会陷于用现象解释现象的循环之中，掩盖住对公共产品本质的认识。

（二）围绕消费偏好显示以市场需求为导向探讨其供求问题

在这一本质认识的决定下，对公共产品供求问题的探讨就集中于如何把握其消费需求偏好，并以此来决定如何以市场失灵所产生的市场需求为导向提供公共产品。比如，林达尔的自愿交换理论，认为拥有充足理性的消费者一定会真实地将自己对公共产品的偏好显示出来，从而能够根据这种偏好显示供给相应的公共产品量，满足那些由于市场失灵而产生的市场需求。萨缪尔森虽说并不同意林达尔的观点，认为公共产品消费存在"搭便车"行为，消费者并不愿意真实地表露自己的偏好。但他还是通过假定知道个人的偏好函数，求得公共产品的一般均衡条件。然而萨缪尔森认为，"分散的价格体系不能确定集体消费的最优水平"[1]。亦即，由于偏好显示难题、"搭便车"行为等原因，使公共部门有相当比例的国民收入并没有实现最优资源配置。也就是说，让市场机制自己发挥作用，这部分由于市场失灵而产生的市场需求不能得到收益/成本比最大化的有效满足。

其后，蒂布特提出"用脚投票"理论，认为"地方政府代表了一个在公共产品的配置上（作为居民偏好的反映）不逊色于私人部门的部门。"[2] 居民可以通过成本收益分析选择最有效满足自己公共产品需求的社区。这样居民对地方公共产品的选择过程也就是自己的偏好显示过程，从而解决了偏好显示难题；地方政府之间通过提供公共产品竞争，也有效地解决了公共产品的有效供给问题。之后，华莱士·奥茨、布鲁斯·汉密尔顿、威廉姆·费雪等

---

[1] Samuelson P. A. The Pure Theory of Public Expenditure, The Review of Economics and Statistics, V. 36, No. 4, pp388, November 1954.

[2] Charles M. Tiebout. A Pure Theory of Local Expenditures, The Journal of Political Economy. V. 10. pp424, October 1956.

进一步对蒂布特理论进行了全面分析和论证。但总的来说，正如斯蒂格利茨所言，"只有在非常特殊和不合理的假设下，居民在社区间的选择过程才导致帕雷托最优。"① 由于存在流动成本和流动限制等一系列不可忽视的理论前提，蒂布特理论对公共产品偏好显示机制的设计，在现实中并不具有普遍意义。

面对通过市场获得公共产品偏好的困境，西方公共产品理论除了进一步在市场范围内设计相关的偏好显示机制，并没有进一步探索这种困境背后的质的决定因素是什么，而是转而探索非市场途径的可能性。布坎南、戈登图洛克等人从实证与规范的角度和市场机制的特点，研究政治决策过程对经济政策的影响，开创了一种与传统经济的市场决策理论相对应的政治或集体决策理论。公共选择理论正是针对这一问题用经济方法研究这种政治决策过程。然而，在政治决策过程中个人是否会诚实地表露其偏好，政治市场是否会同样存在着失灵现象等一系列问题，使之不可能从根本上解决公共产品的偏好显示、有效供给等难题。

三、两种公共产品理论比较及对我国当前公共产品问题的启示

（一）研究出发点比较

针对公共产品和公共服务这同一现象，两种公共产品理论之所以产生这么大的分歧，关键在于其研究出发点的不同，根本原因在于指导方法的差异。在历史唯物主义和唯物辩证法的指导下，马克思公共产品理论强调在一定的生产关系下考察公共产品现象，强调把握现象背后的本质。在社会主义条件下，公共产品的提出实际是以人为本，生产是为了人及其需要这一经济活动的根本目的，在此基础上探讨社会总产品中的相关部分在一定生产关系下的创造和分配等问题。而西方公共产品理论，是在唯心史观和形而上学方法论的指导下，绝对化地看待资本主义私有制和市场。当它从个人和消费占有角度发现那些市场不能引导资本主义私有制有效满足的社会存在和发展的共同

---

① 曹荣湘：《蒂布特模型》，社会科学文献出版社 2004 年版。

利益需要时，就用市场失灵来掩盖资本主义私有制失灵的本质，并局限于与私人产品属性的对比，将公共产品看作为市场失灵的产物。

整体和供给的研究出发点，切合了公共产品的本质，所以不会因为公共产品不同于私人产品的特殊消费属性而将之与市场对立起来，能够从生产力发展的角度将市场看作为公共产品供给的一种手段。而以个人和消费占有为研究出发点，就难免将公共产品的消费属性与私人产品的消费属性对立起来考虑，将公共产品看作为一种市场无法有效调节的特殊商品，从而将公共产品与市场对立起来，认为公共产品是弥补市场失灵的产物。

（二）研究内容比较

马克思公共产品理论的研究内容重点在于，从社会存在和发展的共同利益需要角度考察公共产品的本质及其供求等基本理论问题，目的在于如何更好地满足社会成员需要，更有利于社会和个人的发展。所以，它不是围绕着市场需求来提供公共产品，而是强调围绕着满足社会存在和发展的共同利益需要提供公共产品。西方公共产品理论从个人和消费占有角度把握公共产品的本质，必然从市场需求的角度来研究公共产品的供求问题，强调围绕着在资本主义私有制条件下市场机制无法满足的资产阶级共同利益的市场需求提供公共产品。

比如，在资本主义经济从自由竞争向垄断经济过渡时，当垄断严重影响到资本主义竞争的展开和生产力发展时，市场就强烈需求一种能够规制垄断的公共产品出现。显然，这种产品是市场机制无法作用到资本主义私有制身上的。面对这种私有制失灵情况，而又牵涉到资本主义制度的稳定和发展时，资本主义社会自然会主动积极提供这种公共产品。比如，1890 年美国就制定了规制垄断的《谢尔曼法》，1914 年又制定了《克莱顿法》、《联邦贸易委员会法》以及《罗宾逊－帕特曼法》等。可见，事关整个资产阶级共同利益的市场需求必定能够得到有效的公共产品供给，而这与单个资本家的利益并无直接的关系。

然而针对环境污染的公共产品，虽然是一种社会需要，但只有当这种社会需要发展成为资本主义制度共同利益的市场需求时，也就是发展到提供这种公共产品给资产阶级带来的收益大于其损失的时候，它才得到有效的供给。比如，伴随着美国资本主义经济的发展，环境污染问题日益严重，1948 年美国曾发生过多诺拉烟雾事件，使全镇 43% 的人口患病。但直到 1969 年才通过环境保护基本法《国家环境政策法》。这就说明了在资本主义私有制条件下，决定公共产品供给次序的是资产阶级共同利益的市场需求，而不是社会共同利益需要。

同时，就公共产品供给量而言，马克思公共产品理论认为限制满足社会成员共同需要的决定性因素是社会总产品中能够用来满足这种社会需要量的份额。这就决定了公共产品供给量的质的因素只能是社会总产品中用来满足社会存在和发展共同利益需要部分量的大小；至于其他一些因素，诸如当前利益与长远利益、局部利益与整体利益等，只能影响其暂时的供给量的变化，而不会改变这种质的规定性。

西方公共产品理论在形而上学方法论的指导下，绝对化地认为公共产品的供给决定必须以了解消费者的偏好为前提。因此，它重点强调通过市场或非市场的途径，探索如何避免"搭便车"行为，如何通过适当的机制测量对公共产品的需求偏好等，结果既不能有效衡量消费者对公共产品的真实偏好，又不能解释为什么有的需求能够得以体现并能得到满足，有的需求却只能被掩盖。实践中，西方公共产品理论也主要依据公共产品的特殊消费属性，研究其供给意愿和供给效力不足等问题；理论探讨也主要致力于如何通过机制安排、利益诱导等提供适当的供给量；方法上也只能局限于采取均衡分析的方法，一方面努力寻求公共产品需求偏好的显示机制，另一方面强调通过对供求均衡的把握寻找公共产品供给的具体量，而看不到公共产品供给过剩的例子，不能进一步探讨是什么因素决定其供给的过剩或者不足。

（三）对我国当前公共产品表现形式认识的启示

从马克思公共产品理论对公共产品本质的界定来看，其具体表现形式主要体现为社会总产品中维持社会存在的共同利益需要部分，促进社会发展的共同利益需要部分。我国当前在社会主义市场经济条件下，具体通过一系列满足这些共同利益需要的产品和服务体现出来。比如，维持社会存在共同利益需要的国防、教育、水利基础设施、环保基础设施、廉租房等；促进社会发展共同利益需要的交通基础设施，市场基础设施，经济发展政策、规划、科技、信息以及金融公共服务等。

随着我国社会主义市场经济的发展，社会公共财力会大幅增长，社会存在和发展的质量会越来越高，满足社会存在和发展共同利益需要的公共产品形式和内容都会处于不断的变化发展过程中。比如，维持社会存在的共同利益需要不断的由温饱型向小康型发展，所需的维持社会存在共同利益需要的公共产品会不断地被创新出来。比如，以三峡工程为代表的大型基础水利设施、以退耕还林为代表的生态环境治理工程等，这些只有在不断提升的社会公共财力水平条件下才能被提出。

促进社会发展共同利益需要的公共产品也在社会进一步发展的要求下，在日益丰富的社会公共财力支持下不断被创新出来。比如，以招商引资、培育和发展市场的基础设施、提升区域竞争力的区域公共营销等为代表的经济发展型公共产品，以提升公民参政议政能力的教育产品、促进民主发展的政治体制改革等为代表的政治民主发展型公共产品，以社会主义荣辱观教育、社会主义现代文明塑造等为代表的文化发展型公共产品等。

西方公共产品理论虽然局限于从个人或消费占有角度把握公共产品的本质，但其对公共产品现象的把握比较具体，操作性比较强。因此，对研究当前我国社会主义市场经济条件下的公共产品问题具有一定的借鉴意义，比如，它对经济发展型公共产品问题的研究。虽然，西方公共产品理论并没有从这一角度来界定经济发展型公共产品，但在具体的公共产品供给过程中在这方面积累了丰富的经验。比如，我们可以借鉴资本主义发达国家的工业园区提供经济发展型公共产品的形式，积极提供带动地方经济发展的各种经济发展型公共产品。（美国在 1982－1994 年间，在约 37 个州和哥伦比亚辖区就创造了约 3000 个工业园区，从 1995 年开始联邦政府又选择了 9 个区作为授权园区。①）各地可以通过创办各种工业园区、高科技园区、产业园区等，在园区内通过提供相应的基础设施和配套的公共服务等，起到聚集要素资源，带动本地经济发展的积极作用。

（四）对我国当前公共产品供给方法及其选择标准的启示

当前，我国理论界对公共产品供给的认识存在着一种倾向，即在西方公共产品理论弥补市场失灵思想的指导下，认为市场不能有效供给公共产品，但是只要围绕着公共产品相对于私人产品而言的消费特殊性，对利用市场的机制或方法做出相应的调整，还是能够利用市场有效供给公共产品。比如，针对其消费偏好隐蔽性而言，设计一种能够反映其消费偏好的机制就能有效利用市场，或者由政府来弥补由于均等性和非排他性等消费特属性导致的无

---

① ［美］费雪：《州和地方财政学》，中国人民大学出版社 2000 年版。

法收费或收费成本太高带来的损失，也能利用市场机制有效提供公共产品。

以马克思公共产品理论为指导可以看出，这种利用市场的观点是可取的，但应当端正利用市场的出发点，利用市场并不是为了弥补市场失灵或对市场失灵进行校正，而是为了更有效地满足社会存在和发展的共同利益需要。

在社会主义市场经济条件下，不应以私有制商品经济这种制度为基础看问题，而应以社会主义公有制为基础来看问题，只把市场作为方法，能有利于生产力发展和社会稳定的就利用，即使在资本主义制度下市场不失灵的方面，如果对社会主义生产力发展和社会稳定不利，我们也不会利用市场方法。我们应当按照社会主义基本制度的要求，逐步扩大公共服务，建立以促进基本公共服务均等化为目的的公共财政体系，逐步缩小居民之间、城乡之间和区域之间享有公共服务方面的差距，使全体民众享有比较均等的就业、住房、医疗、教育、基本公共文化的机会、公共服务水平和良好生活环境，推动建设和谐社会。

（合作者　贾凯君）

科学发展观是生产关系发展规律和
社会生产力发展规律的科学反映

　　党的十七大从继续全面建设小康社会、发展中国特色社会主义的高度，对科学发展观作了系统深刻的论述。科学发展是对党的三代中央领导集体关于发展的重要思想的继承和发展，是马克思主义关于发展的世界观和方法论的集中体现。十七大对科学发展观的科学定位，为我们奋力开拓中国特色社会主义更为广阔的发展前景，提供了行动指南和理论依据。

　　科学发展观是人们自觉的有计划的发展观念，它是在社会主义公有制基础上产生的。马克思说："在资本主义社会，社会的理智总是事后才起作用，因此可能并且必然会不断发生巨大的紊乱。"① 只有在生产资料公有制条件下，人们才有可能自觉地按照科学原则组织生产。恩格斯指出："一旦社会占有了生产资料，商品生产就将被消除，而产品对生产者的统治也将被消除。社会生产内部的无政府状态将为有计划的自觉地组织所代替。……至今一直统治者历史的客观的异己的力量，现在处于人们自己的控制之下了。只是从这时起，人们才完全自觉地自己创造自己的历史；只是从这时起，由人们使之起作用的社会原因才大部分并且越来越多地达到他们所预期的结果。这是人类从必然王国进入自由王国的飞跃。"②

　　列宁也说过："只有社会主义才可能根据科学的见解来广泛的推行和真正支配产品的社会生产和分配。"③

　　任何物质生产都包括两个不可分割的方面：生产力和生产关系。生产力

---

① 《资本论》第 2 卷，第 350 页。
② 《马克思恩格斯选集》第 3 卷，第 633－634 页。
③ 《列宁全集》第 27 卷，第 385 页。

是生产的物质基础，生产关系是在生产力的基础上发生。但二者不是两个独立存在的事物，它们只是物质生产这一事物的两个融为一体的不同方面。没有独立存在的生产力，也没有独立存在的生产关系。因为生产力的组成要素中，生产工具没有离开生产关系单独存在，它只能是在一定的所有权支配下存在，或者属于全体成员公有，或者属于各个成员私有。作为生产力的首要组成要素的人更是如此。人也没有离开一定联系单独存在，自然人只是一种理论抽象，各个个人只能是，或者都作为生产资料的平等的所有者存在，或者作为生产资料私有者或处于剥削或被剥削关系中的个人存在。所以，只有摆脱那种把生产力与生产关系看作两个独立存在的事物的关系，而是把它们看做是物质实体与社会形式的关系时，才能正确把握生产力与生产关系的发展关系，和他们在人类历史发展中的实际作用。

生产力的发展是按照本身的运动规律进行的，生产关系只能是适应生产力发展规律的要求改变自己的结构，生产关系一定要适应生产力发展规律的要求来变革。但是，必须看到另一方面，生产力发展规律又只能在一定的生产关系下才能发挥出它的作用。例如，在封建社会末期，生产力按其本身的运动规律，必须从单个劳动过程变为在同一生产过程内部实行分工，这是生产力发展的必然趋势。这一趋势的实现必须要有与此相适应的生产关系，这就是要求把许多生产者集中在一个屋檐下，这样才有可能使劳动过程从以个人单独进行变革为在他们集体中间实行协作和分工。可是在当时的历史条件下，这种结合劳动只有建立起资本主义生产关系才有可能，分工这种新的生产力才能产生。所以，在这个意义上，资本主义生产关系又是新生产力的创造者。没有这种生产关系，生产就不可能从单个生产独自进行的个体生产转变为众多生产者集合在一起实行分工的协作生产。所以马克思说："整个社会内的分工，不论是否以商品交换为媒介，是各种社会形态所共有的，而工场手工业分工却完全是资本主义生产方式的独特创造。"①

由上述可见，科学发展观决不只是反映生产力发展规律，而且也必然是社会生产关系发展规律的反应。只有建立起适应生产力发展规律要求的社会生产关系，生产力的发展规律才有可能贯彻和实现。这就是说，只有建立相应的社会生产关系，经济发展才能实现科学发展。

---

① 《资本论》第1卷，第397页。

十七大报告指出，"科学发展观，第一要义是发展，核心是以人为本，基本要求是全面协调可持续，根本方法是统筹兼顾。"科学发展观回答了实现什么样的发展，怎样发展等重大问题，体现了我们对社会主义建设规律、人类社会发展规律的最新认识。本文就从生产关系发展规律、生产力发展规律和完善社会主义市场经济体制的角度谈谈对科学发展观这四个方面要求的体会。

一、遵循社会主义生产关系发展规律

十七大报告指出科学发展观的核心是"以人为本"。这明确地反映了社会主义生产关系发展的客观规律。"以人为本"的说法虽然在表述上继承了我们古代传统的词语，但提出的基础和出发点特别是内容，与以往历史上发生的"民本"思想有着实质性的区别。我们的出发点不是像历史上的一些哲学家、政治家那样只是出于一般的人道主义和人性论的诉求，而是基于人类历史发展的客观规律，具体说，是对在生产资料公有制基础上产生的社会生产关系发展规律的科学反映。

一个社会经济发展的根本目的和根本动力，不是由人们的主观意志的选择所决定，而是客观经济条件决定的。恩格斯早就指出过这一规律的作用。他说生产资料一旦由社会占有，"通过社会生产，不仅可能保证一切社会成员有富足的和一天比一天充裕的物质生活，而且还可能保证他们的体力和智力获得充分的自由的发展和运用，这种可能性现在第一次出现了，但它确实出现了。"① 这里表明了在社会主义公有制建立之后生产的根本目的是为了人本身及其发展是一个客观规律。原因很简单，既然生产资料已为全社会成员共同占有，生产资料与生产者直接结合在一起，社会生产的产品也都为全体社会所有。这样，人们从事生产活动的唯一目的，只能为了满足全体成员的物质文化生活需要。

公有制条件下社会生产的目的是为了人本身，不单纯是为满足每个人的物质文化生活需要，人本身的发展被提到了重要地位。这就是说生产目的不像资本主义制度下那样只是满足人们的生存需要，只是为了实现劳动力再生

---

① 《马克思恩格斯选集》第3卷，第633页。

产，而是人的发展，人本身的全面发展成为社会主义生产目的的突出特点。

根据马克思、恩格斯、列宁等革命导师的理论，斯大林对社会主义制度下生产的根本目的的表述为："保证最大限度地满足整个社会经常增长的物质和文化的需要。"斯大林把达到这一目的的手段概括为"在高度的技术基础上使社会主义生产不断增长和不断完善"。斯大林把手段和目的合在一起，概括为社会主义基本经济规律，以与资本主义的基本经济规律剩余价值生产规律相对立。这种论述在理论上基本是正确的，符合社会主义生产关系的本质。

问题是关于社会主义基本经济规律这一表述过于简单，一是缺少过程分析，二是缺少量的决定的进一步阐述。例如"最大限度"在量上如何规定？由于全部产品已归全社会共同所有，所以这里量上的决定问题，最主要的就是公共消费和个人消费之间的比例关系。公共消费包括积累和用于集体福利共同消费部分；另外，在用于个人消费方面，由于社会主义阶段实行按劳分配的条件下，承认个人之间消费的差别，是最大限度满足社会成员需要这一规定必须包括的内容。不包含这一内容，将无法区别社会主义阶段与共产主义阶段的不同。

党中央领导继承了马克思主义政治经济学关于一个社会基本经济规律的基本理论，提出了在经济发展上必须贯彻"以人为本"，是完全符合社会主义生产关系发展规律的。依据这一社会主义基本经济规律的要求，在组织经济发展时，必须把最广大人民的根本利益为出发点和落脚点。有人说，以人为本，是历史唯物主义的，人民群众是推动经济社会发展的根本动力理论为依据的。这一说法当然正确，这一原理对一切社会都是适用的，但它还说明不了不同社会制度有根本不同的社会生产根本目的，人类发展一般规律回答不了特定社会的特殊生产目是什么。把为了最大限度满足社会成员需要作为生产直接目的，只能在生产资料公有制基础上才能发生作用的经济规律。

在社会主义公有制基础上产生的"以人为本"理念的内容有着明确的规定。十七大报告对此作了清晰地阐述，这就是："要始终把实现好、维护好、发展好最广大人民的根本利益作为党和国家一切工作的出发点和落脚点，尊重人民主体地位，发挥人民首创精神，保障人民各项权益，走共同富裕的道路，促进人的全面发展，做到发展为了人民，发展依靠人民，发展成果由人民共享。""以人为本"的生产根本目的具体体现在到2020年全面建成小康社会的现阶段奋斗目标上，它成为全体人民推动经济发展的伟大动力。

社会主义生产这一根本目的，给经济发展提供了无限发展的动力和广阔空间。这一动力比资本主义制度生产的根本目的是资本家发财致富这一狭隘目的要强大得多。西方资产阶级经济学只知道从资产者个人的微观角度观察和理解问题，认为社会主义公有制必定缺乏动力和效率。实际上只要不是闭着眼睛不看现实，那就会看到社会主义国家发展经济的动力的强大。2007年11月1日美国《全球主义者》杂志上斯蒂芬·里克特发表一篇文章"美国和反华主义的兴起"中说："必须承认一个痛苦的现实：中国具有如此强大的发展动力，所以美国会不可避免地出现相对的力量消退。"[①] 另外，有的人把以人为本中强调的人的全面发展问题等同于马克思关于共产主义社会的人的自由全面发展，这也是不恰当的。必须把二者严格区别开来。我们从现阶段所讲的人的全面发展是适应现阶段生产力和生产关系发展要求的目标，这就是在满足需要方面，不能只着眼于物质生活需要，而且应当日益关怀每个人本身的发展问题。不是把人只从作为一个劳动力使用的角度考虑他的需要，而是应当理解他作为人必然要求本身的发展的，包括体力上、智力上、精神上、政治上、文化上各个方面发展的要求。关注人的全面发展，是社会主义生产根本目的区别于资本主义社会生产目的的根本区别之一。不过在现阶段，还只能是为将来培养全面自由发展的个人所必经的阶段。

马克思所说的未来社会的自由全面发展的个人，只能在生产力极大提高，财富极大丰富的基础上才能产生。生产力极大提高的一个确定标准就是旧社会分工的消灭。旧的社会分工是专指人的职能的固定分工，个人被迫终生从事某一种职业。特别是体力劳动者与脑力劳动者的固定分工，管理者、科技人员与直接生产者的固定分工。旧的社会分工的存在是生产力发展的必经阶段，曾经是人类社会和生产力得以较快发展的决定性杠杆。在今天的生产力发展水平的条件下，特别是在我国当前还相对落后的生产力发展状况下，旧的社会分工存在仍然是生产力发展的必然要求。从当前的条件看，在我国旧的社会分工还有着发展的趋势。例如科学技术人员与直接生产者之间的固定分工，在当前还是生产力发展的需要。他们之间的差别在很多方面还在扩大。在这种条件下，把人的自由全面发展作为当前的以人为本的目标就是不现实的，是超越阶段的，这就不是科学社会主义，而是空想社会主义。现在

---

① 《参考消息》，2007年11月4日。

我们还只能在承认旧社会分工必然存在的前提下，尽可能关注使每个人在一定范围内得到较全面的发展，使每个人的素质和能力得到不断的提高。

根据国际国内社会主义建设的经验，只是指出社会主义生产的根本目的是为了全体社会成员的物质文化需要和他们的全面发展，如果不在内容上和数量上对这一规律做深入研究和规定，它对实践的指导意义就得不到充分显示。苏联在二次世界大战后，虽然特别关注人民生活水平的提高，并且在理论上把这一生产目的提升为社会主义基本经济规律，但苏联人民的生活水平并未能与生产的高速发展得到相应的提高，由此引起人民的不满。所以，必须继续深入研究这一规律，为"最大限度"满足需要作出科学的量的规定，特别是要紧密结合分配问题进行探索。根据马克思主义的基本理论，生产与分配是一个事物的两面，离开分配谈生产，生产就会被抽象。譬如，在当前处于社会主义初级阶段，社会成员之间在职能、地位、能力等许多方面是存在着重大差别的。有高级管理者与直接生产者，工程技术人员与一般劳动者，还有私营企业主与雇用工人之间的差别，他们的收入也必然会存在着很大的差别。离开这种具体差别的存在，只抽象地谈最大限度地满足全体成员的需要，是会使人们感到这种说法显得抽象而不好理解。

十七大报告中对这些问题作出较明确的阐述，报告中说："健全劳动、资本、技术、管理等生产要素按贡献参与分配的制度，初次分配和再分配都要处理好效率和公平的关系，再分配更加注重公平。逐步提高居民收入在国民收入分配中的比重，提高劳动报酬在初次分配中的比重。着力提高低收入者收入，逐步提高扶贫标准和最低工资标准……创造条件让更多群众拥有财产收入。保护合法收入，调节过高收入，取缔非法收入……打破经营垄断，创造机会公平，整顿分配秩序，逐步扭转收入分配差距扩大趋势。"这样的分析就使得"以人为本"的理念具体化，更容易贯彻，也更容易为人们所理解。

在贯彻"以人为本"的理念中最重要和最难以处理的是积累与消费的关系问题。这涉及到如何实现生产发展最优化和人们的消费需要满足程度最大化的结合问题。生产的目的是为了人本身及其发展，但这其中有长远利益与眼前利益、根本利益与直接利益、局部利益和整体利益等之间的关系。正确处理这些关系并探寻它们得以正确处理的社会机制，应当是贯彻落实"以人为本"原则所必须研究清楚的问题。毛泽东在他的著名著作《正确处理人民内部矛盾问题》中就指出了社会主义制度中积累与消费的矛盾是最难以解决好的一对矛盾。

关于社会主义现阶段社会生产关系发展规律方面，十七大报告强调了完善社会主义初级阶段的基本经济制度问题。

社会生产关系的基础是生产资料所有制形式。生产力发展规律要求单个企业的规模不断增大，生产和资本的集中。在资本主义条件下，这一适应过程是经过股份制、垄断组织的产生和发展，以至国家垄断等私有制形式的变革实现的。当前发达资本主义国家的企业大规模并购活动，都是为了使所有制形式趋于社会化以适应生产力日益社会化的要求。由于是资本主义私有制，所以在这个过程中必然伴随着激烈的竞争和斗争，以及由此引起的经济社会的震荡和波动。

马克思正是从这一生产关系发展的规律出发，提出了社会主义公有制必然代替资本主义私有制。社会主义公有制在初期还只能采取国家所有制的形式来实现。因为国家是现阶段代表全社会行使管理职能的恰当的机构，全社会对生产资料的共同占有还只能利用国家机构来实现，国家所有制是我国现阶段生产资料占有社会化的高级形式，它最有利于生产力发展规模化和集中化这一发展规律的要求。正是国家所有制形式决定了国有工业企业得到迅速发展，大大推动了生产规模的增大和合理的集中，经济效益得到极大提高。

2007年上半年，我国423户国有重点企业累计实现利润5558.5亿元，同时国有重点企业资产规模稳步上升，截至6月底达到164142.5亿元。以作为我国国民经济的脊梁的中央企业看，目前已有77家中央企业参与了41次重组，中央企业户数已从196家减少到157家。国有经济布局结构调整取得了明显成效。国有企业数量虽然减少了，但国有经济的整体素质和竞争力不断提高，国有经济的控制力、影响力和带动力大大增强。截至2006年底，全国国有企业户数共计11.9万户，比2003年减少3.1万户，年均减少8%；但户均资产2.4亿元，比2003年增长84.6%，年均增长22.7%。

国有企业的活力进一步增强。目前，中央企业80%以上的国有资产集中在军工、能源、交通、重大装备制造、重要矿产资源开发领域，承担着我国几乎全部的原油、天然气和乙烯生产，提供了全部的基础电信服务和大部分增值服务，发电量约占全国的55%，民航运输总周转量占全国的82%，水运货物周转量占全国的89%，汽车产量占全国的48%，生产的高附加值钢材约占全国的60%，生产的水电设备占全国的70%，火电设备占全国的75%。

　　国有资本向能源、原材料、交通、军工、重大装备制造和冶金等行业集中的态势明显。2006 年基础行业的国有资本 3.3 万亿元，占全部国有企业占用国有资本总量的 70.6%，比 2003 年提高 5.1%。同时国有资本的控制力不断增强，国有资本直接支配或控制的社会资本 1.2 万亿元，比 2003 年增长 1.1 倍。

　　在部分重要行业的拉动下，国有重点企业主要经济效益指标同比都在改善，电力、冶金、交通、汽车、外贸五个主要行业实现利润增速均超过 67%，这五个行业合计增利额占国有重点企业增利额的 59.7%。

　　我国这种在国有经济主导下的经济快速发展，引起国外媒体的特别关注，称作"中国发展模式"。美国《时代周刊》2007 年 7 月 30 日一期发表的比尔·鲍威尔的文章说："中国显然提供了一种国有企业继续发挥重要作用的经济模式。"[①]

　　墨西哥的《改革报》2005 年 7 月 17 日发表的路易斯·鲁维奥的文章说："墨西哥经济发展过程中在多个经济领域中对私人资本及国家储备的使用和掌握实施诸多限制，而且对基础经济行业非常重视，这些做法似乎就是受了世界上社会主义模式的'启发'。……要想在国际市场中站稳脚跟，最重要的是巩固那些对中国发展具有战略意义的国有企业。"[②]

　　关于国有企业的高效率，西方舆论界也很加以肯定。美国《新闻周刊》2006 年 5 月 1 日发表的乔治·韦尔费里茨的《新的国家资本主义》一文说："在 2004 年底以前，还没有人听说过中国化工集团，原因很简单：他根本就不存在。中国政府大笔一挥，调拨了一些国有公司的资产，中国化工集团就此诞生，而且一夜之间成为中国居主导地位的乙烯生产商。他还担负了一项紧急的新任务：进一步扩大公司的规模。"[③] 该公司重组后的确大大提高了该公司集团的效率，截至 2006 年底，中化公司总资产达到 695 亿元，净资产达到 263 亿元，分别比 1998 年增长 69% 和 210%。英国《每日电讯报》网站 2007 年 9 月 13 日报道中赞扬了中国的增长速度和工作效率说："在一个政府的命令取代协商的国家里建设重大工程（指北京新机场航站楼，比英国希思

---

　　① 《参考消息》，2007 年 7 月 31 日。

　　② 《参考消息》，2005 年 8 月 3 日。

　　③ 《参考消息》，2006 年 5 月 7 日。

罗机场 4 个航站楼加起来还大）是比较容易的，为了这幢新航站楼约有一万人搬迁。尽管如此，整个工程的建设时间却大约只有希思罗机场 5 号航站楼获得审批所画的时间的一半。"①

无论从我国的经济发展实践，还是国际上有识之士的评论中可以看出，生产资料占有方式社会化的大趋势是不可阻挡的。作为这种社会化在现阶段的最高形式的国家所有制的优越性是不能否认的。只有在它的基础上才能提出科学发展观；也只有在它的基础上，科学发展观才能真正得到贯彻落实。所以，在论述科学发展观问题时，特别强调完善所有制形式，强调"要坚持和完善公有制为主体、多种所有制经济共同发展的基本经济制度"，强调毫不动摇的巩固和发展公有制经济。

另外，党中央还强调指出，必须牢记我国的基本国情。这就是，我们还处在社会主义初级阶段，由于我国的生产力还没有达到全面的高度社会化的水平。所以，离建立全面的公有制还很遥远。在这种条件卜，在国有经济发挥主导作用的引导下，鼓励支持各种所有制经济充分发展，把社会上的资金和劳动力都吸引到经济和社会的发展的过程中来，调动全体社会成员的积极性，显然应当是科学发展的不可缺少的环节。这一点，在我国的经济建设实践已经得到充分证明。在一般生产领域尽量多让它们发挥作用，就能使国有经济在有关国民经济的关键领域中得以充分发挥作用，这必然会加强它的影响力、带动力和竞争力。没有这两方面的所有制经济的充分合作，我们就不可能取得今天的建设成就。

从我国的经济发展实践来看，随着生产力在不断增长，社会生产关系也必须适应着生产力的变化做相应的调整，否则生产力发展的规律的要求就难以实现。社会生产关系就会从生产力发展的主要推进者转化为生产力发展的主要阻碍者。以我国钢铁工业的发展来看，这些年钢铁工业取得快速发展，2007 年上半年，钢铁产量增长 23.9%，全国累计产钢 23758 万吨，比上年同期增加 3777 万吨，同比增长 18.9%，这种成就与按照生产力发展规律的要求，产业内企业的整合重组起着主要作用。例如，宝钢在 2006 年收购新疆八一钢铁之后，2007 年又相继与包钢、邯钢签署合作协议；今年 8 月 1 日武汉钢铁公司与昆明钢铁实行战略重组。但是可以看到，重组过程与生产关系的

---

① 《参考消息》，2007 年 9 月 4 日。

调整是紧密结合的。这种调整主要是全民所有制内部公有制实现形式的创新。

从重组过程中遇到的问题可以看到，国有企业是全民所有制企业，归全社会所有，但是不能国家所有国家自己经营。在国家与企业的关系上，公有制如何实现问题，经过多年改革，已经大体摸索出一种方式，这就是建立现代企业制度，实行股份制改革，建立适应市场经济的新的经济管理体制。但是随着国有经济改革进展到国有经济的结构和布局的战略性调整后，全民所有制中中央与地方和地方之间的在生产资料方面的管理关系就突出出来。党的十六大提出的国有资产管理体制改革提出了建立中央政府与地方政府分别代表国家履行出资人职责，享有所有者权益、权力、义务和责任相统一，管理资产与管人、管事相结合的国有资产管理体制。这样，地方政府也是一级代表国家履行出资人职责的，享有所有者权益的，负有管理经济的责任的，与此相联系的，也就有地方的经济利益问题。这种情况在产业内国有大企业进行整合时就遇到了一定障碍。我们看到，就以上面所说的钢铁的行业重组来说，同区域整合得多，跨区域整合得少，国有钢铁企业的并购，尤其是跨省市的并购步履蹒跚。2005 年和 2006 年钢铁产产业集中度就在下降，今年上半年集中度在继续走低。这种情况表明，为了适合生产力发展规律的要求，在国有制的实现形式上必须有相应的变革，主要是如何处理好中央与地方、全局与局部的利益关系。国有资产无偿划拨模式是已经行不通了，应当探索新的公有制实现形式。

实践证明党的关于坚持和完善公有制为主体、多种所有制经济共同发展的基本经济制度，贯彻"两个毫不动摇"决策，使各种所有制经济在市场竞争中发挥各自优势，相互促进，共同发展的政策是完全正确的。最重要的是国有企业改革发展取得了显著成就。国有经济总量进一步增加，经济效益、运行质量和竞争能力明显提高，控制力影响力和带动力进一步增强。与 2003 年相比，2006 年中央企业实现销售收入 8.3 万亿元，年均增长 22.8%；实现利润 7681.5 亿元，年均增长 24.2%。有 16 家中央企业进入 2007 年公布的全球 500 强，比 2003 年增加 10 家。

2007 年前三季度国有重点企业又取得了喜人的成绩。2007 年前三季度，418 户国有重点企业总体运行态势良好，销售、利润持续较快增长，企业盈利能力，保值增值能力、资金使用效率同比均有所提高。它们实现营业收入91308.2 亿元，同比增长 19.8%，增速比上年同期略高 0.6 个百分点，主要行业中，有色、建材、煤炭、化工、冶金、汽车、交通、烟草、医药、轻工等10 个行业增速均在 20% 以上。实现利润 8786.9 亿元，同比增长 32.1%，增速比上年同期加快 13.9 个百分点。分行业看，石油化工、电信、电力、冶金、交通、煤炭、贸易、汽车、烟草、有色、机械、轻工等 12 个行业实现利润超过百亿元。①

二、遵循社会生产力发展规律

科学发展首先是物质生产的发展，生产力是物质生产实体，科学发展必须遵循社会生产力发展规律，反映生产力发展规律的要求。

（一）生产力的定义，斯大林对它做了明确的规定，即"用来生产物质资料的生产工具，以及有一定的生产经验和劳动技能来使用生产工具、实现物质资料生产的人，——所有这些因素共同构成社会的生产力。"② 这个定义是准确的，正确的。

在我国理论界包括政治经济学和历史唯物主义哲学流行着这样一个定义，"生产力是指人们在生产过程中利用自然、改造自然和生产物质资料的能力。"这个定义几乎成为整个哲学和政治经济学界以及有关论文、教材和辅导材料的通行的无容置疑的说法。但是这个定义是不正确的，错误的。首先，学过逻辑学的人一下子就可以看出，这个定义是违背形式逻辑关于下定义的基本要求的。

生产力是多种具体物质实体的集合体，但上述定义把它落到一个抽象名词"能力"上，这等于说"人是人的劳动能力"，这是明显不合逻辑的谬误，违背了下定义的基本要求。可以看出，这里是把物质生产力与劳动生产力两个概念混淆了，把劳动生产力的定义当成了物质生产力的定义了，劳动生产力与劳动生产率是同义的。造成上述错误看法的原因，可能是出于汉语文字表达上的一个缺陷的影响。生产力是许多物质要素，包括人在内的一个集合名词，在外国文字中（英、俄、德等）这里的"力"只有复数。如果用单数

---

① 参看《经济日报》，2007 年 11 月 3 日。
② 《斯大林选集》下卷，第 442 页。

的话，就是另外的意思，而"能力"则是一个抽象名词，只有单数形式，没有复数形式。可是汉语中，单词本身不能显示出单数还是复数的区别，这就造成把生产力中的"力"与劳动生产力中的"力"看成同一事物了。从外语来读这些著作时，显然不可能把这样两个不同的"力"看成一个事物。实际上，外文中在多数场合生产力与劳动生产力往往都是使用不同的词来表示的。

　　概念规定明确才能对各自的发展规律有准确的论述。生产力的变化和发展是从生产工具的变化和发展开始。生产工具是生产的骨骼系统，它是一个社会时代的决定性标志。整个生产力发展的历史表明，它是一个有规律的过程。譬如，生产工具从石器时代、经过铜器时代发展到铁器时代，这是一个合乎规律的过程。从近代生产力发展的过程中，大体经历了三个发展阶段，以蒸汽机、钢铁冶炼、铁路为标志的第一次工业革命。到 19 世纪末和 20 世纪初，发明了电，出现了以电力、化学制品和汽车为标志的新的生产力。拿电力的发展和应用来说，也有一个规律性的过程。例如，电力发动机的原理早在 19 世纪 60 年代已经发现。但要将电力广泛运用到工业，形成真实的生产力，还必须解决远距离输电的技术。只有这个问题解决了，工业电气化才有了实在的可能性。在第二次世界大战前后，又进入新的技术革命，这是以原子能的利用、半导体、电子计算机等为标志的。20 世纪 70 年代后半期，有的人认为又进入了科学技术革命的新阶段，被称作电子革命、信息革命，引起了生产力根本性质变化，进入了信息化发展阶段。

　　信息化是指信息技术和信息产业在经济和社会发展中的作用日益加强，并发挥主导作用的动态发展过程。它以信息产业在国民经济中的比重，信息技术在传统产业中的应用程度和信息基础设施建设水平为主要标志。这时产业和社会领域逐渐信息化，广泛利用信息技术改造和提升农业、制造业、服务业等传统产业，大大提高各种物质和能量资源的利用效率，促使产业结构的调整、转换和升级。当前信息化过程主要还是在几个发达资本主义国家发起和发展起来的，它使人类社会日渐超越"工业社会"，而呈现"信息社会"的基本特征：信息技术促进生产的自动化，生产效率显著提升，科学技术作为第一生产力真正充分体现出来。大规模集成电路的微处理机的出现和推广，产生了单个的分散的自动化，生产过渡到整个工艺过程的全盘自动化和第一流的自动化工厂，生产的分节组织原则被统一流程基础上组织生产的全过程的原则所取代，多用途设备能够有效地同时生产出同类型产品的几十个变形产品。生产工具的这种变化，必然导致劳动组织和生产方法的改变，以及生产结构、部门间联系的性质的变化。例如，在1975-1984年期间，日本经济增长的平均速度为4.8%，而钢的需要量仍然是1975年的水平，而石油的需要量则减少了19%，这当然地导致一些传统工业部门如黑色有色冶金、采掘、铁路运输等的总产值大大下降。

微电子技术的推广，改变了中小型生产企业的作用及其与大企业之间的经济联系。现代科学技术革命在一定程度上激发了中小型生产的"新生命"，它们的数量在增多，特别是在风险投资方面。当然，科学研究和试验设计工作主要还是集中在最大的公司手里。

科学技术进步对劳动力的质量提出了更高的要求，从而对各种教育的要求也发生着变化，教育愈来愈成为经济的主导部门。

以上所述的生产工具和科学技术的发展历程体现着生产力发展的合乎规律运动过程。这些生产力的规律性运动导致社会生产关系的变革，石器、铜器、铁器的发展决定着人类社会的原始公社、奴隶制到封建制的发展过程。同一过程内部社会分工这种新生产力决定了资本主义生产关系的产生。蒸汽机的利用决定了资本主义所有制形式的变化——股份公司的产生，电能的广泛使用决定了资本主义从自由竞争的资本主义发展为垄断资本主义，原子能、电子计算机、雷达的发明把私人垄断资本主义引向国家垄断资本主义，使资本社会化的程度日益提高。

我国当前生产力的发展阶段还处于工业化中期阶段。但我们可以向资本主义学习这些先进的高科技，发挥后发优势。按照生产力发展规律，信息科学和技术发展仍然是经济持续增长的主导力量。今天大力推进信息化是当前我国经济建设的主要任务之一。党的十六大报告中提出："信息化是我国加快实现工业化和现代化的必然选择。"近年来，我国各行各业的信息化建设飞速发展，坚持以信息化带动工业化，以工业化促进信息化，推进产业结构优化升级，使传统产业插上信息化的翅膀，加快了现代化建设的步伐。目前我国的信息化建设还处于初级阶段，我国IT业起步较晚，很多核心技术不能掌握。特别是管理基础相当薄弱，必须深入研究生产力发展规律性，掌握它、运用它，这需要包括相关主管部门、用户、IT厂商等在内的共同努力，制定相关的技术标准和流程，使信息化发挥更加巨大的作用。除信息科学外，生命科学和生物技术能为改善和提高人类生活质量发挥关键作用，能源科学和技术发展重新升温，为解决世界性的能源与环境问题开辟新的途径。科学技术应用转化的速度不断加快，造成新的追赶和跨越机会。

为了适应生产力发展规律的要求，我们必须制定相应的方针政策，以利于生产力按照其本身的运动规律快速发展。根据当前国际上科学技术发展的状况，我们必须实行对外开放，它有利于促进我国科技进步和创新，有利于提高我国国际竞争力和影响力，有利于为我国发展营造有利的国际环境，是推进我国社会主义现代化建设的必由之路，它是建设中国特色社会主义的重大战略和一项基本国策。当前随着经济全球化和深入贯彻科学发展观，应抓住和用好重要战略机遇期，在切实维护国家经济安全的前提下，在新的历史起点上继续扩大对外开放，开创对外开放的新局面。要深化对外开放结构和布局，提高利用外资质量，积极引进先进技术、管理经验和高素质人才，做好引进技术的消化吸收和创新提高，扩大高新技术产业和先进制造业对外开放。

自从工业的发展进入到机器大工业阶段后，科学技术已成为第一生产力，这是一个规律性现象。我国已进入必须更多依靠科技进步和创新推动经济社会发展的历史阶段。科学技术作为解决当前和未来发展重大问题的根本手段，其重要性和紧迫性愈益凸现。实行对外开放、吸收国外先进科学技术是一种必然选择。但更重要的是要依靠自主创新，应当以增强自主创新能力为主线，以建设创新型国家为奋斗目标，把增强自主创新能力作为发展科学技术的战略基点，走出中国特色自主创新道路，推动科学技术的跨越式发展。

依据生产力发展规律，在今天技术创新的主体应当是企业。例如，今天在国际上展现国际竞争实力的是企业，国际上有 6 万多家跨国企业，控制了世界技术转移的 90％、投资的 80％。这种实践不能简单地归之为资本主义生产关系的因素，更主要的是体现了生产力发展规律的要求。我们应当学习它，建立起企业为主体、产学研结合的技术创新体系。应当鼓励国有大型企业加快研究开发机构建设和加大研究开发、设计、制造于一体，发展具有国际竞争力的大型骨干企业。同时，应重视和发挥民营科技企业在自主创新、发展高新技术产业中的生力军作用，为中小型企业特别是科技型中小企业的技术创新提供良好条件。

科技创新，以人为本。人才资源已成为最重要的战略资源。要实施人才强国战略，加强科技人才队伍建设，为实施科技发展提供人才保障。

在推动科技发展过程中，必须正确处理基础科学研究与技术科学之间的关系。基础研究的使命是探索自然界的规律，做出新的发现，创造新的科学知识，为正确认识世界和合理改造世界提供新的理论和方法，它是科技进步的基础与核心。基础研究是新技术、新发明的先导，信息技术、生物技术、激光技术、半导体技术、航空航天技术等都是基于基础研究的重大突破而产生出来的。一般是先有科学的新发现，然后才有技术的原始创新和产业和工艺方面的应用开发。

基于此，在推动科学技术发展中，必须正确定位国家科研机构的创新行为与企业的创新行为，看到二者是有本质区别的。国家科研机构主要是做基础性、公益性，还有战略性高技术（比如集成电路的集成度、速率和智能化水平的提高）的前瞻性研究。企业创新的市场目标性很强，它主要是从事面向市场、面向应用的产品开发，工艺技术开发的创新。应制定相应的制度使二者前后呼应，互相衔接和相互促进。

（二）科学发展必须遵循生产力发展规律的另一个重要方面就是指社会生产按比例地进行。十七大报告中强调指出，为实现全面建设小康社会的奋斗目标，应当"增强发展协调性，努力实现经济又好又快发展"。协调发展主要是指生产的按比例发展，这是生产活动得以进行的根本，也是社会得以存在的根本。只有生产要素按比例地配置，生产和再生产才能开始，人的生存和发展的需要才能满足，社会其他一切活动才能进行。

马克思用《鲁宾逊漂流记》中的故事阐述了按比例发展这个生产的自然规律。他说："需要本身迫使他精确地分配自己执行各种职能的时间。在他的全部活动中，这种或那种职能所占比重的大小，取决于他为取得预期效果所要克服的困难的大小。"① 对单独的个人来说是如此，对一个社会也是如此，"要想得到和各种不同的需要量相适应的产品量，就要付出各种不同的和一定量的社会总劳动量。这种按一定比例分配社会劳动的必要性，决不可能被社会生产的一定形式所取消，而可能改变的只是它的表现方式，这是不言而喻的。自然规律是根本不可能取消的。"② 为什么说按比例分配劳动时间是自然规律呢？因为如马克思所指出的，生产要素在各类生产之间的分配是"包含

① 《资本论》第1卷，第93页。
② 《马克思恩格斯选集》第3卷，第580页。

在生产过程本身中并且决定生产的结构，""如果在考察生产时把包含在其中的这种分配撇开，生产显然是一个空洞的抽象"。①

马克思在《资本论》第2卷第3篇社会资本的再生产中，用图式细緻地论证了：两大部类各种商品依据客观社会需要量按比例生产、社会总劳动时间在各部类及部门间的按比例分配是一个客观的规律。正因为如此，它同样适用于未来的共产主义社会。马克思指出："正像单个人必须正确地分配自己的时间，才能以适当的比例获得知识或满足对他的活动所提出的各种要求，社会必须合理地分配自己的时间，才能实现符合社会全部需要的生产。因此，时间的节约，以及劳动时间在不同的生产部门之间有计划的分配，在共同生产的基础上仍然是首要的经济规律。"②

在建立在私有制基础上的商品生产的条件下，按比例分配劳动时间的自然规律采取了一种特殊方式。由于在商品生产的条件下，劳动时间取得了价值量的形式，所以，按比例分配劳动时间的规律就采取了生产某种商品总量按比例应当花费的劳动时间决定商品的价值量的价值规律的形式，这一规律的实现通过价格波动告诉各个生产者应当生产什么、生产多少。

在我国当前的条件下，国民经济的发展当然地必须遵循按比例发展规律的要求，只有这样，才能实现国民经济又好又快地发展。

整个国民经济是一个复杂的有机整体，它是多种比例组成的一个庞大的关系网，各种生产之间存在着内在的联系。只有协调各种主要的比例关系，才能有健康的经济发展。在许多主要比例关系中，最根本的是生产与需要、生产与消费之间的关系。在社会主义公有制条件下，正确安排好积累与消费的比例关系是能否实现科学发展，落实以人为本的生产目的和贯彻国民经济又好又快发展的最具有决定意义的关系。这个关系处理不好，就不可能实现经济社会的科学发展。当前我国最终消费占 GDP 的比重已降到历史最低水平，20 世纪 80 年代曾占到 62%，而目前仅占 50% 左右。安排好这个比例关系，应当成为我们研究的首要课题。除此之外，有着多种比例关系，在生产中有多种生产之间、各个生产部门和行业之间、每个部门和行业之间，以及同类产品生产的各个企业之间；另外更具体一些的包括最终产品与中间产品之间，

---

① 《马克思恩格斯选集》第 2 卷，第 14 页。
② 《马克思恩格斯选集》第 46 卷，第 120 页。

中间需求的与最终产品之间，最终产品与人的消费需要之间，都要保持一种动态和谐的比例关系。

从我国当前经济发展的实际情况来看，具有决定性的影响的应当遵循以下一些比例关系。首要的是工业与农业的比例关系。农业是工业和国民经济的基础，正如马克思所指出的，"超过劳动者个人需要的劳动生产率，是一切社会的基础。"① 切实加强农业基础地位，推进社会主义新农村建设，是转变经济发展方式的最基础性的工作，必须重视解决好"三农"问题，应认真贯彻落实"工业反哺农业，城市支持农村"和多予少取放活的方针。要重视发展现代农业，向农业的广度和深度进军。推广资源节约型农业技术，发展循环农业、生态农业。在国家财政支出结构和投向上，建立工业反哺农业的机制，切实承担起为农业和农村发展提供基础设施和公共服务的责任。要为农民进城就业创造更多的机会，逐步形成以城带乡、城乡联动的发展格局。

遵循国民经济按比例发展规律要求，在当前面临着产业结构的战略性调整问题，在各类产业之间建立合理的比例关系。

长期以来，我国产业结构存在的主要问题之一是，在三大产业结构中，第一、二产业尤其是工业的比重偏高，第三产业的比重偏低；在三大产业内部，结构升级比较缓慢，特别是在工业中一般性加工工业的比重大，技术密集型产业和高技术产业的比重较低。这些结构问题影响了产业结构对需求结构升级的适应性，阻碍了总需求的有效扩张及其对经济增长的拉动作用。近几年来，在党中央贯彻科学发展观的指导下，加大了调整的力度，使产业结构的调整有了明显的推进，第三产业的比重有所上升，三大产业结构失衡的局面已有所好转。

工业中的制造业是当前经济的主导产业，不应忽视制造业的发展，要实现工业现代化就要大力发展制造业，制造业仍是今后相当长一段时间内经济增长的主要支柱。

当前信息技术和信息产业发展迅速，信息化代替不了工业化，但是信息化可以极大提升工业化。所以，在经济发展中必须处理好信息化与工业化之间的比例关系。发展高新技术与发展制造业是相辅相成的关系。要用高新技术提升制造业，努力提高制造业整体素质，而制造业也为发展高新技术提供

① 《资本论》第3卷，885页。

了大部分资金、市场、基础设施，成为它们发展的基础，制造业特别是装备制造业是高技术的重要载体。

要处理好制造业中劳动密集型、资金密集型、技术密集型产业的关系。从国家整体上，应继续大力发展劳动密集型产业以缓解就业问题，积极发展资金密集型产业；在有优势的领域中集中力量有重点地发展技术密集型产业。

一般制造业和装备制造业的关系是一个重要的比例关系。我国相对落后的装备制造业是产业结构升级的主要制约因素，要把它作为改组改造和结构优化升级的主战场。装备制造业是国民经济的支柱产业和战略产业。一个国家的现代化在某种程度上体现为装备工业的现代化。单纯从国外进口装备产品，是无法进口一个现代化的装备工业的，一些尖端的或与国防相关的技术产品是不可能买来的。尤其是对我们这样一个发展中的大国，必须把装备工业的发展放到一个战略地位，努力提高国产设备的水平。要加速装备工业的技术改造和技术进步。一方面加大大型企业的研究开发强度，同时做好中小企业的风险投资，发挥它们的积极作用。另外，要加快装备工业结构调整，促进产业结构升级和高度化，加大重大装备工业的技术攻关和成套生产。

我国是一个国土辽阔、人口众多的国家，区域之间经济发展存在不平衡现象是难以避免的，生产要素的空间配置和经济活动向靠近沿海一带集聚具有一定客观必然性。随着生产力的发展和社会进步逐步缩小区域经济与社会事业发展的差距，成为一种客观要求，这是生产力按比例发展规律的一个重要要求。当前由于贯彻科学发展观，区域发展战略有序推进，区域经济与社会事业发展差距扩大的趋势也开始减缓。

区域协调发展包含资源配置的协调、区域经济关系的协调和社会产品分配的协调等要求。为了促进区域协调发展，必须统筹制订区域发展规划，健全区域协调发展机制，完善各项区域发展政策。

我国仍处在工业化过程中，地区的发展同样要抓住发展工业这个环节。但是应当切实看到我国工业发展的条件和环境已发生重大变化，客观上要求地区工业发展不应单纯追求数量扩张，而以调整优化产业结构、提高产业素质，增强产业竞争力为主要目标；更要注意不应以牺牲农业发展为代价。各地区都应从全局出发，贯彻区域发展总体战略，西部地区发展工业，应充分考虑生态环境的承载能力，有序开发能源和矿产资源，提高资源的加工深度，培育具有地区比较优势的特色产业。东北地区实现振兴老工业基地的目标。

以上简略地谈谈国民经济按比例发展客观规律中的几个重要的比例关系，只有遵循这个规律才能保证国民经济又好又快地发展。

十七大报告中指出：加快转变经济发展方式是实现未来经济发展目标的关键。国民经济又好又快发展，是指经济发展的质量和数量的统一，这是科学发展观的基本要求。国民经济发展的质量方面的要求，从生产力方面来看，根据当前经济发展中的实际情况，转变经济发展方式是关键。

我国经济建设的起步就是低水平的，基础差、底子薄，长期脱离世界先进科学技术发展的轨道。受经济发展所处阶段及整体技术水平的限制，我国前一段的经济增长虽然相当好，但主要是靠要素投入和物质消耗推动，重外延扩张，轻运用先进科学技术推动发展；重数量增长，轻质量提高，这就决定了我国经济发展呈现出高投入、高增长、低效益的状况，属于粗放式发展。多年来，虽然多方面都在强调了经济增长方式从粗放型向集约型转变，但是这一转变今天还没有取得整体性突破，经济发展的质量和效益还没有实质性的提高。特别是近几年来，我国经济增长速度加快，资金投入、资源消耗和环境污染大幅度增加，而经济全球化向纵深方向发展对我国粗放型经济增长方式带来了新的压力。这就迫使我们必须即时把转变经济发展方式、提高经济发展质量和效益作为经济工作的中心任务。

转变经济发展方式，即从粗放型转变为科技含量高、经济效益好、资源消耗低、环境污染少、人力资源优势得到充分发挥的新发展道路，根本问题就在于把经济发展建立在科技进步的基础上，加快科技进步以及先进科技成果的推广和应用，提高科学技术在经济发展中的贡献率，特别是要大力推进国民经济的社会信息化，并通过信息技术的广泛应用，带动各类产业在高起点上迅速发展。只有这样才能有高的经济效益，才能提高资金投入产出率，才能减少资源占用与消耗。信息技术在国民经济各个领域的应用是经济发展方式转变的强大动力。在人类社会已进入信息时代的今天，我们必须十分重视信息化在工业现代化和转变经济发展方式方面的决定性作用，积极推进信息化，走中国特色社会主义新型工业化道路。为了真正使经济发展方式实现根本性转变，必须推进产业结构优化升级，形成以高新技术产业为先导，基础产业和制造业为支撑、服务业全面发展的产业格局。

（三）关于可持续发展

按比例发展的一个重要比例关系，是生产发展与资源供应之间的比例关系。炼多少钢需要多少生铁，炼多少生铁需要多少铁矿石和煤炭、焦炭，它们之间在一定技术条件下是有相对固定的比例关系的。在人口稀少，经济增长速度不快的条件下，这个问题只表现为一个技术问题，可是现在不同了，人口迅速增长，经济增长由于科学技术的发展大大增快，人们的消费结构和领域的扩大也加速了，资源的消耗日益加速。这一切使得自然资源相对地日益显得不足，供需之间的紧张程度日益增加。经济增长速度与资源承载能力相适应的经济规律迫使人们提出发展是可持续的问题。在我国这个问题尤其显得突出。经济快速发展与人口增长，资源约束的矛盾更加尖锐。我国人均资源占有量远低于世界平均水平，淡水、耕地、森林等资源人均占有量还不到世界人均水平的1/3，煤、石油等重要矿产品不到世界人均水平的一半，石油、天然气人均剩余可采储量只有世界平均水平的7.7%和7.1%。更令人忧虑的是，由于科学技术水平低，资源相对耗费量却大大超过发达国家，也高于世界平均水平。2006年我国GDP占世界总量的5.5%左右，而消耗的能源却占世界能源消耗的15%左右。

与人口增长和资源消耗大量增加、环境污染和生态破坏问题也日益严重。举一个例子，过去广大农村以木材做燃料，像西藏地区传统燃料以木材和牛羊粪为主，有些地区以草皮、荆棘和树根作燃料。在人口稀少、地域广阔的条件下，影响并不大，但当人口增多，生产发展迅速时，这就对稀缺的植被造成破坏。

使经济增长可持续发展就成为科学发展观一个重要方面，也成为转变经济发展方式的一个重点。客观经济规律要求必须处理好经济增长与节能、减排、降耗和保护生态环境的关系，贯彻落实科学发展观的基本要求，促进国民经济又好又快发展，推动我国经济发展切实转入科学发展轨道。

（四）关于全面发展

科学发展所必需遵循的客观规律除了生产力发展规律、社会生产关系发展规律之外，还必须遵循经济基础决定上层建筑的历史唯物主义规律。一定的经济基础决定一定的上层建筑，这就是说，经济基础要求上层建筑为它的巩固和发展服务。

党中央指出全面发展是科学发展观的基本要求之一，就是反映了这一社会发展规律。全面发展就是以经济建设为中心，全面推进经济、政治、文化与社会建设，实现经济发展和社会全面进步，一方面使政治、文化、社会建设紧紧地围绕经济发展的根本任务创造良好的人文条件，调动全体人民群众各方面的积极性，创造和谐环境，保证社会稳定。

发展社会主义民主政治是上层建筑领域里最根本方面，应根据经济发展的需要不断进行政治体制改革。在改革中必须坚持正确的政治方向，这里最根本的是坚持中国共产党的领导地位不动摇。我们同民主社会主义者们的在政治上的根本区别，就在于是否维护以马克思主义作为指导思想的理论基础的共产党领导。因为只有这样的党才能领导人民自觉地按照社会历史和自然发展客观规律行事，保证经济又好又快地发展和最广大人民群众的生活水平的不断提高。政治体制改革的不断改进才能适应我国人民政治参与国家管理的积极性的不断提高的要求。要坚持党的领导、人民当家做主、依法治国有机统一，不断推进社会主义政治制度的自我完善和发展。继续扩大公民有序政治参与，健全民主制度，丰富民主形式，拓宽民主渠道；推进决策科学化、民主化，完善决策信息和智力支持系统；发展基层民主，保证人民依法直接行使民主权利；全面落实依法治国基本方略，弘扬法治精神，维护社会公平正义；加快行政管理体制改革，强化政府社会管理和公共服务职能。

随着人民生活水平的提高，群众的精神文化需要必然会不断增长，同时这也是提高群众文化素质以推动经济发展的必然要求。因此，必须更加自觉更加主动地推动文化的大发展。要坚持以社会主义核心价值体系，引领社会思潮，坚持用中国特色社会主义共同理想激励广大党员、干部和人民群众，尊重差别，包容多样，巩固人民团结奋斗的共同思想基础，这是维护和巩固社会主义制度不可或缺的，是增加广大群众的凝聚力，提高他们的社会主义积极性所必需的。

社会建设与广大人民群众的切身利益紧密相连。社会建设要以解决人民最关心、最直接、最现实的利益为重点，努力改善民生，尤其要注意优先发展教育。教育是民生之基，也就是民生之本。适时扩大就业的发展战略，深化收入分配制度改革，基本建立基本医疗卫生制度，提高全民健康水平，完善社会管理，维护社会安定团结。社会和谐是中国特色社会主义的本质属性。我们要从社会主义初级阶段的基本国情出发，共建和谐，实现群众现实利益和根本利益的有机统一。

实践将表明，在科学发展观指导下，我们的经济发展绝不是单纯的经济增长和工业化、现代化的实现到那时，我国将成为一个综合国力显著增强，人民富裕程度普遍提高、生活质量明显改善、生态环境良好的国家，成为人民享有更加充分民主权利、具有更有文明素质和精神追求的国家，成为各方面制度更加完善、社会更加充满活力而又安定团结的国家。

三、关于完善社会主义市场经济体制

十七大报告指出："实现未来经济发展目标，关键要在转变经济发展方式，完善社会主义市场经济体制方面取得重大进展。"上面我们分别从社会生产关系发展规律和社会生产力发展规律方面探讨了科学发展问题。经济规律不会自动地发挥作用，它只能在人们的经济活动中得到实现和贯彻，这就涉及到实际的经济运行问题，必须要有正确的经济体制。党的十一届三中全会以来，我们对过去的高度集中的国民经济的计划管理体制进行根本性的改革，探索出一条新的管理体制，这就是建立社会主义市场经济体制。

社会主义市场经济体制是一种崭新的国民经济管理体制，它既要坚持社会主义基本制度，服从社会主义生产的根本目的，又要发挥市场在资源配置方面的基础性作用。这是一条前无先例的新事物，无论从理论上还是在实践上都有一个探索过程。近30年的改革历程我们在这方面取得了巨大成就，它是我国国民经济得以健康发展的决定性因素之一。十七大提出科学发展观贯彻的根本方法是统筹兼顾，就是与进一步完善社会主义市场经济体制相联系的。

完善社会主义市场经济体制，从理论上和在实践上，都是一个正确看待和处理计划与市场的关系问题。计划和市场是人类社会调解生产要素按比例配置的两个基本方法。

生产要素按一定比例分配于各种生产之间是社会生产的自然规律。它与社会制度无关，与社会制度相关的是它的实现形式。不同社会制度有不同的实现形式。在资本主义制度下，这一规律实现的形式是在价值规律基础上价格的自发波动，价格围绕价值的波动导致的利润高低，自发地调节着生产要素在各个部门的分配，维系着国民经济的正常发展。

在社会主义制度下，是由什么规律来调节生产要素在不同生产部门之间的配置呢？斯大林在《苏联社会主义经济问题》这本著作中提出了在社会主义公有制基础上产生了国民经济有计划发展规律。

在社会主义公有制建立后，社会将有计划地组织社会生产，是马克思的政治经济学的一条基本原理。这是人类从必然王国进入自由王国的飞跃。斯大林揭示的国民经济有计划发展规律是社会主义特有的经济规律，是直接继承了马克思主义的基本理论的。

有一种观点认为，国民经济有计划发展是人们的一种主观意志行为，不能看做是客观规律。这种看法是不对的。国民经济有计划发展所以成为社会主义的客观经济规律，根本上在于经济条件的变化。既然生产资料已经为自由结合的全体成员所共同占有，他们当然就会提出有计划使用这些生产资料，以为提高他们自己的物质文化生活服务。斯大林指出："它之所以发生作用，是因为社会主义的国民经济只有在国民经济有计划发展的经济规律的基础上才能得到发展。"

苏联前三十年的建设经验已经表明，国家依据这一规律的要求组织国民经济取得了辉煌的成就。但是当时对这一规律充分发挥作用的客观条件的估计不是很充分，还不清楚在一定的生产力水平和所有制关系的条件下，计划覆盖的范围和作用程度应有怎样的水平。总之，对这个规律的研究和认识还是极不够的。由于在还不具备这一规律充分发生作用的条件下，在实践中就形成了超越客观条件的集中过多、包括范围过宽的高度集中的计划体制，从而对国民经济的发展造成了极大的不利影响，挫伤了人们发展国民经济的积极性和主动性，资源未得到有效利用，影响了经济效率应有的提高。特别是完全否定市场机制在资源配置中的重要作用，更谈不到在现时条件下，使市场在资源配置上起基础性调节作用。这是经济理论方面的一个重要缺陷。但提出了国民经济有计划发展客观规律的理论，并提出必须很好地研究这个规律的要求，避免主观主义的意见，这些毕竟是社会主义国家经济建设的一个重要指导思想。

实践证明，高度集中的计划体制必须改革，必须把计划与市场结合起来，使市场在资源配置上起基础性作用，否则经济就不可能实现又好又快地发展。在我国从计划经济体制转向社会主义市场经济体制的改革过程中，这一改革被人们称作市场化改革，这表现了改革的主要方向。不过这只能是改革的一个方面，是指那些计划管不了和管不好的部分，应都交由市场来决定资源的配置。但这并不意味着全部资源都由市场导向进行配置，那是绝对不可行的。

这必然会造成经济发展的紊乱和无序。因为宏观的长远的经济发展目标和方向的确定，不是市场发挥作用的领域。而在社会主义公有制条件下，没有这样宏观的目标和方向，整个市场必然陷入盲目性的混乱之中，导致经济效率的低下。

有人根据市场化改革的思路提出计划要以市场为基础和依据。这种说法也是不恰当的。既然宏观的长远目标的决策不是市场发挥作用的领域，计划怎么又能以市场为基础和依据呢？持这种看法的人主要是在以下两个方面陷入了理论误区。

一是对市场在资源配置上起基础性调节作用的论点理解的不准确，认为这是要使市场对全部资源的配置起主要作用。其实，市场的基础性作用是指它对现有企业的日常生产经营活动中的资源配置起主要作用。也就是说，企业是根据产品的价格和盈利状况自主决定生产方向和投资方向。由于企业的活动是直接植根于生产和居民的日常需要，是国民经济运转的基础，所以说它起基础性调节作用。很清楚，这并不意味着全部资源配置是由市场导向。

从"十一五"规划的建议和所提出的经济社会发展目标来看，都不是根据市场需求提出的。如果以市场导向来配置资源，这些项目可能都排不上号，或者在短时期内排不上号。例如，为了落实科学发展观，极重要的内容是加快经济结构的战略性调整，特别是投资和消费的关系的调整，就不是市场能够实现的。这只能是由国家依据对客观规律和社会需要的认识做有计划的安排。发展循环经济，保护生态环境，建设资源节约型、环境友好型社会，促进经济发展与人口、资源、环境相协调，这些重大任务都是与市场自发调节的要求背道而驰的。具体说，一些重大经济建设，如加强基础产业基础设施，石油天然气勘探开发，大江大河治理，对消费高、污染重、技术落后的工艺和产品实施淘汰，防止污染和保护生态，推进天然林保护、退耕还林、退牧还草，等等，都是目前我国市场调节作用所难以发挥作用的。至于诸如居住、交通、教育、文化、卫生和环境等方面，市场本身更是难以直接发挥调节作用为经济社会的科学发展服务。

二是把市场需求和社会需要混同，把二者看成一个东西，把直接根据社会需要决定投资方向与根据市场需求进行生产和投资等同起来。在实行市场经济的条件下，一切需要的确都表现为市场的需求，因为都要通过货币交换来实现，但是二者毕竟是两个不同的概念。市场是通过价格和盈利程度迂回曲折地反映社会需要的。国家规划则不同。国家制定计划一定要关注市场供求状况，这是毫无疑问的。但在确定重大发展任务时，恰恰不是根据某些产品的价格和盈利，而是直接根据社会需要来分配资源。譬如合理确定投资总规模、改善投资结构、集中力量保重点，我国区域协调发展，"西部大开发"、东北振兴、中部崛起、东部新跨越，这样的四大区域经济板块联动的发展模式，对提高经济增长的质量和效益有决定意义。但是这些任务的提出和解决，市场都是无能为力的，因为这些任务恰恰是与市场的要求相悖的，这主要依靠政府财政资金的配置实现的。至于在完成这些任务的过程中，必须把市场作为手段和方法，充分利用市场机制和竞争机制来推动任务的解决顺利进行。这里我们可以清楚地看到，这些领域的资源配置，计划有着比市场更大的优势。

从以上分析可以看出，认为计划要以市场为依据的说法是不恰当的。制定国家的发展计划或规范当然要考虑当前的市场供求状况，因为一定程度上反映着生产和需要的关系，从而是我们制定计划或规划的基础。但是一般地说，计划只能以市场的动向为根据则是不正确的。

党中央把统筹兼顾作为贯彻科学发展观的根本方法，就表明了在正确处理计划与市场之间关系中，强化和完善国家的计划管理手段的必要性。科学发展观就是在充分发挥市场在资源配置上起基础性作用的条件下，进一步强化国家制定规划的主导作用落实经济与社会的科学发展。

科学发展观的提出反映出社会主义国民经济有计划发展规律发生作用，更加重视规划的主导作用。这是完善社会主义市场经济体制的极重要方面。为了实现国民经济又好又快地发展，全面建设小康社会目标，加快社会主义现代化，促进城乡区域经济协调发展成为制定"十一五"规划的一个重要原则。在我国，形成东部、中部、西部的合理的区域发展战略格局对实现资源配置高效率具有决定性的重要性。十七大强调要求把促进区域协调发展摆在更加重要的位置，切实把区域发展总体战略贯彻好、落实好。报告指出："必须坚持统筹兼顾。要正确认识和妥善处理中国特色社会主义事业中的重大关系，统筹城乡发展、区域发展、经济社会发作与自然和谐发展、国内发展和对外开放，统筹中央和地方关系，统筹个人利益和集体利益、局部利益和整体利益、当前利益和长远利益，充分调动各方面的积极性。"这是我国经济社会发展的新思路，是开创科学发展的大战略。它是以人为本的社会主义基本经济规律和国民经济按比例发展规律客观要求的反映，也是国民经济有计划发展规律发生作用的具体体现。只有遵循这些客观经济规律的要求，全面建设小康社会和社会主义和谐社会的目标才能顺利实现。

统筹兼顾的发展方法是社会主义制度优越性的具体体现，只有在社会主义全民所有制即国有经济占主导地位，和在公有制基础上产生的国民经济有计划发展规律发挥作用的环境下，才能把它作为发展的根本方法。就拿地区间经济结构的调整，地区产业结构优化方面来看，进展步伐很快，总体经济效益得到极大提高，这没有社会主义公有制这样的所有制基础，没有国家的集中统一的考虑和安排是不可能在这样短的时间内实现的。譬如在地区结构调整方面，目前东部沿海地区已初步形成了"长三角"、"珠三角"和以京津冀为核心区域的三大都市圈，在全国经济社会发挥着举足轻重的作用，成为支撑我国经济发展的核心地区；此外，山东半岛、辽东半岛、成渝地区、中原地区等城市群体也在发展壮大，成为拉动当地经济发展的主导力量。这种区域间优势互补的发展形势，市场机制的作用是起了重要作用的，特别是在初期。但是真正得到符合科学发展原则的最重要机制，还是社会主义公有制所产生全国人民根本利益的一致性和对经济全局的科学理解的有计划有意识的安排。

党的十七大报告中强调国家规划和计划的主导作用，报告指出："完善国家规划。发挥国家规划、计划、产业政策在宏观调控中的导向作用，综合运用财政、货币政策，提高宏观调控水平。"这一新的论断是非常重要的，这是正确处理发挥市场的基础性调节作用与加强国家宏观调控、正确处理计划与市场的关系的具有重大意义的指导思想。

国家规划、计划、产业政策发挥导向作用是国民经济有计划发展规律发挥作用具体体现。国家规划确定经济社会发展上哪些是鼓励的，哪些是限制的，哪些是要淘汰的，决定着发展的方向。

国家制定的经济结构的战略性调整，国有经济的战略性调整和国有企业的战略性调整这些重大政策，对保证国有经济快速发展有着不可估量的作用。再例如，国家制定的产业结构调整和技术进步，加快用先进技术改造高耗能、高污染企业，坚决淘汰落后生产能力和工艺的政策对加速经济发展方式的转变，提高经济增长的质量和效益，显然起着极其巨大的促进作用。

国民经济有计划发展规律只是提供了有计划发展的可能性，这种计划不仅表现在规划和计划的制定上，还必须有使规划和计划得以贯彻的力量和手段，否则规划就会落空，对经济发展起不了实际的导向作用。没有强有力的宏观调控力量，各个市场主体就会趋于按自发的市场机制的"看不见的手"活动。

就拿我国电力工业的发展情况来看。有一段由于电力供应紧张，成为经济发展的瓶颈，在市场规律的作用下，小火电机组纷纷上马，占了电装机容量的近1/4。它们耗能高、污染重。加快关停小火电机组成为电力工业加快结构调整，转变发展方式，实现节能降耗，走科学发展道路的必然选择。但是，这种压小上大的要求迟迟未能得到贯彻，因为它们的存在符合市场机制的要求，因为它有市场，能获取高利润。但是这种电力工业发展形势是不符合生产力发展规律的，从而也不符合合理配置资源的要求、违背科学发展方向的。在我国，通过国家的强有力的计划干预使这一问题得到了较快的解决。国家明确提出了"十一五"期间，关停5000万千瓦小火电机组，2007年要关停1000万千瓦的目标。多个地方遵照国务院的规定加快了步伐，纷纷爆破拆除小火电机组，提前完成了压缩小火电机组规模的国家任务。据初测算，1000多万千瓦小火电机组关停后，一年可节约原煤1450万吨，减排二氧化硫24.7万吨，减排二氧化碳2900万吨。这争得了经济发展的时间，改善了资源的不合理状况。当然，如果交由市场自发调节这些任务，最终也可以实现。资本主义制度就是用市场的方法实现的。但是对我们社会主义国家来说，处在当前的由发达的资本主义国家处于主导地位的国际环境中，处在许多发展中国家都在加快经济发展进程中的条件下，我们若仍等待市场机制经由巨大的震荡来实现这种产业结构的调整，我们的前景只能是灭亡。

像电力工业这种按计划的调整现象存在于国民经济多个重大的国民经济领域中。例如煤炭行业同样存在着"建大压小"的调整任务。由于市场机制的自发作用，各地小煤矿遍地开花，生产方式落后，资源浪费惊人，生态破坏严重，更是安全事故重灾区。提高行业集中度符合生产力发展规律要求。这种不合理现象既然是由市场规律作用产生的，当然就不可能依靠市场机制所能解决的。煤炭企业重组和建大压小的措施也只有主要依靠国家依据规划采取强有力的推动手段来解决。这种由国家规划导向的并通过了政府强有力的推动并配合以经济手段来贯彻的，国民经济有计划的统筹安排的发展所带来的效益是无法估量的。经济学家应当用统计方法、数学方法对这些做出量的计算。这必完全显示出中国特色社会主义经济的快速发展的一个最重要的根源所在。

国民经济有可能有计划地发展，这是中国特色社会主义公有制经济的一大优势所在。它们带来资源配置的高效率和高效益，虽然不如一些具体技术措施那样容易为人们所看到和认可，但它却是具有决定性，它对资源配置效率的提高是真正有决定意义的。这是社会主义制度较资本主义私有制度优越和保证国民经济又好又快发展的最重要原因之一。

十七大报告中提出完善宏观调控体系中，在指出在发挥国家发展规划、计划、产业政策在宏观调控中的导向作用的条件下，要综合运用财政、货币政策，以提高宏观调控水平。这表明，为了更好地发挥宏观调控的作用以实现国家发展规划的目标，要进一步强化财政、货币两大政策的综合运用。近一时期的经济发展表明，经济运行中的矛盾面临复杂局面，只单靠货币政策已难以调节经济运行符合宏观目标，保证稳定发展，这种情况提出了进一步加强财政工具的作用，使财政政策与货币政策有效配合。一种政策工具只能实现一项改革目标。我国是建立在社会主义公有制基础上的经济，宏观调控的目标不能只是从流通领域里着手调节总供给与总需求的平衡关系，而更重要的，还有调整经济结构和产业结构以贯彻落实科学发展的要求，这就决定了必须发挥财政工具的强有力的作用，以保证国家规划的实现。并就要求综合运用财政的支出、税收、国债、财政补贴、转移支付等工具的作用。货币政策则综合运用包括利率、汇率、存款准备金率、公开市场操作等手段。只有把财政政策和货币政策这两种政策工具协调起来，二者互相配合，宏观调控的效力才能增强，为经济发展方式转变和社会主义市场经济的完善创造良好的经济环境。

应当注意的是一些人们似乎有一些习惯的思维模式，把行政性配置资源看作绝对的坏，从根本上加以否定；而把市场配置资源看作绝对的好，过于迷信。他们强调资源配置应完全由市场为主导。例如，他们说："只有转变政府职能，才能将政府主导的经济增长模式转变为政府调控、市场主导、企业创造的经济增长模式。在市场经济条件下，政府的经济职能应体现在对市场主体'负外部性'效应的弥补上"。[1] 这种市场起主导作用、国有经济只是弥

---

[1] 《经济研究》，2007 年第 7 期。

补市场之不足的观点是西方经济学教科书教导的。

另外，有的政府官员也发表类似的看法，例如他们说："行政性资源配置方式尤其是过多的行政性投资决策，是导致我国经济增长方式粗放的一个初始性原因。——凭行政手段安排项目、抑制和破坏了市场有效配置资源的功能作用，……市场经济国家主要通过市场机制配置资源，基本上不存在经济结构问题，这说明行政性资源配置正是造成经济结构失调的初始性、根本性原因，……只有靠发挥市场组织功能作用，才能从根本上解决我国经济结构失调问题。"①

按照上述观点，把经济发展出现不协调现象，一股脑儿归罪到国家行政干预，似乎成了某些人的一种惯性思维。他们似乎根本没有看见现实中不协调现象产生的实际原因，而只是按照西方经济学的"教条"来思维的。市场经济万能的教条主义，蒙住了他们实事求是地观察和研究问题的能力。可能有一种情况把他们的思维导向误区，他们没有区分中央政府和地方政府。只有中央政府才具有对全国的经济运行具有调控的能力。地方政府在一定意义上不是国家规划和计划的主体，他们多半是作为市场主体进行经济活动的。他们所说的"行政干预"，实际上是指的地方政府以市场主体的身份参与竞争的活动。

在当前我国现行经济体制下，地方政府具有重要的管理经济的职能，它还控制着许多资源和国有企业，它们一方面是作为市场主体活动的，因此它们应当是中央宏观调控的对象；另一方面，它又应当是政策执行者，对宏观调控政策落实起着非常重要的作用。所以，地方政府具有双重性。一般地说，多数地方政府是顾全大局的，尊重国家的规划、计划和政策并认真落实。但也确有一些地方主要以市场主体的身份从事活动，从本地区局部利益出发考虑问题，对符合本地利益的宏观政策，执行的积极性就高；而对不符合本地利益但符合全国利益的国家规划、政策，则采取消极态度甚至抵制，为中央宏观调控政策的贯彻造成障碍。为了遏制这类现象发生，要强调国家规划的严肃性和纪律性，真正做到全国一盘棋。

为了完善社会主义市场经济体制，十七大提出了健全现代市场体系的任务。经过近30年的改革开放，我国成功地实现了从高度集中的计划体制转变

---

① 《经济与管理研究》，2007 年第 7 期王宝安文。

为社会主义市场经济体制。但市场体系还不很健全，应当由市场配置资源和生产要素的地方还没有落实。中央和地方都有需要进一步完善的方面，但主要在于地方政府。十七大提出要"加快形成统一开放竞争有序的现代市场体系，发展各类生产要素市场，完善反映市场供求关系、资源稀缺程度、环境损害成本的生产要素和资源价格形成机制，规范发展行业协会和市场中介组织，健全社会信用体系。"应当特别关注做到从制度上在国家规划、计划和产业政策的导向下更好地发挥市场在资源配置上的基础性作用，促进国民经济又好又快发展。

坚持和完善社会主义初级阶段的
所有制结构

一、社会主义初级阶段的基本经济制度的确立是客观规律

生产资料所有制形式是一个社会经济制度的基础，是决定整个生产关系体系的根本性质的，从而也是推动社会生产力发展的决定性因素。只有建立起适合生产力性质的生产资料所有制形式，才能使社会生产力迅速向前发展。也正因此，我国工人阶级取得政权后，首要的就是剥夺官僚垄断资本主义的生产资料，建立起社会主义的国有经济。尽管发展过程中曾有过严重错误，但国有经济的存在仍然保证了我国社会主义经济获得了飞速发展。也正因为所有制关系对社会生产力发展起决定性作用，实行改革开放以来实行的经济体制改革，也是把所有制改革放在改革的首要地位。实践证明：正是所有制上的改革，决定了我国三十年经济建设获得令人瞩目的伟大成就。

我国现在处于社会主义初级阶段，依据生产关系必须适应生产力的性质，全面的社会主义全民所有制只能建立在生产力的全面发展、大规模的社会化生产全面建立的基础上。因为只有在这样生产力的基础上，才能实行对国民经济进行全面规划，统一安排，实现完全的科学发展，并使全体人民共同得到最大利益，社会主义公有制的优势才能得以发挥。如果不具备全面发展的生产力而勉强去建立全面的社会主义公有制，只能阻碍生产力的发展，延缓财富的增长，不仅不能实现共同富裕，反而会造成共同贫困。这是马克思主义的一个基本原理。所以，在谈到社会主义夺取政权后应采取的措施时，有人问恩格斯能不能一下子就把私有制废除，恩格斯断然回答说："不，不能，

正像不能一下子就把现有的生产力扩大到为实行财产公有所必要的程度一样。因此，很有可能就要来临的无产阶级革命，只能改造现社会，只有创造了所必需的大量生产资料之后，才能废除私有制。"①

因此，建立怎样的生产关系，建立怎样的所有制结构，就是一个重大的问题。党的十七大指出，必须认清社会主义初级阶段基本国情，把它作为推进改革、谋划发展的根本依据。我们虽然在生产力发展上取得了伟大成绩，但我国当前仍处于，并将长期处于社会主义初级阶段的基本国情没有变，我们只能据此建立起适应生产力发展的所有制结构，使它成为我国经济发展的主要推进者。

从理论上说，所有制结构状况，必须适应生产力发展的要求，这是明确的。但所有制的具体的结构状况和不同所有制形式间的比重则不是从一般理论可以推论出来的，因而不是可以由少数人主观设定的，这只能由经济发展的实践经验提供。

改革开放以来，我们党在建立怎样的所有制结构上，经历着一个不断探索的过程。实践表明，由于我国社会生产力水平还很低，还很穷，资金还极度缺乏，仅有的生产资料还不可能把广大劳动者都吸收到社会化大生产过程中去。由于资金的缺乏，大量劳动者不可能都纳入国有经济中，他们的闲置是生产力的极大浪费，必须创造条件，把广大劳动群众尽可能多地吸纳进物质生产过程中，使他们成为社会财富的创造者。在现有条件下，唯一的方法就是动员未能参与生产的劳动者自己解决问题，这就是发展个体经济、私有经济，支持他们寻找适合自己条件的谋生门路。这是唯一的出路。所以，除了大力发展国有经济以外，必须鼓励和支持非公有制经济的发展。这是一条不以人的意志为转移的客观规律。如恩格斯所指出的，"只有创造了所必需的大量的生产资料之后，才能废除私有制。"

随着社会主义建设和改革实践的发展，以及经济的积累，我们对建立怎样的所有制结构的认识逐步深入。1997年党的十五大报告对我国所有制结构做出了意义深远的规定，指出："调整和完善所有制结构。公有制为主体，多种所有制共同发展，是我国社会主义初级阶段的一项基本经济制度。"这里表明这种所有制结构不是一种短期的政策，而是贯穿整个社会主义初级阶段的基本制度。同时非公有制经济不再只起补充作用的地位，而是与公有制经济

---

① 《马克思恩格斯选集》第1卷，第239页。

具有同等重要地位的共同发展。在 2002 年 11 月党的十六大报告中进一步强化了这一认识，提出了"两个毫不动摇"，"必须毫不动摇地巩固和发展公有制经济"，和"必须毫不动摇地鼓励、支持和引导非公有制经济的发展。"党的十七大继续明确了优化所有制结构的重要方针，这就是要坚持和完善公有制为主体、多种所有制经济共同发展的基本经济制度，坚持平等保护物权，形成各种所有制经济平等竞争、相互促进的新格局。

这一切充分证明，在社会主义初级阶段，公有制为主体，多种所有经济共同发展是一种客观规律。

二、公有制为主体和国有经济占主导地位

坚持社会主义初级阶段的基本经济制度，就是为了利用这种所有制结构，调动全体社会成员的主动性，发挥多种所有制经济的各自优势，相互促进，共同推动社会生产力的快速发展，创造日益增多的财富，更充分地满足全体人民的物质文化需要和个人的全面发展。

在所有制结构中，各种不同的所有制经济的地位和作用是个相同的。首先我们看到大工业是国民经济的主导力量，国有经济是建立在社会化大生产基础上的，它代表着最先进的生产力，是新的生产力的创造者，从而在生产力的发展中起主导作用。因此，决定了必须坚持公有制的主体地位，特别是国有经济的主导地位。通过它的发展武装其他所有制经济，带动非公有制经济发展。

另外，主导作用也体现在社会生产关系方面。国有经济是社会主义性质的经济，最根本的一点就是通过它的主导作用引领整个国民经济的生产目的服务于最大限度地满足全体人民的需要，实现以人为本的科学发展，保证全体社会成员享受到经济发展的果实。另外，社会主义国家机构借助于国家规划、计划和产业政策引导国家经济社会全面、协调、可持续发展。避免资本主义私有制的发展必然产生的周期爆发的生产过剩危机和金融危机，和由此带来的生产力的巨大破坏。

再次，国有经济在贯彻国家的宏观调控中起骨干作用。国有企业有义务落实国家的各项经济发展和调整决策，这对增大整体国民经济的效益起着决定作用。例如，这次为了摆脱国际经济危机的影响而实行的经济刺激计划，银行等

积极响应政府决策，大力增加贷款，配合国家财政措施，较快地实现了国家的政策目标。像重大经济结构调整、节能减排和生态建设、企业并购重组等对提高全社会经济效益有决定性作用的措施，都赖于政府和国有经济实施。另外，在一些特殊时期，同样是国有企业发挥着重要作用，例如，2003年的低温雨雪冰冻灾害、2008年的地震灾害，国有企业都是不计代价、全力以赴。

所以，在基本经济制度方面，最有决定意义的就是坚持公有制的主体地位和国有经济的主导作用。国有经济既是推动社会生产力发展的决定性力量，也是巩固和发展社会主义制度的决定性因素。只因为国有经济的主导地位和作用，决定着我国的其他非国有经济的经济成分成为社会主义市场经济的重要力量。国有经济是一种"普照的光"，它决定着其他经济的色彩，如马克思所说："在一切社会形式中都有一种一定的生产决定其他一切生产的地位和影响，因而它的关系也决定其他一切关系的地位和影响。这是一种普照的光，它掩盖了一切其他色彩，改变着它们的特点。这是一种特殊的以太，它决定着它里面显露出来的一切存在的比重。"①

但是，在如何看待我国社会主义国有经济问题上，至今仍存在着不同的看法，主要是两方面，一是国有经济的性质问题，一是国有经济的地位和作用问题。

先谈谈国有经济的性质。在我国的条件下，国家所有制，即全民所有制是社会主义性质的经济。但是这个问题一直受到理论界某些人的怀疑。有人认为国有制古已有之，不能说它是社会主义性质的。例如，一位学者在2009年6月29日的《北京日报》上发表文章说，国有化不等于社会主义，其根据之一是恩格斯曾批评过一些人把俾斯麦的铁路、烟草公司收归国有说成是社会主义的错误观点；并且还发挥说，希特勒也主张过国家社会主义，美国当前在国际经济危机中，也采取许多国家干预和刺激经济的措施，这能说是社会主义吗？当然不能把国有化等同于社会主义。但是，问题在于文章没有说明为什么他们那些国有化不是社会主义的。问题更在于作者没有确定我们国家的国有经济是不是社会主义性质的，没有说明为什么我国的国有经济是社会主义性质的，它与资产阶级的国有化有什么本质区别。因此，这种观点很可能混淆了不同经济制度下国有化的本质区别，引导人们怀疑我国的国有化

---

① 《马克思恩格斯选集》第2卷，第24页。

的社会主义性质，因而起着误导作用。

马克思主义认为国有化只是一种所有权形式，这种形式的实质内容是由所有者的性质决定的。资本主义社会中国家是代表资产阶级利益的，是资产阶级总体的代表，所以，那里的国有化本身不具有任何社会主义性质。在社会主义制度下，在我国，国家是工人阶级领导的全体劳动人民的政权机构，它不再是只代表少数剥削者利益的，而是真正代表全社会利益的。另外，我们的国家机构，由于是代表全体人民掌握和管理国家的经济的，它已不单纯是一个政治上层建筑，而且还是代表全体社会成员对全社会经济运行的管理者，所以又是生产关系体系中内在的一个重要组成部分。正是这一点决定了我国的国有经济是社会主义性质的。不讲清这些，而笼统地重复"国有化不等于社会主义"，是一种不严肃的态度。

下面谈谈国有经济的地位和作用。

一些人由于没有区分社会主义国有经济与资本主义下的国有经济，所以，对我国国有经济的地位和作用有错误的理解。有些人受到现代西方经济学的影响，束缚于西方经济学理论框架。例如他们断言说："政府的基本职能，说到底，就是一句话：组织公共物品供给"，"国有经济在社会主义市场经济中主要应当承担弥补市场机制不足的功能"。

很明显，这些看法完全是从现代西方经济学和资本主义国家的一些政治家那里搬过来的。他们缺少马克思主义对社会主义国家所有制的基本认识，也不符合中国特色社会主义理论体系的精神。科学发展观要求的以人为本、全面协调可持续发展以及统筹兼顾的根本方法，科学发展观与这种把国家对经济的管理限于弥补市场机制之不足和组织公共物品的供给的观点是相对立的。对他们来说，目标不是科学地发展，而只是盲目地自发发展；在他们看来，发达的资本主义国家模式是唯一要遵守的模本。这次国际金融危机和经济危机的爆发，应当给这些人某些启示。对他们来说，需要有一个解放思想的过程，需要有对我国社会主义建设实践中新事物的深入研究过程。

公有制所以必然代替私有制经济，就因为它能产生更高的劳动生产率，资本能更有效地配置。公有制的这种优势，首先是在宏观方面有着突出的表现。

一些人之所以总怀疑公有制比不上私有制更有效率，主要因为他们是以这样的看法为基础：人都是为自己的私利而活动的，所以私有制更能调动个人的生产积极性。而公有制由于生产成果不直接与私人利益相结合，所以它必然要泯灭个人的积极性。这种观点看似合理，实际上是一种主观揣测，不符合社会历史发展的实际。它只不过是一种狭隘的小生产者观念的反映。比如，资本主义制度是靠剥夺小私有者的生产资料，把他们集中在一个屋檐下集体生产，产品也不归劳动者所有这样一种制度。若按上述人的看法，这肯定比不上自给自足的小私有制更有效率。实际上正相反，恰恰是这种生产方式几十倍、几百倍地提高了效率。为什么？这是因为资产阶级建立起适合生产力性质的生产关系，它不是靠每个生产者握有属于自己的私有生产资料这种积极性推动生产力发展的，而是在追求利润的巨大冲动下，主要靠建立起适合生产力发展的企业组织——手工业工场，发挥分工和协作这种新的劳动方式的优越性，才实现了劳动生产率飞速的提高。

随着机器大工业的发展，生产力也日益社会化，从原来的资本都作为私人资本独自经营的所有制关系，到股份公司的形式联合成社会资本，使所有权与经营权相分离，再到大资本吞并小资本，垄断资本占有支配地位，又进一步发展到国家垄断资本主义又取代了私人垄断资本主义，国际垄断资本主义又在世界经济全球化过程中日益发展。这一切都表明了一个必然趋势：占有的社会化程度随着生产力的社会化的发展，不以人的意志为转移地日益加深。这是一条自然规律。

占有社会化的最高形式就是全社会共同占有全部生产资料，这正是马克思得出社会主义公有制必然代替资本主义私有制论断的基本根据。这一结论既不是出于对资本主义的厌恶和人道主义追求，而是表述出一种历史必然性。这已被以往和当代全部人类历史发展实践所证明。

所以，正是这种客观规律显示，建立在社会化大生产基础上的社会主义公有制才能提供大大超过资本主义私有制所能提供的更高的生产率。

为什么一些人总是不相信公有制经济有更高的生产率呢？这一方面是因为社会主义还初步建立，我们还没有管理这样公有制经济的实践经验和所需人才，对生产力的社会性质和社会化程度还缺少科学的认识，更缺乏适应当前生产力社会化水平的生产资料公有制的恰当实现形式的认识。这种认识只有在实践中才能形成。因此，公有制的优越性还未能得到充分发挥。

另外一个重要原因是这些人看问题的局限性，缺乏宏观角度，只局限于从微观角度，从单个企业的角度来思考问题。如果只从单个企业比较，一些国有企业比不上一些私有企业能提供更高的效益。这有很多原因，譬如，国有企业还不适应在市场经济条件下的经营活动，不少企业的管理者的水平还不够，选人的机制也存在问题，影响了经营水平和效益的提高。但是，不能以偏概全，不应把眼光局限于某些国有企业微观效益尚达不到应有水平，而漠视公有制在总体上的优越性所创造出的更大的效益，后者是更有决定性意义的。我们所以在总体上有着比资本主义国家更快的发展速度，悉决定于此。

应当看到，我国的国有经济在改革开放以来，经历了一个曲折的改革实践过程。

改革初期，的确暴露出国有企业的一些弊端，包袱沉重、步履蹒跚、机制不活、效率低下，在与当时逐渐兴起的一些外资、私营企业，甚至一些集体企业相比，形象极为不佳，社会主义优越性受到怀疑。公有制经济、国有经济被称为低效率的同义语。这些片面的说法有其现象根据。例如，在最困难的 1998 年，2/3 以上的国有企业亏损，全国的国有企业获取的利润加起来不过 213.7 亿元。故而有的学者甚至依据当年的全国基本单位普查数据断然说："国有企业对于效率具有明显的负作用。"

社会主义公有制所固有的优越性没有发挥出来，关键在于没有找到对国有经济和国有企业的科学的管理制度。生产资料公有制只是一个理论上的概念，要使它变为现实，就必须找到如何有效实现这一本质关系的具体形式。国有国营已证明不是成功的形式。国有企业改革，实质上也就是探索国家所有和国家对它的管理的具体形式的过程。改革的方向就是必须使国有企业从政府的"附属"转变成为自主经营、自我发展相对独立的商品生产者。也就是说建立社会主义市场经济体制，使国有企业成为市场主体，在市场竞争中拼搏，接受市场的检验。建立起现代企业制度，以做到更好地，并不断地提高效益，增加盈利。党的十六大提出了深化国有资产管理体制改革，要建立政企分开、政资分开、所有权与经营权分开，权力、义务和责任相统一，管资产和管人、管事相结合的国有资产管理体制，探索出一条较完整的国家对国有经济的管理制度。在这一改革的推动下，国有经济开创了蓬勃发展的新局面。社会主义制度的优越性得到了进一步的发挥，扫除了公有制等于低效率的阴霾，活力大大提高。以国有及国有控股工业企业为例，1998－2006 年，全国国有及国有控股工业企业资产总额从 7.49 万亿元增加到 13.52 万亿元，主营业务收入从 3.36 万亿元增加到 10.14 万亿元，利润总额从 525.14 亿元增加到 8485.46 亿元。2007 年，全国国有企业上缴税金 1.77 万亿元，占全国财政收入的 34.5%。与 2002 年相比，全国国有企业户数虽然减少了 4.36 万户，但营业收入、实现利润、上缴税金分别年均增长 18.7%、36% 和 20.4%。①

国有经济的发展壮大是与国有企业改革、国有经济结构的优化结合在一起的。1997 年后，国有经济与国有资本逐步向关系国民经济命脉的重要行业和关键领域集中，而从一般竞争性行业逐步退出。这使建立在社会化大生产基础之上的国有经济的社会主义优越性得到更充分的发挥。据国资委统计表明，目前中央企业 82.8% 的资产集中在石油石化、电力、国防、通信、运输、矿业、冶金、机械行业，承担着我国几乎全部的原油、天然气和乙烯生产，提供了全部基础电信服务和大部分增值服务。在重要行业和关键领域的中央企业的户数占全部中央企业的 25%，资产总额占 75%，实现利润占到 80%。② 从 2002 年到 2007 年 5 年间，国资委监管的中央企业资产总额年均增加 1.5 万亿元，销售收入年均增加 1.3 万亿元，实现利润年均增加 1500 亿元，上缴税金年均增加 1000 亿元。③ 这些简单的数字充分表明，说国有企业是低效率的同义语的论断已经失效。非国有经济无论如何是不可能获得这么巨大的高效率的。国有大中型企业在国民经济重要行业、关键领域越来越具有积极的影响力和控制力。

从微观上看，通过改革和结构调整，国有经济的优越性也日益显露，一大批极富活力的国有企业脱颖而出。我国拥有了一大批具有国际竞争力的大企业，获得了在国际竞争中的话语权，成为增大国家综合国力的重要组成部分。据报道，美国《财富》杂志近日公布了 2009 年度 500 强企业排名，中国企业成为这次排名榜中的最大亮点。中国内地企业上榜 34 家，超过了 2008 年的上榜 26 家的数字。中国石化集团第一次进入前十名，列到第 9 位。中国三大电信运营商均榜上有名。中国移动以 650.15 亿美元的营业收入进入前 100 强，排名比上一年提高了 49 位。

正是国有经济的快速发展决定着我国国内生产总值的迅速增长，GDP 由 1978 年的 3645 亿元，迅速跃升至 2007 年的 249530 亿元。经济总量占世界经济的份额也有明显上升，1978 年为 1.8%，2007 年提高到 6.0%。人均国民收

---

① 《人民日报》2008 年 10 月 3 日。

② 《人民日报》2008 年 10 月 2 日。

③ 《人民日报》2008 年 10 月 27 日。

入也实现了同步增长，由1978年的190美元上升至2007年的2360美元，目前已超过了3000美元。如果不是抱着极大的偏见，怎么能否定国有经济在我国经济发展中的决定性作用及其巨大的优越性呢。

从国际舆论来看，越来越多的理论界、政治界的人士认识到，我国坚持国有经济的巨大优势，很多人把它列为经济发展中国模式的主要特征。美国《时代周刊》2007年7月30日一期的文章中说："中国显然提供了一种国有企业继续发挥重要作用的经济模式。"① 俄罗斯《政治杂志》周刊2007年21－22期合刊登载的文章中说："中国是在维护国家主导作用的情况下向市场经济迈进的。不仅如此，中国的发展模式并不以降低政府的作用为条件……虽然目前70%以上的国内生产总值都是非国营企业创造的，但是中国人非常清楚，私有制离开国家管理就无法生存。中国的成就与其说建立在经济自由化上，不如说建立在经过深思熟虑的社会经济战略上。"②

三、鼓励、支持和引导非公有制经济的发展

党的十七大报告中指出，要坚持和完善公有制为主体、多种所有制经济共同发展的基本经济制度，要求形成多种所有制平等竞争、相互促进的新格局。这是指导我国今后优化所有制结构的重要方针。

优化所有制结构，首要的当然是要继续毫不动摇地巩固和发展公有制经济，特别重要的是坚持国有经济在经济社会发展中的主导地位。但如我们前已讲到的，在我国社会主义初级阶段，不能实行单一的公有制。在现阶段，我们生产力的数量还不够多，质量也不够高，社会化的集中的大规模的生产过程还不可能普遍建立。因此，最大量的一般产品，特别是直接满足居民日常消费的产品，只能依靠中小企业来生产，才能更好地满足居民的多样化和日益个性化的需要。这就必须调动起全社会成员的主动性、积极性，把他们的财力和人力投入这些领域，以增大社会财富，满足居民的物质文化生活的需要。在当前的生产力水平、组织生产的管理水平，特别是科学技术水平还

① 《参考消息》2007年7月31日。
② 《参考消息》2007年8月1日。

相当低的条件下，靠集中的大规模生产单位是不能很好满足这些需要的。唯一的方法，就是鼓励和支持私有经济的发展，这可以调动社会资本和劳动力投入到创造人民需要的财富中去，解放和发展生产力。

改革开放30年来的经验充分表明，在这些一般性的竞争领域，个体和私营经济有其较国有大企业更大的优势。这类企业一般需要投入小，建设周期短，可以调动更大量的人员，把他们的资本运用起来，而这些资本的有机构成一般较低，可以吸收更多人力从事对社会有益的产品生产和服务中去，并实现更好地满足人民的物质文化需要。从这点看，私有经济的发展是有利于而不是有害于社会主义经济的发展和制度的巩固。这些领域中的私有经济的发展还有利于国有经济的发展和主导地位的增强，因为它可以使有经济能够腾出手来，进入关系国民经济命脉的重要行业和关键领域，向大企业集中，增强国有经济的影响力和控制力。

改革开放以来，随着国家对非公有制经济发展的政策逐渐放开，个体、私营等非公有制经济得到了很大的发展。随着国家提出了对国有经济的战略性调整和社会主义初级阶段所有制结构完善的方针后，2002年11月，党的十六大又进一步提出了"两个毫不动摇"的方针，即"必须毫不动摇地巩固和发展公有制经济。必须毫不动摇地鼓励、支持和引导非公有制经济发展。坚持公有制为主导，促进公有制经济发展，统一于社会主义建设过程中。"这标志着中国非公有制经济进入一个新的发展时期。2003年10月，党的十六届三中全会通过了《中共中央关于完善社会主义市场经济体制若干问题的决定》，随之国务院又据此制定了《国务院关于鼓励支持和引导个体私营等非公有制经济发展的若干意见》，进一步提出了一系列大力发展和积极引导非公有制经济的具体政策和要求。在这样的一系列政策的推动下，非公有制经济有了更迅速发展的有利环境。据《国家统计年鉴》提供的数字，全国规模以上工业企业中非公有资产比重由1996年的16.6%，升至2007年的42.4%。根据商务部2009年1月15日公布的数据，改革以来30年时间，国内私人资本的规模，从改革起步时的几乎为零，积累到2007年的53304.95亿元。

可见，在现阶段，公有制经济和非公有制经济都是发展社会生产力、满足全体社会成员物质文化需要的不可缺少的组成部分。不应把二者对立起来。判断一种所有制形式是否存在的必要，不是由抽象的正义原则决定的，而是由现实的生产力的状况决定的。正如恩格斯所说，如果这种所有制关系能推动生产力和社会事业的发展，在这种所有制形式中吃了亏的人也是满意的。①

我国国民经济整体的发展实践证明了，非公有制经济是促进我国社会生产力发展的重要力量，是社会主义市场经济的重要组成部分，证明了各种所有制经济是可以在市场竞争中发挥各自优势，相互促进，共同发展，统一于社会主义现代化建设的进程中。

同样一种现象，不同的人可以产生不同的看法和评价。我们党的所有制结构改革方针，是以马克思主义基本原理，特别是以中国特色社会主义理论体系为指导制定的。坚持四项基本原则，是我们制定党的改革方针政策不可动摇的指导思想。但是，有的人对私营经济得到快速发展做出不正确的判断，认为个体私有经济的发展是人性追求使然，私有经济是一种人性化的制度，可以达到市场对资源配置最佳，所以，私有经济是唯一可以达到最高效率的制度，因而应采取以私有制经济为主体替代公有制经济为主体的方针。

这些看法显然都是不正确的。它们背离了马克思主义的用生产力与生产关系辩证运动规律揭示制度变革这个历史唯物主义理论；而是用人的自私本性来解释私有经济得到迅速发展的现实，这种历史唯心主义的观点早已被证明是错误的。

还有人借口国家提出股份制成为公有制的主要实现形式，以及十七大提出的增加老百姓财产性收入的措施和大力鼓励支持发展私有经济的政策，再次提出了，把国有资产股份化，分配给每一个公民的观点。他们提出把全部国有资产注入国民权益基金。然后，"把这个国民权益基金的股份平均分到13亿公民身上。然后，就像现在的公众股权一样可以交易。"② 显然，提出这种主张的人，把党的鼓励支持非公有制经济的政策，理解为要实行全面私有化政策。这是与党提出的主张完全背离。我们提出鼓励支持非公有制经济的发展，是在大力发展国有经济、增强它的主导地位和不断增强它对整个国民经济的影响力和控制力的前提下实行的，不是要把国有经济私有化。另外，持这种主张的人，完全不顾已有的历史教训，许多实行私有化的国家失败的经验，证明了这是一条自取灭亡的道路。比较典型的是俄罗斯搞的500天私有化运动，把全部国有资产价值以股票形式平均分配到每一位居民手中，结果不是全民共同富裕，而是根本改变社会经济结构，催生了私人资本，特别是

---

① 《马克思恩格斯选集》第3卷，第491页。
② 陈志武：《经济观察报》，2009年7月6日。

大资本的形成，是财富迅速从居民手里流失，集中到寡头们手里，产生了少数垄断国家经济命脉的金融寡头，得到的结果不是经济的发展和人民生活水平的提高，而是经济的急剧衰退，人民贫困率提高，国家实力大大削弱，被排除在世界强国之列。

还有人把私有化等同于社会化。例如，有人说民营企业的实质是"人民群众自己创造财富的经济形态，真正实现了国际歌中唱的'自己解放自己'，他们的财产是私有的，但这个私有已经包含了社会所有的意义在里面，它做得越大，越是社会的。"① 还有人说，大力发展私营经济是依据《共产党宣言》中说的"'个人的自由发展以每个人的自由发展为条件'这一社会主义本质精神的。"② 这些思想如果出自某些私营企业家口中是可以理解的，个人的观念必然要由他的经济地位决定。但如果出自理论界的且是一些知名的学者之口，则是值得注意的了。

我们必须全面地科学地理解党的完善我国所有制结构的方针，实行多种所有制经济共同发展，是为了调动起全体社会成员的力量投入到创造社会财富的洪流中去，解放生产力和发展生产力。但是，非公有制经济的发展，都必须是在国家政权和国有经济的主导下进行的，使其真正从事有利于社会生产力发展和人民生活水平的提高。否则，国家可以利用各种手段加以引导。一个比较典型的例子就是，2003 年江苏扬中县民营资本盲目上马大型钢铁联合企业事件，即"铁本"事件，造成资源的巨大浪费，后来在国家通过经济手段结合行政手段强制地使其下马，防止了钢铁生产能力过剩状况的恶化，保证国民经济的协调发展。再譬如，根据国家规划和科学发展的要求，应当取消各地的小钢铁、小水泥、小煤矿、小电厂，它们的存在不符合节能减排、节约资源和科学发展的要求，国家则通过各种手段迫使它关停并转，加以取缔。实践证明，只要我们掌握强大的国有经济和国家的经济命脉，只要能源、银行、重要运输力量掌握在执行社会主义政策和科学发展观的国家政府手里，就可以控制和引导经济社会的发展，沿着社会主义方向和获得最大效率的方向前进。我们鼓励支持非公有制经济发展的方针，绝对不是要走资本主义私有制占支配地位的道路，只是利用它们为发展社会主义经济服务。

---

① 杜珂:《中国改革》2009 年 6 期。
② 《浙江省委党校学报》2006 年 6 期。

完善社会主义市场经济体制，
落实科学发展观

把坚持社会主义基本制度和发展市场经济结合起来，建立社会主义市场经济体制，是马克思主义，特别是马克思主义政治经济学中国化的伟大成果，是中国特色社会主义理论体系的重要组成部分。我们应响应党的十七大的号召，"深入学习贯彻中国特色社会主义理论体系，着力用马克思主义中国化最新成果武装全党"。

一

社会主义市场经济理论是邓小平依据马克思主义政治经济学的基本原理和总结国际国内社会主义经济发展的经验创建的。他在 1979 年 11 月会见两位西方学者的谈话中系统地表述了他的发展社会主义市场经济的观点，之后又在多次谈话中特别是在 1992 年的南方谈话中，依据改革开放实践的进展，不断丰富和发展了他的这一理论。

概括邓小平的社会主义市场经济理论，主要包括以下内容。

1. 坚持社会主义基本制度是立论的根本前提，是社会主义公有制选择了利用市场经济来巩固和发展自己。邓小平最初的那次谈话就明确表示他讲的是"全民所有制之间的关系"。一些人未能正确理解这一点，颠倒了二者的关系，提出应由市场经济选择社会基本制度。社会发展规律表明，是经济制度选择市场，而不是市场选择经济制度，这是马克思主义政治经济学的一个基本原理。

2. "市场经济不等于资本主义"，这是邓小平肯定社会主义可以结合市场经济的依据。资产阶级经济学，从古典经济学到现代西方经济学，它们的基本观点都是确认市场经济等于资本主义。马克思在《资本论》中一再批判资产阶级经济学家混淆二者本质区别的错误观点，指出它们的有意识的目的是用市场经济中的自由、平等概念掩盖资本主义制度中的实质上的不平等的剥削关系。这也是为什么资本主义国家都愿意把自己称作市场经济国家的原因。只有肯定了市场经济不等于资本主义，才能提出社会主义可以利用它来发展社会生产力和巩固社会主义。

3. 市场经济是方法，是手段。邓小平一再强调计划经济和市场经济都是方法，是手段，指出，搞社会主义市场经济，"这是社会主义利用这种方法来发展社会生产力"。把市场经济看作发展生产力的方法是马克思主义政治经济学的重要理论观点。在《资本论》中，马克思科学地阐明了资产阶级是怎样利用市场方法来推动生产力发展的。马克思和恩格斯都分析了资本主义追求剩余价值的生产目的，把商品经济价值规律中所包含的促进生产力发展的潜力最大限度地调动了起来。但市场经济不是一种独立的经济制度，市场经济的一般原则必须服从资本主义生产的根本目的。当一般商品经济的等价交换原则不能与同量资本要求获取等量利润这一资产阶级根本利益关系相适应时，它必须被改变，必须从按价值交换转变为按生产价格交换。这清楚地表明了市场经济一般必须服从它所依附的社会经济制度，为该制度的根本利益关系服务。

4. 社会主义搞市场经济不会导致资本主义。这是从以上的观点得出的必然结论。邓小平说，"把这当作方法，不会影响整个社会主义，不会重新回到资本主义"。把市场经济只作为方法来定位，具有重要的方法论意义。根据这一方法来思考，就不会在发展市场经济中迷失政治方向。社会主义只能在有利于社会生产力的发展和有利于社会主义制度的巩固的前提下来选择运用市场的方式、方法、范围和力度。

把握了以上几点内容，就可以对社会主义市场经济的内涵有准确的理解，对社会主义基本制度和市场经济二者在社会主义经济结构中的定位也就得以确定，这就使得在实践中正确地更好地利用市场经济方法有了明确方向。

以上阐述的内容表明，一些人的下述看法是不正确的。他们把我国经济体制改革方向定为建立社会主义市场经济体制的认识，看做是学习了西方经济学才得出的，是在它的指导下提出的，这种看法显然是不符合实际的。邓小平提出社会主义可以与市场经济相结合的思想，其提出的理论前提和根据，哪一条也不是西方经济学所能提供的，而且都是与它们的基本理论相对立的。现代西方经济学对我们来说，只是作为一种研究运用市场经济的方法的学问来学习的。如果把西方经济学所坚持的市场经济等于资本主义这种观点作指导思想，就根本不可能提出社会主义市场经济这个概念。邓小平在评价 1984 年十二届三中全会通过的《中共中央关于经济体制改革的决定》中确立了社会主义是有计划的商品经济的这一结论时，高兴地说，这"是写出了一本政治经济学的初稿，是马克思主义基本原理和中国社会主义实践相结合的政治经济学"。可见把社会主义可以与市场经济相结合的看法看做是在西方经济学指导下提出的，是不符合实际的。

随着我国改革开放的进展，社会主义市场经济理论不断得到丰富和发展。党的十四大报告，确定建立社会主义市场经济体制的改革方向，明确规定了社会主义市场经济的内涵，这就是使市场在国家宏观调控下对资源配置起基础性作用。党的十四人报告还阐明了充分发挥市场激烈竞争对生产发展的积极作用与加强和完善社会主义国家对经济发展全局的宏观调控的极端重要性。

在新的发展阶段，党中央把社会主义市场经济理论继续推向前进。2003 年党的十六届三中全会通过了《中共中央关于完善社会主义市场经济体制若干问题的决定》，《决定》提出了完善社会主义市场经济体制的目标、任务和指导思想，要求全党"继续探索社会主义制度和市场经济有机结合的途径和方式"。

党的十七大报告进一步丰富和发展了社会主义市场经济理论。针对社会上某些人对社会主义与市场经济二者关系仍然存在模糊认识，报告中更加强调了坚持社会主义制度是我们思考问题的根本出发点，指出我们的改革是"把坚持社会主义基本制度同发展市场经济结合起来"。不应当把发展市场经济作为改变社会主义制度、削弱和否定国有经济主导作用的借口。

十七大报告在科学发展观这一科学理论和战略思想的指导下，进一步强调了完善社会主义市场经济体制的重要性，把它同转变经济发展方式并列为实现未来经济又好又快发展目标的关键。对社会主义市场经济理论的认识由此进入了新的阶段。

二

改革开放以来进行的市场取向的改革取得巨大成果，成功实现了从高度集中的计划经济体制到充满活力的社会主义市场经济体制的转型，它是我国三十年来经济快速发展获得巨大成就的决定性因素之一，是中国特色社会主义道路的明显标志。

经过 30 年的改革，社会主义市场经济体制已初步建立。目前，中国经济市场化程度已达到70%以上，资源配置方式发生了根本性变化。在计划体制、投资体制、全要素市场和价格形成的各个方面，都按照市场取向的原则进行了改革，这使社会生产力获得进一步解放，推动了生产力的快速发展。国内生产总值年平均增长百分之十以上，经济效益明显提高，从消费品过去极为匮乏转变为极大丰富，人民生活明显改善，这一切都表明社会主义市场经济体制的建立功不可没。

但是在发展过程中也出现了一些不协调、不和谐的现象，面临许多新情况、新问题，经济保持平稳较快增长的任务仍然非常艰巨。特别是提出科学发展观之后，对经济社会的发展产生了更高的要求，必须是全面、协调和可持续发展，这就强烈要求进一步完善社会主义市场经济体制，更加需要加强和改善宏观调控，增强宏观调控的科学性、预见性、有效性，切实提高宏观管理水平，以保证实现经济社会的科学发展。

科学发展本身就是人们在对客观经济规律认识的基础上的一种自觉的有意识的活动；这些客观规律包括生产力发展规律、生产关系发展规律，以及市场经济运行的一般规律。因此，在经济社会发展各个方面进行统筹兼顾的自觉安排，成为必然采取的根本方法，这自然就提出了进一步加深对社会主义市场经济体制的认识并使它进一步完善的任务。也正是由此，把完善它看做是促进国民经济又好又快发展关键因素之一。

为了落实科学发展观，关键之一就是在完善社会主义经济体制方面取得重大进展。十七大报告指出，"要深化对社会主义经济市场规律的认识，从制度上更好发挥市场在资源配置中的基础作用，形成有利于科学发展的宏观调控体系"。

深化对市场经济规律的认识具有重要的意义。我们说市场经济是方法、手段，资本主义可以利用，社会主义也可以利用，这绝不意味着它是可以自由取舍的一种外部工具，必须认识到它是发展社会生产力的一种内在要求。说它只是一种方法、手段，是相对于利用它的特定社会基本制度而言的，本意是说对特定的基本经济制度来说，它本身不直接体现该制度的根本性质，是被该制度利用来为其基本利益服务的。应当看到，市场经济本身也是一定的生产关系，也体现一定的利益关系。不过这种利益关系必须从属于特定基本制度的本质利益关系，为后者的实现服务，它也由此构成该社会经济体系的内在的有机组成部分。例如，资本主义制度中的价值与剩余价值的关系就是如此，价值关系是为剩余价值生产服务的。另外，市场经济作为一种经济形式，有它本身的运动规律，等价交换就是市场经济的客观规律，不过它也是从属于特定社会的基本经济规律的，并由此构成该社会经济规律体系的有机组成部分。因此，为了利用好市场经济这个手段，必须遵循价值规律的要求和实现规律要求的各种机制，像价格、竞争等，通过这些机制对市场上的供给和需求关系的调节，以实现资源的合理配置。价值规律会指导和强制企业微观主体紧盯着社会市场的需求和把产品生产成本降低到最低限度，这不需要外部人为力量的干预，一般地说，从上而下的直接管理都很难比它做得更好。

目前，在按照市场经济客观规律办事方面，相关的政府机构更多的是放手不够，仍然习惯于从生产经营者的角度去思考投资的市场前景、经济效益、产品技术方案、资金来源等等，实际上在替企业作决策，不认可企业的投资主体地位。在这方面，我们的经济体制上还有许多问题需要改进。正如十七大报告指出的，"社会主义市场经济体制初步建立，同时影响发展的体制、机制障碍依然存在，改革攻坚面临深层次矛盾和问题。"实践表明，更好地发挥市场在资源配置中的基础作用，仍然是完善社会主义市场经济体制的极其重要的方面。即使政府的必要干预，也应当符合市场经济规律的要求，尽可能通过市场方法、经济手段来贯彻。

但是市场调节有它的缺点，即市场决策的分散性和着眼近期的直接利益。宏观的长远的全局性的发展目标和方向的确定，则不是市场发挥作用的优势领域。

十七大报告提出"统筹兼顾"是贯彻科学发展观的根本方法，这就表明了强化和完善国家的宏观管理手段的必要性。科学发展观必然要求在充分发挥市场作用的同时，强化国家制定规划的主导作用以落实经济与社会的科学发展。当前完善社会主义市场经济体制，特别要求重视国家规划的主导作用。

关于统筹兼顾，十七大报告阐述了它的主要内容，这包括统筹城乡发展、区域发展、经济社会发展、人和自然和谐发展、国内发展和对外开放，统筹中央和地方关系，统筹个人利益和集体利益、局部利益和整体利益、当前利益和长远利益。只有做到统筹各个方面的发展关系，兼顾各个方面的利益，才能充分调动各方面的积极性。而要做到统筹兼顾，必须加强战略思维，既要总揽全局、统筹规划，又要抓住牵动全局的主要工作、事关群众利益的突出问题，着力推进、重点突破。这些都不是市场的自发活动所能做到的。

科学发展观的第一要义是发展。在社会主义条件下，发展方面最重要的是正确处理投资与消费的关系。社会主义的生产不是为生产而生产，科学发展观的核心是以人为本，生产的直接目的就是为了最大限度地满足人们的物质文化需要，人及其需要是我们经济建设的出发点和归宿。贯彻这一点的关键就是处理好投资与消费的关系。二者关系只能主要依靠国家的长远规划和年度计划来安排和调节。

另外，在具体经济建设方面，一些重大的影响全局的项目，如加强基础产业基础设施，石油天然气勘探开发，大江大河治理，对消费高、污染重、技术落后的工艺和产品实施淘汰，防止污染和保护生态，推进天然林保护、退耕还林、退牧还草，等等，都是市场的自发调节所难以实现的。至于诸如居住、交通、教育、文化、卫生和环境等社会建设方面，更是有赖于政府的宏观安排和调控。实践清楚地表明，上述领域的资源配置，也只能由中央直接根据社会需要制定科学的规划导向去实现，在这方面国家规划显然有比市场导向具有更大的优势。

党的十七大报告中指出："完善国家规划体系。发挥国家规划、计划、产业政策在宏观调控中的导向作用，综合运用财政、货币政策，提高宏观调控水平。"这一新的论断是非常重要的，强调国家规划的导向作用，对贯彻和实现科学发展观具有重大意义。

国家规划与过去高度集中的计划体制时的经济计划不同，它不再是制定具体、微观、指标性发展计划，而是制定影响国民经济和社会发展全局的重大战略和方向，包括经济社会发展的重大原则、明确发展目标和主要任务。国家的年度计划则与国家规划相衔接，制定当年的经济社会科学发展的总体要求和主要目标、主要任务。实践国家规划和计划是实现科学发展的根本保证。在实行市场经济条件下，国家规划给微观市场主体提供了重要信息，但它不能替代企业的自主决策，企业是直接根据盈利水平和市场供求状况独立做出决策。市场价值规律会引导和强制企业经营活动适应社会的实际需要，它们也由此成为国家规划和计划实现的基础。市场自发活动做不到的、影响全局的需巨大投资的、对经济结构调整有决定性作用的重大建设项目或非盈利性的项目，则由政府投资来解决，或者通过国有大型和特大型企业投资去解决。在整个经济运行中，微观市场主体会因为单纯趋利动机和不掌握全面信息，必然具有很大盲目性，会出现背离国家规划规定方向的情况，这就需要借助国家的事后的宏观调控及时加以调节，拨正运行方向，纳入国家规划轨道。宏观调控主要依靠经济手段和法律手段，辅之以行政手段。在我国市场经济发展的现实条件下，行政手段有时特殊的必要性，因为由行政干预导致的失调状况，单纯经济和法律手段是难以奏效的。

以上所述的国家规划导向和充分发挥市场作用有机结合的方法，对实现资源配置高效率是真正有决定意义的。这是社会主义市场经济较资本主义市场经济优越的突出表现，是保证国民经济实现又好又快发展的最重要力量之一。

有的人似乎形成一种习惯思维模式，对行政性或计划配置资源的方法持绝对否定的态度，笼统提出政府退出经济；而把市场配置资源方法绝对化，要求资源配置应完全由市场主导。例如有人说："只有转变政府职能，才能将政府主导的经济增长模式转变为政府调控、市场主导、企业创造的经济增长模式。在市场经济条件下，政府的经济职能应体现在对市场主体'负外部性'效应的弥补上。"① 如果说企业的经营活动应由市场主导，这是对的，否则就不是市场经济了；如果说的是国民经济和社会发展整体只能由市场主导，政府的经济活动只能是弥补市场之不足，这就是不对的。这是资本主义市场经济模式，这种观点是西方经济学教科书一再复述的。这些主张至少不符合我国国情，更不符合落实科学发展观的要求。应有一个实事求是的态度。十七大报告强调指出，"要着力转变不适应不符合科学发展观的思想观念，着力解决影响和制约科学发展的突出问题，把全社会的发展积极性引导到科学发展上来，把科学发展观贯彻落实到经济社会发展各个方面。"

前面提到的那种片面看法可能与没有区别中央政府和地方政府的不同情况有关。在当前我国现行经济体制下，地方政府具有重要的管理经济的职能，它还控制着许多资源和国有企业。它们一方面是作为市场主体活动的，由市场导向决策，从这一点说，它们应当是中央宏观调控的对象；另一方面，它又应当是政策执行者，对中央宏观调控政策落实起着非常重要的作用。所以，地方政府具有双重性。地方政府是经济发展的重要力量，笼统地说政府退出经济是不切实际的。一般地说，多数地方政府是顾全大局的，尊重国家的规划、计划和政策并认真落实，但也确有一些地方主要以市场主体的身份从事活动，从本地区局部利益出发考虑问题，对符合本地利益的宏观政策，执行的积极性就高，而对不符合本地利益但符合全国利益的国家规划、政策，则采取消极态度甚至抵制，为中央宏观调控政策的贯彻造成障碍。为了遏制这

---

① 参见《经济研究》2007 年第 7 期"中国经济增长方式的选择与转换途径"。

类现象发生，要强调国家规划的严肃性和纪律性，使国家规划与地方规划有机统一起来，真正做到全国一盘棋。

为了进一步完善社会主义市场经济体系，处理好发挥市场在资源配置中的基础作用和强化政府的宏观调控之间的关系，落实经济社会的科学发展，现在我们不应限于在理论上提高认识，还应当如十七大报告所要求的必须从制度上加以保证。

关键的问题仍然是实现政府职能的根本转变。加快推进政企分开、政资分开、政事分开、政府与市场中介组织分开，必须把不该由政府管理的事项转移出去，把该由政府管理的事项切实管好。为做到这一点必须对现行的行政管理体制进行改革，明确规定相应的政府机构的权利和责任。对主要进行宏观管理的国家发展和改革委员会明确规定它的职能是集中精力抓好宏观调控，搞好国民经济综合平衡，加强预测、预警和信息引导，促进区域协调发展。而对微观层次的管理则坚决减少，进一步缩小具体审批事项。特别是进一步深化投资体制改革，继续缩小投资审核范围，下放审核权限，简化审核手续，彻底改变政府对企业投资项目的管理制度，实行谁投资、谁决策、谁受益、谁承担风险，减少政府对企业投资决策的干预，进一步确立企业的投资主体地位，更好地发挥地方政府和行业管理部门在投资方面的作用。一些具体的行业管理部门，则主要是管理规划、管政策、管标准，指导行业发展，不干预企业生产经营活动，确保企业的市场主体地位。

减少对微观经济主体的日常活动的干预，就可以集中力量强化政府的宏观管理力度，更好地研究宏观经济运行的形式，及时察觉总量平衡和经济结构上的问题，改善经济调节，严格市场监管；合理配置宏观调控部门职能，形成科学权威高效的宏观调控体系，提高运用市场经济规律的能力。另外，政府应更加注重社会管理和公共服务，向服务型政府转变。

为了完善社会主义市场经济体制，十七大提出了健全现代市场体系的任务。经过 30 年的改革开放，我国成功地实现了从高度集中的原计划体制转变为社会主义市场经济体制。但市场体系还不很健全，中央和地方都有需要进一步完善的方面，但主要在于地方政府。十七大提出要"加快形成统一开放竞争有序的现代市场体系，发展各类生产要素市场，完善反映市场供求关系、资源稀缺程度、环境损害成本的生产要素和资源价格形成机制，规范发展行业协会和市场中介组织，健全社会信用体系"。

正确认识和处理
"中国经济学国际化" 问题

——驳中国经济学落后于现代西方经济学

中国经济学向何处去？中国经济学教学与研究向何处去？是坚持以马克思主义政治经济学为指导思想，走马克思主义经济学中国化道路；还是以现代西方经济学为指导思想，走与西方经济学"融合"道路，一直是我国改革开放以来经济学理论界讨论的一个热点。于 1996 年为此曾在北京先后召开了四次研讨会，举办了面向全国的以"中国经济学向何处去"为题的研讨班。主办者将活动成果结集出版了论文集《中国经济学向何处去》。书中大部分文章明确主张西方经济学中国化或中国经济学"国际化"。例如，书中有作者提出："中国经济学今后的方向可能主要是以现代经济学的研究思路和规范研究中国现实中的经济运动。"[①] "很长一段时间以来，中国经济学所以没有真正成为一门科学（而只是政府政策的诠释），没有能够融入国际经济学界的主流（不能得到国外同行的认可），也没有能够恰当地解释和指导中国的发展与改革进程（理论脱离实际），原因可能是多方面的。但是在我们看来，最主要的是：没有充分利用国际经济学界长期形成的现代经济学规范，来研究中国经济发展与改革中实际发生的活生生的现实。……改革开放以来，中国经济学成为显学，经济科学研究取得了骄人的成绩，总结过去的经验，这些成就基本上都是通过现代经济学的规范来研究改革与发展的实践而取得的。中国经济学的未来将向何处去？我们认为，沿着这一思路继续推进应该是唯一正确的途径。"[②] "改革开放以来，我们从西方引进了现代经济学，并成为高等院

---

① 于光远、董辅礽：《中国经济学向何处去》，经济科学出版社 1997 年版，第 402 页。

② 于光远、董辅礽：《中国经济学向何处去》，经济科学出版社 1997 年版，第 389 页。

校经济专业骨干课程之一。"① "据说一些大学财经类专业已经停开了三十多年的政治经济学，有的主张另起炉灶，重新编写教材；少数学者主张干脆用美国经济学家萨缪尔森的《经济学》作教科书。"② 最近这种声音似乎又加强了些。2007年，在北京、厦门又多次召开这一主题的研讨会，并将研讨成果以《中国经济学教育与研究必须国际化》（以下简称《国际化》)③ 为题在报上发表，文中认为："与中国经济的成功转型并高速发展相比，中国经济学的转型与现代化相对滞后，特别在研究方法和研究手段上明显落后于西方现代经济学。"因此，要"以国际标准指导中国经济学教育与研究的改革。……与国际完全'融合'。"这再次将中国经济学向何处去这一问题在"国际化"的口号下突出地郑重地提了出来。看来这是必须讨论清楚的一个重要问题，它涉及我国经济学发展的根本方向。

一、两种不同性质的中国经济学国际化

我们并不一般地反对中国经济学国际化（中国经济学西方经济学化的"国际化"我们打上双引号，以区别于马克思主义经济学中国化意义上的国际化）的提法和做法，但我们对国际化的理解与《国际化》一文作者的理解极不相同。

中国经济学实际上已经在趋向国际化。中国特色社会主义经济建设的伟大成就决定了它的国际影响日益扩大，这就决定了中国经济学的创新发展，不断拓展着国际视野。它不仅是马克思主义政治经济学与中国改革开放和经济建设的实际相结合的产物，而且是与国际共产主义运动的经验教训、和平发展的国际环境相结合的产物。中国经济学的新形态——中国特色社会主义经济学，不仅对中国有意义，而且必将逐渐显现出对国际的意义，在国际上研究"中国模式"已经成为热门议题。

然而，《中国经济学向何处去》一书和《国际化》一文的作者，所主张

---

① 于光远、董辅礽：《中国经济学向何处去》，经济科学出版社1997年版，第137页。
② 于光远、董辅礽：《中国经济学向何处去》，经济科学出版社1997年版，第525页。
③ 洪永淼：《中国经济学教育与研究必须国际化》，载《光明日报》，2007年9月4日。

的"国际化",却是现代西方经济学的中国化或中国经济学的西方化。他们中一些人从国外系统地学习了西方经济学,回国后愿意服务于国家的社会主义建设,本来是件好事,会成为有用的人才。许多海归经济学者有其长处,也有短处。其长处是有较扎实的西方经济学的知识素养,有较为开阔的眼界和国际交往等;但是也有其短处,这就是他们对马克思主义经济学基本上没有学过。另一个致命的缺陷是对我国的社会主义改革开放和经济建设的实际情况,以及党的大政方针政策的制定过程和内容知之不多。由于缺乏马克思主义的基本立场、观点和方法,根本认识不到西方经济学的基本思想是在维护资本主义私有制和敌视社会主义公有制的;由于缺乏马克思主义经济学知识,他们也就不可能做到取其精华、去其糟粕。拿着这样的西方经济学来联系中国的实际,必定会在许多方面与党的方针政策发生碰撞,致使本来西方经济学中一些有用的东西,也难以用得上,这对国家、对其本人都是不利的。

他们所说的现代经济学是指现代西方资产阶级经济学,与马克思主义经济学二者是性质不同的思想体系。列宁说过:在当代"或者是资产阶级的思想体系,或者是社会主义的思想体系。这里中间的东西是没有的(因为人类没有创造过任何'第三种'思想体系)。"① 西方经济学作为资产阶级的思想体系,是在确认资本主义私有制的支配地位的根本原则下,研究如何发挥"看不见的手"的作用,最大限度地提高效率等问题。这些方面的一些内容,在我国实行市场经济体制的条件下,当然是有用的。因为其中有很多都是属于微观和宏观管理方法方面的内容,其本身并不具有阶级的和社会形态的属性。邓小平提出社会主义可以搞市场经济就是把它作为"方法"来利用的。资本主义国家在这方面积累了丰富的经验,我们应当学习。但是,一些经济理论工作者,没有很好理解邓小平的把市场经济作为方法来利用这一极重要思想,却把市场经济作为一种资本主义私有经济制度来引进,由此导致一些人被西方经济学的富丽堂皇的表象所迷惑,迷信西方经济学,反过来认为马克思主义经济学是意识形态,是政治,不是科学,对经济建设是无用的,否定了马克思主义政治经济学对社会主义经济发展的指导性和实用性,日益将其边缘化(不宣传、不研究、不教学,甚至有的还在课堂上、文章中贬低、否定马克思主义经济学及其基本理论)。许多在国外学习西方经济学的学者由

---

① 《列宁全集》第6卷,人民出版社1986年版,第38页。

于缺乏马克思主义经济学基本知识，因而盲目排斥和否定马克思主义经济学，这并不奇怪。对他们来说是补课的问题。但应当引起注意的是许多原来从事马克思主义经济学教学与研究的学者，也片面地认为马克思主义经济学只是革命的经济学，而非建设的经济学；是论证未来社会主义，而非建设现实社会主义的经济学。有不少人企望从转向搞应用经济学中寻找出路。这就削弱了坚持和发展马克思主义经济学的队伍和力量，自动给西方经济学让出了指导经济发展这一建设社会主义的主要阵地。

实践是检验真理的唯一标准。我们必须重视实践，尊重实践，不能不看自己国家的成功实践，只是从西方经济学教科书中寻找中国经济学的发展方向思路，这不是正确的道路。

二、西方经济学没有也不可能成为中国改革开放和经济建设的指导思想

中国特色社会主义经济是在社会主义条件下发展市场经济。主张中国经济学"国际化"的观点认为，中国的改革开放和实行市场经济是在西方经济学的指导下提出来的，中国改革开放和经济建设的成就也是在西方经济学的指导下取得的，因此，中国经济学就应该向西方经济学靠拢，完全融入西方经济学，从而实现中国经济学"国际化"。这种看法显然是不符合事实的，表明他们不仅对马克思主义经济学知之甚少，而且，对西方经济学的本质也没有理解。

社会主义可以利用市场经济的理论是邓小平提出和论证的。邓小平提出和论证社会主义市场经济完全基于马克思主义的立场、观点和方法。1979 年11 月，邓小平在一次同外宾的谈话中指出："说市场经济只存在于资本主义社会，只有资本主义的市场经济，这肯定是不正确的。社会主义为什么不可以搞市场经济，这个不能说是资本主义。……这是社会主义的市场经济。虽然方法上基本上和资本主义社会的相似，但也有不同，是全民所有制之间的关系，当然也有同集体所有制之间的关系，也有同外国资本主义的关系，但是归根到底是社会主义的，是社会主义社会的。市场经济不能说只是资本主义的。市场经济，在封建社会时期就有了萌芽。社会主义也可以搞市场经济。

同样地，学习资本主义国家的某些好东西，包括经营管理方法，也不等于实行资本主义。这是社会主义利用这种方法来发展社会生产力。把这当作方法，不会影响整个社会主义，不会重新回到资本主义。"① 这段话既表明他是以马克思主义政治经济学的基本理论为依据的，也表明他发展了马克思主义科学社会主义思想。

邓小平的社会主义市场经济理论能够产生，它的根据是市场经济并不是一种特定的生产方式，而是发展生产力的方法、手段。既然是方法和手段，它既可以为资本主义服务，也可以为社会主义服务。在资本主义制度下，它作为一种方法、手段，为资本家追求利润服务；而在社会主义制度下，它也能为发展生产满足人民日益增长的物质文化需要服务。市场经济既然不等于资本主义，只是一种方法和手段，那么不论是社会主义市场经济还是资本主义市场经济，总有它们共同的地方。资本主义市场经济已有数百年的历史，积累了更多的利用市场方法发展经济的具体制度和措施，我们要积极学习和借鉴其中符合社会化大生产要求和市场经济一般规律的东西，例如，与发挥市场作用相联系的所有权与经营权相分离，对经济的宏观管理，企业管理制度、金融制度等制度创新等等。应当注意的是对这些反映市场经济一般规律的具体方法，只能借鉴，不能照搬。因为总的指导思想不同，在这些具体方法中都渗透着资产阶级经济学理论的影响。因此，绝对不能用西方经济学作为指导思想。从亚当·斯密到今天的现代西方经济学，一个固定的观点是都明确地断定市场经济等于资本主义。很显然，用西方经济学的市场经济等同于资本主义这样的理论作为指导思想，就会把社会主义国有经济与市场经济对立起来，就会像一些经济学者所强调的，认为只有非国有经济才能为市场经济"提供坚实的基础"。这只能导致主张发展市场经济必须竭力缩小国有经济比重，削弱它的地位。

这也表现在实行股份制问题上两种根本不同的观点。我们利用股份制这种方法的本意，是利用这种筹集社会资本的方法，增强国有经济的控制力、带动力和影响力，把一些社会资本纳入到国有经济可以管理和支配的范围内。但是，受西方经济学深厚影响的人却得出完全相反的结论，希望达到与社会主义经济制度相悖的目标。他们把国有企业股份制改革看成是缩小国有经济

---

① 《邓小平文选》第 2 卷，人民出版社 1983 年版，第 236 页。

力量和作用的措施。不正确的指导思想，导致错误理解国有经济在布局和结构上的战略性调整、"有进有退"的方针的本意，他们不能理解这是进一步推动国有资本更多地投向关系国家安全和国民经济命脉的重要行业和关键领域，而不是为实行"国退民进"提供机遇，不是为了削弱和甩掉国有经济这个"包袱"，一卖了之。这一切都表明，必须彻底搞清楚西方经济学是绝对不能作为指导思想来指导我们的改革开放和经济建设的，这不是一般的学术问题，而是一个关系改革成败和国家命运的重大问题。在建立社会主义市场经济体制和发展生产力上，我们已经取得了举世瞩目的成绩。这无可置疑地证明了邓小平关于社会主义与市场经济相结合的理论的正确性。但当前这个体制还是不完善的。党的十六届三中全会讨论通过的《中共中央关于完善社会主义市场经济体制若干问题的决定》，提出了完善这个体制的目标和任务。其中首先强调的一项主要任务就是完善公有制为主体、多种所有制经济共同发展的基本经济制度。把完善基本经济制度作为首要任务提出来，是因为它的完善起着决定性作用。只有坚持公有制为主体、国有经济为主导，才有利于国民经济又好又快地发展，也才能保证市场经济是社会主义性质的。从这里也可以看出指导我们思想的理论基础是马克思主义经济学，而不是西方经济学。在迷信西方经济学的一些人那里，只有"市场经济"，而不可能存在"社会主义市场经济"这个概念。而马克思主义政治经济学告诉我们，在现实中没有独立存在的"市场经济"，它只能作为手段为一定的社会经济制度服务。是社会制度选择市场，而不能是市场选择社会制度。

我们在实践中创造了完全不同于资本主义的市场经济，它在经济理论方面的最基本的观点是坚持以公有制为主体，坚持以按劳分配为主体，坚持强有力的宏观调控的社会主义市场经济；在实践中的最突出特点是坚持发展国有经济，提升国有经济的控制力、影响力和带动力，从而推动了整个经济的健康、稳定发展。这一点也得到许多国际上敏锐的有识之士的充分肯定。

例如，俄罗斯《政治杂志》周刊 2007 年 21－22 期合刊登载的文章中指出："中国是在维持国家主导作用的情况下向市场经济迈进的。不仅如此，中国的发展模式并不以降低政府的作用为条件。……虽然目前 70％ 以上的国内生产总值都是非国营企业创造的，但是中国人非常清楚，私有制离开国家管理就无法生存。中国的成就与其说建立在经济自由化上，不如说建立在经过深思熟虑的社会经济战略上。"① 美国《时代周刊》2007 年 7 月 30 日一期文章说："中国显然提供了一种国有企业继续发挥重要作用的经济模式。"② 美国《华盛顿邮报》2007 年 5 月 20 日文指出："中国靠着自己的力量使自己成为了自冷战以来的首个可以代替华盛顿自由市场和民主模式的国家。随着美国模式的蒙尘，中国赢得了新的光芒。……如果我们不像世界的其他部分一样认真地对待中国的新模式，我们可能会发现，站在历史错误一面的是我们自己。"③ 新加坡《联合早报》2007 年 1 月 1 日文指出："自 1999 年以来，中国国企改革从搞活单个国有企业，转入从宏观上调整国有经济布局的新阶段。这个阶段以提高国有经济控制力、影响力和带动力为目标，将国有资本向关系国家安全和国民经济命脉的领域集中，加快形成一批拥有自主知识产权、知名品牌和国际竞争力较强的优势企业；这同中国经济实力的提高是刘应的。"④ 德国《商报》2007 年 9 月 14 日文指出："人们也应该更加重视中国新的自信和中国模式对发展中国家的吸引力。西方不要把中国视作威胁，而是应该更多地看到，它可以从中国学到什么。"⑤ 这些评价十分中肯，是真知灼见。这也充分说明中国所走的道路与西方经济学是南辕北辙。

三、中国经济学的创新、发展和马克思主义经济学中国化

与主张中国经济学向西方经济学倾斜的国际化相反，中国经济学创新、发展只能走马克思主义经济学中国化的道路。探索和研究中国特色社会主义的整个生产关系体系怎样决定着我国经济的迅速发展的，是马克思主义经济学创新和发展的正确途径。在这方面，以毛泽东、邓小平、江泽民为核心的党的三代中央领导集体带领我们党不断探索和研究建设社会主义这个重大问题，已经取得重要成果。党的十六大以来，党中央继承和发展了党的三代中

---

① 叶列娜·波多利科：《中国的发展模式是对西方自由经济的真正挑战》，载《参考消息》，2007 年 8 月 9 日。
② 比尔·鲍威尔，参考消息，2007 年 7 月 31 日。
③ 詹姆斯·曼，参考消息，2007 年 5 月 30 日。
④ 韩方明：《演绎经济传奇的大国战略》，载《参考消息》，2007 年 1 月 4 日。
⑤ 桑德·施奈德：《全球的竞争者》，载《参考消息》，2007 年 9 月 20 日。

央领导集体关于发展的重要思想，提出了科学发展观。科学发展观，第一要义是发展，核心是以人为本，基本要求是全面协调可持续，根本方法是统筹兼顾。这些都是党的理论创新成果。它们都体现了马克思主义经济学的基本理论，是这个理论的运用与发展。所以，对党的理论创新成果必须在思想上给以切实的重视，它是我国社会主义建设实践的经验总结，是我们研究马克思主义经济学的创新、发展和中国化的思想源泉。

马克思主义经济学的研究对象是社会生产关系，研究的最终目的是揭示一定社会的经济运动规律，这是马克思主义经济学的两面旗帜，是与现代西方经济学的根本区别所在。马克思主义经济学之所以把社会生产关系作为研究对象，就是因为它是生产力强大发展的决定性力量，适合生产力性质的生产关系是社会生产力发展的主要推进者。我们的改革开放和经济发展正是以这一科学理论为指导确定重大方针政策才获得了举世瞩目的伟大成就的。

改革开放以来，在邓小平理论指导下，坚决把国家工作中心转移到经济建设上来，把实现四个现代化作为压倒一切的中心任务，强调发展是硬道理，指出一心一意地搞四个现代化是中国的最大的政治。但是我们注意到，从十一届三中全会以来，历届党的代表大会的政治报告中列为首要地位的不是技术方面的内容，不是经营管理方法，而是经济体制改革，把它看做是经济发展的根本动力。经济体制改革的内容就是"改革生产关系和上层建筑中不适应生产力发展的一系列相互联系的环节和方面"。这表明党中央明确地认识到社会生产关系在经济发展中的决定作用。这当然地也就决定了马克思主义经济学在促进经济发展上的极端重要地位。

生产资料所有制是中央关注的第一位的问题，所有制结构的改革是推动国民经济发展的最重要的动力。最初的农村改革，废除了人民公社制度，实行包产到户和家庭联产承包制，这种改革决定了我国农村经济在几年时间里就得到了恢复和发展，进入了农业生产发展的最快时期。

随后，以城市为重点的整个经济体制改革方面，首要的问题仍然是所有制问题，包括所有制结构和所有制实现形式改革。所有制结构改革包括两个方面，第一个方面是坚持公有制为主体，大力发展国有经济，维护它在国民经济发展中的主导地位。第二个方面是鼓励和支持非公有制经济的发展，鼓励和支持它们发展的目的就是调动全社会发展经济的主动性和创造性，把闲置的财力和人力转变为现实的生产力，解放生产力。

党中央的方针政策体现了对所有制关系重要性的认识，在党的十五大报告中明确规定，"公有制为主体，多种所有制经济共同发展，是我国社会主义初级阶段的一项基本经济制度"。党的十六大报告更进一步明确了不同所有制经济之间的关系和地位，指出"坚持公有制为主体，促进非公有制经济发展，统一于社会主义现代化建设的进程中，不能把两者对立起来。各种所有制经济完全可以在市场竞争中发挥各自的优势，相互促进，共同发展。"这里显示出一种新的观念，即不再从消极方面看待非公有制经济的发展，在坚持国有经济起主导作用的前提下，把它也视作发展经济的积极力量。通过改革，国有经济和非公有制经济都得了快速发展、壮大，国有企业总体实力不断增强，国有经济的主导作用，控制力、影响力和带动力都得到加强。与此同时，私营经济在国有经济的主导下也得到迅速发展，在国民经济中所占比重不断提高，对经济发展的促进作用也不断增强。实践证明，正是这种所有制结构改革和它的不断完善，决定了国民经济得以快速、稳定的发展。另外，实现生产资料所有制形式的分配关系，同样是生产力发展的一个决定性因素。请问这些看法是西方经济学能够提出和容忍的吗！

在生产关系的层次结构中，市场交换关系是社会主义关系的表层，它只是作为一种方法、手段，被社会主义制度利用来为发展生产力服务。社会主义能否利用市场经济，是社会主义建设中的一个重大问题。公有制能够与市场经济相结合，已经在全党取得共识。但是关于这个问题的论述还缺少深刻的理论论证，有人曾评论学术界这类文章说它们缺少理论厚度。只靠实践成功提供的材料来证明二者可以结合是很不够的，因为人们还能举出很多相反的事例证明它不一定是最佳选择。它为什么能够与公有制经济兼容呢？实践上的成功只能说明这其中包含着深刻的理论上的新问题，需要我们发展理论，而不要把成功的实践等同于理论论证。这里需要理论上的创新。只有得到理论论证的实践，才能使人确信实践是正确的，理论也由此得以发展。

譬如，商品关系中的等价交换与公有制的本质关系——等量劳动互换（按劳分配）这二者所体现的利益关系是对立的。如果不能在理论上阐明等价交换与等量劳动互换之间的对立和在实践上找到解决二者矛盾的途径，那么，说公有制能与市场经济相结合，就是缺乏理论论证的，就会被看做是不切实际的空想。这些重大理论问题，是西方经济学所不可能提出和做出像样的研究成果的。

当前的理论界有这样一种不科学的看法，他们有的人把实行市场经济看做是我国经济得到迅速发展的首要力量，在经济学教材中列为首章，甚至把社会主义政治经济学改称社会主义市场经济学。这是不符合马克思主义关于社会生产关系层次结构的基本理论的。

上述表明，我党在领导经济建设的实践中完全是依据马克思主义政治经济学的基本原理行事的。在实践上坚持把生产关系的调整和改革作为发展经济的最首要的关注点，在生产关系的调整中，抓住生产资料所有制形式的结构和实现形式的改革。这一切清楚地表明，我国的中国特色社会主义的建设实践就是马克思主义政治经济学基本原理与我国具体实际的结合，就是它的中国化的生动体现。在这个意义上，中国特色社会主义建设的成功实践，就是马克思主义政治经济学在中国的胜利。

四、中国经济学在什么意义上是滞后的

主张中国经济学"国际化"的观点认为，"与中国经济的成功转型并高速发展相比，中国经济学的转型与现代化相对滞后，特别在研究方法和研究手段上明显落后于西方经济学。"我们并不否认中国经济学是相对滞后的，但在什么意义上滞后必须清楚。

说一种观念"相对滞后"一般是针对理论与实践的关系而言，理论落后于实践，这是常有的现象。但《国际化》的作者由此一下子跳到中国经济学"落后于西方现代经济学"，这就是不合逻辑的结论。

不可否认，我国在改革开放之前形成的政治经济学，确有不适应社会主义初级阶段生产力发展水平和改革开放形势的地方，是落后于实践的发展的，但它的许多基本理论是马克思主义的，不能否定，而只应在改革开放和现代化建设中使它与时俱进地进行改革，使它得以丰富和发展。改革开放以来的事实是，我国的经济学在与时俱进中取得了许多重要成果，正是在这些理论的指导下，我国的改革开放和经济建设才取得了举世瞩目的成就。但实践是不断发展的，不断有新问题、新情况出现，理论不创新就会滞后。另外有些深层次的、需要更充分的事实依据和抽象概括能力的理论，不是轻而易举就能形成和完善的。所以，理论常常滞后于实践。理论与实践是辩证的相互制

约和相互促进的关系。

事实已经证明，发展着的马克思主义经济学的理论成果——中国特色的社会主义经济理论发挥着推动我国经济快速发展的巨大威力。这显然大大超越了全部西方经济学的林立各派理论，根本谈不上什么对于西方经济学的"相对滞后"。实践已做出了结论。

说我国的经济学，特别是它的研究方法和研究手段明显落后于西方现代经济学，这种观点充分显示出主张向西方经济学"国际化"者对马克思主义经济学基本理论的欠缺。这样武断地下结论表明，作者理论根底还较薄弱。研究方法和研究手段是由研究对象和研究目的决定的。现代西方经济学把研究对象规定为资源配置的效率，从这方面说，数学方法会是相当重要的，量化的研究结论，对于规范经济的运行和发展会起很大作用。但是，马克思主义认为政治经济学的研究对象是社会生产关系。生产效率是看得见摸得着的，成本与产出的数量关系是容易算出来的。以物为载体的人与人的社会关系，却是看不见摸不着的。马克思说：一个商品体即使把它磨成粉也看不见价值，"同商品体的可感觉的粗糙的对象性正好相反，在商品体的价值对象性中连一个自然物质原子也没有。因此，每一个商品不管你怎样颠来倒去，它作为价值物总是不可捉摸的。……价值对象性只能在商品同商品的社会关系中表现出来。"[①] 正因为研究对象的特殊性，它的研究方法也具有特殊性。马克思说："分析经济形式既不能用显微镜，也不能用化学试剂。二者都必须用抽象力来代替。"[②] 也是由此，逻辑方式就成为重要的研究方法。数学方法、统计方法，都只是起辅助的作用，它能使理论表述得更清晰些，对不习惯于抽象思维的人来说更容易接受。西方经济学强调数学方法恰恰表明它根本不理解研究生产关系方法的特点，表明它只是关心表面数量关系的描述，而回避对生产关系本质的研究，没有看到新的生产关系才是对社会生产力发展起决定作用的力量。

资产阶级经济学的传统特点是只重视量的分析，因为作为资产阶级生产当事人只关心用自己的产品能换取多少别人的产品，能获取多高的利润率。马克思指出了它的这一特点，说："价值量的分析把他们的注意力完全吸引住

---

① 马克思：《资本论》第1卷，人民出版社1972年版，第61页。
② 马克思：《资本论》第1卷，人民出版社1972年版，第8页。

了"，这种眼光的局限性阻碍了作为一门科学的经济学的发展。例如，资产阶级经济学至今缺乏对货币本质的科学理解，马克思说："我们发现，在那些完全同意用劳动时间来计算价值量的经济学家中间，对货币即一般等价物的完成形态的看法是极为混乱和矛盾的。"[1] 另外，马克思主义政治经济学的研究目的是揭示一定社会的经济运动规律，它不是服务于资产阶级实际生产当事人的日常经营需要的，揭示经济运动规律对党和国家制定正确的路线方针政策具有最重要的实用价值。这样的研究目的也决定了逻辑的表述方式是唯一适用的方法。现代西方经济学则不过是实际生产当事人经营的日常需要的较系统的反应。上述表明，从研究方法来看，怎么能说马克思主义经济学或中国经济学落后于西方经济学呢。西方经济学的许多方法，并不是研究生产关系的方法，不是理论经济学的内容，而是更靠近应用经济学的内容。我国改革开放和经济建设的实践证明，建立、调整适应生产力水平的生产关系对于促进生产力的发展具有重要的决定作用。这恰恰是理论经济学要解决的问题。将中国经济学向西方"国际化"，融入西方经济学，不仅会葬送理论经济学，也使我们丧失了对决定着生产力快速发展的力量的深入研究的理论指导。

（合作者　施九青）

---

① 《资本论》第1卷，第98页。

"重建个人所有制" 是共产主义
高级阶段的所有制关系

——兼评把它与社会主义公有制和股份制等同的观点

国有企业股份制改革的实践取得了重要成就。近些年来，国有企业推进股份制改革，同时完善公司治理结构，深化三项制度改革，体制机制发生了深刻的变化，企业管理水平有了很大提高。2003 年至 2007 年，中央企业在 A 股上市 29 家，H 股 16 家，红筹股 7 家。目前，中央企业作为实际控股方的上市公司共有 279 家。从 2003 年的 5 年来，国有企业得到了快速发展。虽然数量不断减少，但资产规模大幅增加，经济效益和运行质量显著提高，活力和竞争力进一步增强。它对国民经济的影响力、控制力也有很大的提高。这些成就的取得，显然与国有企业股份制改革是分不开的。

但是，股份制改革措施取得的巨大成就使一些人对股份制这种私人资本的联合方式产生了一些糊涂看法，认为实行股份制改革是因为它本身具有公有制性质，认为在资本主义制度下，公众持股的股份企业就具有公有制性质，是资本主义制度中的"新社会因素"，是"对私有制的积极扬弃"。更令人惊讶的是，有一些人竟然把公众持股的股份制与马克思所讲的共产主义高级阶段的所有制形式——在生产资料共同占有基础上重新建立个人所有制——等同起来，认为前者是后者最适当的形式，认为小小一张股票，体现了社会所有与个人所有的统一，甚至说应把股份制形式的"个人所有制"作为中国改革开放的总路线和总政策，认为建立这种"个人所有制"，"对社会主义国家来说，是个行之则一言可以兴邦，违之则一言可以丧邦的大问题"。真有些耸人听闻了。

分析以上错误看法可以看出，他们都与不正确理解马克思的"重建个人所有制"思想有关。弄清它的科学内涵，才能从根本上否定那些利用混淆

"重建个人所有制"与作为私人资本联合形式的"股份制"之间的本质区别的错误观点。

一、马克思的"重建个人所有制"是共产主义高级阶段的所有制关系

马克思认为未来社会的所有制形式是生产资料公有制或社会所有制。但是他把它表述为在共同占有一切生产资料的基础上,重新建立"个人所有制"。为什么把社会所有制表述为重建"个人所有制"呢?这不是一个随意用语问题,而是马克思的根本思想,是他的一贯看法。早在1845年出版的《德意识形态》中,他就明确地说:"在无产阶级的占有制下,许多生产工具应当受每一个个人支配,而财产则受所有的个人支配。"① 在《资本论》第1卷的第7篇中对此作了经典式表述,这是大家经常引用。在1871年写的总结巴黎公社经验的《法兰西内战》中,更加明确地做了如下表述:巴黎公社"曾想把现在主要用作奴役和剥削劳动的手段的生产资料、土地和资本完全变成自由的和联合的劳动的工具,从而使个人所有制成为现实。"② 马克思强调指出这不是重新建立劳动者的私有制,可是又为什么一再强调重新建立"个人所有制"呢?弄清共产主义社会的所有制关系的根本特征,关键是对马克思强调的"个人所有制"有科学的理解。

应当注意的是,要避免把重建个人所有制的解释简单化,譬如认为马克思所说个人所有制只是指个人消费品而不是生产资料。这种解释看起来容易了解,可是从上面所引马克思的原文来看,把生产资料排除在"个人所有制"之外,并不符合他的本意,马克思在论述个人所有制时,都明确讲的是生产资料、生产工具、土地、资本等,根本没有涉及消费资料。因为根据马克思主义的基本原理,只有生产资料的所有制形式构成生产关系整个体系的基础。

另外,更应值得注意的是,有的人在反对把股份制等同于"重建个人所有制"的错误观点时,却又陷于另一种不当观点。他们把"重建个人所有制"

① 《马克思恩格斯全集》第3卷,第76页。
② 《马克思恩格斯选集》第3卷,第59页。

直接与社会主义公有制等同，说"重建个人所有制"就是社会主义公有制，"重建个人所有制"不过是社会主义公有制的另一种提法，是社会主义公有制的同义语。这种解释是不科学的，不符合马克思的本意。把它与社会主义公有制简单等同，既没有说明为什么马克思一再强调重建"个人所有制"，它的科学涵义何在，这实际上回避了问题本身。更重要的是它没有说明共产主义低级阶段和高级阶段在所有制关系上的重大差别，这就不能使人们认识共产主义所有制关系的本质特征，也就不能使我们对共产主义低级阶段所有制关系特征和历史过渡性有明确的认识，会把它绝对化、永恒化，模糊了它进一步发展的方向和目标，从而也就看不清走向高级阶段的途径和在实践中推动这一发展应采取的步骤和具体措施。

马克思所说的"重建个人所有制"只能是共产主义高级阶段的所有制关系，不可能是指作为它的低级阶段社会主义阶段的公有制。马克思最初作出这种表述时，还没有共产主义两个阶段的理论，这一理论只是在总结了巴黎公社经验的基础上在《哥达纲领批判》这本著作中提出的。

最重要的问题是从理论上阐明，马克思在阐述共产主义所有制关系特征时，为什么一方面强调全社会共同占有全部生产资料，同时又强调是"重建个人所有制"？"共同占有"和"个人所有"这二者是怎样的关系呢？

（一）每一个个人的全面而自由的发展是"重建个人所有制"建立的根据

理解这个问题的关键是把握马克思关于个人的发展与社会的发展之间相互关系的思想。

在马克思看来，社会与个人是辩证统一的关系。人总是作为一个个的个体存在的。个人的生存和发展是社会存在和发展的基础。没有每个个人的存在和发展，也就没有社会的存在和发展。

但是，个人又不能离开社会而单独存在，个人的存在与发展又是依赖社会的存在和发展的，这种依赖性越追溯至远古，越是明显、强烈。许多个人组成的社会的存在，是单个人存在和发展的根本条件。社会是个人交互活动的产物，归根结底是服务于每个个人的存在和发展的，是个体活动借以实现的形式。①

---

① 《马克思恩格斯选集》第4卷，第532页。

个人与社会的依赖性关系是随着社会历史的发展不断变化的，其总趋势是个人逐渐获得全面发展。随着社会生产力的发展，个人的力量从弱小变得日益强大，独立生存能力不断增大，自由个性、独立性随之也不断增强。马克思把人的发展概括为三种形态或三个阶段，最初是人的依赖性关系（包括原始社会、奴隶社会和封建社会），这时人还被束缚在一个狭小的范围里，劳动者对统治者还是一种人身依附关系，不能成为自由的个人。后来发展到以物的依赖性为基础的人的独立性，这时人的社会关系表现为物的社会关系。在资本主义制度下，劳动者获得了个人自由，但由于工人失去了一切物质生产资料，不得不被迫去为物质生产资料的垄断占有者劳动，同样还不是自由的个人。最后阶段是在个人全面发展基础上的自由个性的充分发展。这时个人才能成为自由的个人。共产主义所有制关系的成熟，就是以这种全面发展的自由的个人的长成为标志的。马克思说："人们的社会历史始终只是他们的个体发展的历史，而不管他们是否意识到这一点。"①

社会的解放要以个人得到解放为基础。这里所说的个人解放，它是一个客观历史过程，它包含哪些内容呢？从哪些方面得到解放才能说个人得到彻底解放，成为自由的个人、自由个性才得到充分发展呢？主要是以下几方面。

1. 摆脱了属于自己私有的生产资料的束缚，从小私有制中特别是从土地上解放出来。这方面已经由资本主义对他们的剥夺实现了，使他们成为表面独立的自由的个人。

2. 从资本的剥削和强制下解放出来，在资本主义制度下，工人是被饥饿的锁链牢牢地锁在资本家追求剩余价值欲望的战车上的。这只能通过社会主义革命，通过消灭资本主义私有制使工人从对资本家的隶属中解放出来，实行生产资料公有制，使每个个人都成为生产过程的主人。随着阶级差别的消灭，个人也不再归属于特定的阶级。

3. 仅仅消灭资本主义私有制，实现生产关系的变革，还不可能使个人完全得到解放，还必须在劳动方式上实行根本的变革，这就是消灭旧的社会分工。

这里所说的旧的社会分工，不是指一般的社会分工，劳动划分不同的领域。旧的社会分工是指人的固定分工，是指个人由于没有得到全面发展，故

---

① 《马克思恩格斯选集》第4卷，第321页。

而不得不终生固定从事于某一种职业，个人被束缚在这个工种上，成为该工种劳动资料的奴隶。因此，只有消灭了旧的社会分工，个人才摆脱奴隶般地服从旧分工的处境，才能说个人得到了解放。这只能依靠生产力的极大发展才能创造出消灭旧社会分工的物质技术条件。

4. 从劳动仅仅是谋生手段的束缚下解放出来。每个人得到全面发展，社会就能创造出极高的社会生产力，才能使物质财富极大丰富。这时生产劳动给每一个人提供全面发展和表现自己全部的即体力和脑力的能力的机会，只有在这时，劳动才能成为自由劳动，才能使劳动从谋生手段的束缚下解放出来，成为生活的第一需要，成为个人的自我实现。每个人的自由个性将得到最充分的表现。"在那里，每个人的自由发展是一切人的自由发展的条件。"①这时个人就不再是仅仅作为一个劳动者，作为一个劳动力被不断再生产，而是作为一个全面发展的自由的个人再产生出来。

只有在每个人都成长为这样自由的全面发展的个人，才能建立起自由人联合体。只有有了这样的自由全面发展的个人组成的联合体里，才能真正实现全体社会成员对生产资料的共同占有，才能实现全部生产资料属于每一个个人。因为只有全面发展的个人，才能实际上成为全部生产资料的占有者，否则共同占有、共同所有还只能是形式上的或法理上的，而不是实质上的。

（二）消灭旧式分工是实现"重建个人所有制"的物质技术基础

实现对全部生产资料的共同占有，使全体成员都成为生产资料的主人，这是社会主义和共产主义革命和建设的目标。但是人们在这个问题的认识上并不是完全一致。恩格斯曾对杜林的错误看法进行过严肃的批判。杜林认为无须从根本上变革旧的生产方式，特别是无须废除旧的分工，社会就可以占有全部生产资料，恩格斯批评说这是幼稚观念。因为如果还保留旧的社会分工，那就等于说"社会应该成为全部生产资料的主人，同时让每一个人依旧做自己的生产资料的奴隶，而仅仅有选择哪一种生产资料的权利。"② 所以恩格斯断然说："要不是每一个人都得到解放，社会也不能得到解放。因此，旧的生产方式必须彻底变革，特别是旧的分工必须消灭。"③

---

① 《马克思恩格斯选集》第1卷，第294页。
② 《马克思恩格斯选集》第3卷，第647、648页。
③ 同上，第644页。

　　从以上所述，我们可以看出，马克思所说的"重建个人所有制"中的"个人"是什么样的人，他只能是摆脱了旧的社会分工束缚的全面发展的自由个人纪念碑。只有培育出了这样的个人，才能真正实现全社会对生产资料共同占有，才能实现人们都成为全社会生产资料的平等主人，才能实现共同占有的生产资料归每个个人支配，真正在事实上而不是限于法理规定上的属于全社会的每个个人。由此可以看出，对生产资料的事实上的共同占有和"个人所有制"是同一件事情，也可以说生产资料属于联合的每个个人是生产资料的共同占有的实现。马克思就明确指出："把现在主要用作奴役和剥削劳动的手段的生产资料、土地和资本完全变成自由的和联合的劳动的工具，从而使个人所有制成为现实。"① 马克思的用公有制代替私有制的观点，不仅受到资产阶级的猛烈攻击，也受到代表小商品生产者利益的蒲鲁东等小资产阶级社会主义者的攻击。他们斥责"公有制是对个人的剥夺"，他们囿于小生产私有制的观念，一件生产工具，如果不能拿回私人家里，就不能说是它的所有者。那些要通过股份制来实现马克思的重建个人所有制的人，其思想是与小私有制的观念一脉相承的。只有拿到一定股票在手里，才是生产资料的所有者，否则就是对他的剥夺，就是一无所有。

　　恩格斯揭露了蒲鲁东式的思想特点，他在《法兰西内战》1891 年单行本导言中说："蒲鲁东这个小农和手工业师傅的社会主义者，对联合简直是切齿痛恨的，……它是束缚工人自由的锁链之一，……既违反节省劳动的原则，又同工人的自由相矛盾；……竞争、分工、私有财产才是经济力量"。② 他们这种偏狭思想产生的原因主要在于：（1）小私有者的立场、观点障碍了他们正确理解社会联合与个人自由之间的辩证关系；（2）小生产的狭隘眼界使他们不能认识联合的大生产是个人自由全面发展和得到彻底解放的根本前提。在他们思想里，除了小私有制，就不可能有别的个人所有制。

　　实际上，如果个人都成了自己支配的生产工具的私有者，他也就不再可能成为全部生产资料的所有者；是自己的私有生产工具的主人，就不可能成为全社会生产资料的共同主人。恩格斯明确地指出了这种辩证关系。他在就住宅问题讨论时这样谈到："由劳动人民'实际占有'全部劳动工具和拥有全

---

① 《马克思恩格斯选集》第 3 卷，第 59 页。
② 《马克思恩格斯选集》第 3 卷，第 10 页。

部工业，是同蒲鲁东主义的'赎买'完全相反的。如果采用后一种办法，单个劳动者将成为住房、农民田园、劳动工具的所有者；如果采用前一种办法，则'劳动人民'将成为房屋、工厂和劳动工具的总所有者。"① 很明显，马克思说的重建个人所有制，不是个人都握有自己支配的生产资料的私有权，而是联合起来所有个人都握有全部生产资料的所有权。只有实行联合起来的劳动者对全部生产资料的共同占有，才能真正实现每个人都是全部生产资料的所有者。全部生产资料属于联合起来的每个个人，也就是每个个人都是全部生产资料的所有者，是全部生产资料的总所有者。这种生产关系的具体体现就是在这里每个个人对生产资料的管理支配权完全平等、消费品分配权完全平等和个人都有平等的发展权。每个人的自由发展是一切人的自由发展的条件。

因此，生产资料的集体共同占有与实现个人所有制二者是统一的。如果从实质内容上看，甚至可以说，重建个人所有制是未来社会的公有制或社会所有制的一个更确切的表述。这是马克思总是突出强调这一点的原因。马克思的这一表述驳斥了资产阶级对共产主义的攻击，说共产主义消灭了所有制、个人自由和独立性。马克思批驳说："在资产阶级社会里，资本具有独立性和个性，而活动着的个人却没有独立性和个性。"这种表述也彻底驳斥了蒲鲁东主义小资产阶级社会主义派别对共产主义社会所有制关系的攻击。同时也可以看清楚，那些把公众持股的股份制等同于马克思的重建个人所有制的观点，是对这一深邃的科学思想的庸俗化解释。股份公司中的持股人不过只是他握有的一定股票的主人，而绝不会因为握有了那张小小股票而成为整个企业的主人，更不可能成为全社会生产资料的共同主人。

对"重建个人所有制"这一共产主义高级阶段所有制关系的深刻理解，有利于对共产主义制度有更明确的概念，它有助于我们明确共产主义低级阶段与高级阶段的重大差别。在二者的区别上，人们往往只注意到按劳分配与各取所需这种分配方式上的区别，这并不奇怪，因为分配方式一般是不同社会制度的最容易看到的区别。但更根本的应当从生产方式方面去寻找二者区别。据上面分析我们看到，社会主义与共产主义高级阶段的最根本的区别在于旧式分工的消灭。因为只有消灭了旧的社会分工，每个个人才能得到全面

---

① 《马克思恩格斯选集》第3卷，第217页。

而自由的发展，才能有更高的劳动生产力，才能有集体财富大量涌流，才能实行各取所需的分配方式。旧分工的消灭是共产主义高级阶段与它的低级阶段生产力水平差别的基本标志，也是两个阶段人与人社会关系区别的重要标志。

　　显然，取消旧的社会分工，离我们还很遥远。它不是人为地强制采取某种措施的结果，而是由社会生产力发展决定的一个自然史过程。今天认识它的局限性的重要意义，在于明确社会生产力发展的必然方向，避免把现时分工看成是永恒和绝对的生产形式。当前，旧社会分工还是我们发展社会生产力的最有力的杠杆之一。马克思强调指出共产主义必须建立在大工业和社会分工充分发展的基础之上。现时劳动者较固定地在社会各个部门从事生产活动的社会分工，脑力劳动者与体力劳动者间的分工，不仅谈不到消灭，而且还需要发展，加快科学技术人才的迅速增长和不同层次的管理人才队伍的更快增大，这都是社会生产力得以发展的根本条件。现在就提出消灭旧分工是不切实际的幻想。我们今天应当做的还只能是在承认旧社会分工必要性前提下，尽可能使每个人，特别是直接生产者和普通劳动者得到更多方面学习提高自己的机会，在有利于生产力提高的前提下，尽可能地得到全面发展。

二、公众持股的股份公司是依资本主义私有制原则建立的企业形式

　　上面对重建个人所有制的分析，已经充分说明把现时的股份制看做是"重建个人所有制"的最恰当实现形式的观点是多么的不正确。下面再就有的人仍执意把公众持股股份公司等同于公有制的错误观点谈谈自己的看法。

　　我在《经济学动态》杂志 2005 年第 9 期发表的一篇论文"国有企业股份制改革的实质是什么"中曾说，公众持股的股份公司的属性是私有制而不是公有制，说它不具有任何社会主义因素。我仍然认为这种看法是能成立的。因为社会主义公有制不简单就指一些人联合起来共同经营这样一种形式，它是一个特殊生产关系体系。它包括这样一系列特殊生产关系：人们对生产资料的所有权的完全平等、管理权上的平等和劳动成果分配权上的平等。可是在股份制公司里，参加者不是以劳动者的身份而是以私有资本所有者身份参

与的，在这种联合形式中，人们在所有权上是不平等的，权力的大小由持有股票的数量决定，持有股本的多少决定了管理权的大小，这里实行按资本分配而不是按参加者提供的劳动量分配，参与分配权力的大小只与投入股本的多少相联系；更为重要的是在股份公司里，还存在着股票持有者与直接生产者的关系，它实际上是资本与雇佣劳动的关系。持股者所分享的收益，不是股票持有者们的劳动成果，而是该企业直接生产者创造的剩余产品。试思考一下，从生产关系上看，这哪里有社会主义公有制本质特征的影子呢！可以看出，在持这种看法的人的眼里，只有股东的地位，直接生产者则完全从视野里消失了，股东与劳动者的经济关系完全不在考虑之列，这怎么能说明这种公司的社会性质呢？

公众持股股份制与社会主义公有制是两种根本不同的所有制关系，这是很明显的。可是为什么一些人总是执意把二者纠缠在一起呢？我考虑主要是以下原因：

（一）未能正确理解甚至曲解了马克思的原话。主张股份制是公有制或具有"新社会因素"的人，他们立论的主要根据是从《资本论》中以下的话引申出来的，马克思说：股份制度"是资本主义体系本身的基础上对资本主义的私人产业的扬弃"，"资本主义的股份企业，也和合作工厂一样，应当被看做是由资本主义生产方式转化为联合的生产方式的过渡形式，只不过在前者那里，对立是消极地扬弃的，而在后者那里，对立是积极地扬弃的。"① 马克思在这里科学地指出了资本主义制度下的股份制形式，尽管它不过是资本主义体系内私有制关系的一种调整，但它与合作工厂一样，同样显示出了生产资料占有日益社会化的必然趋势，从而也显示出资本主义私有制必将过渡到社会主义公有制的客观规律性。但是马克思立即指出股份制与合作工厂这两种形式间的本质区别，一个是积极地扬弃，一个是消极地扬弃。一些人只注意到股份制的"对私人产业的扬弃"、向公有制的"过渡形式"，而忽视了两种"扬弃"在内容上的根本不同。

马克思把实行股份制叫做对资本主义关系的"消极地扬弃"，有的人不同意这一说法，提出"股份制是对私有制的积极扬弃"，这显然是离开了马克思的认识，不懂得马克思这种规定的真正含义。为什么合作工厂被称为是"积

① 《马克思恩格斯全集》第25卷，第496、498页。

极地"扬弃呢？马克思说得很清楚，这是因为它"是在旧形式内对旧形式打开的第一个缺口"，"资本与劳动之间的对立在这种工厂内已经被扬弃"，"是一种新的生产方式"。① 而股份制则根本不同。它不是对资本主义关系打开了"缺口"，它丝毫没有触动资本与劳动之间的对立关系，恰恰相反，它是巩固和加强了这种关系。这里的扬弃丝毫不具有对资本主义关系的否定或削弱的意思。这里扬弃的是什么呢？它只是"使各单个资本的表面独立性和独立存在被扬弃"。马克思强调指出，股份资本是"这种扬弃的最高形式，同时也就是资本在它的最适当形式中的**最终确立**"。② （重点是马克思自己加的）这里可以清楚看出，马克思所说的"消极地扬弃"的本意是什么，这种联合形式不仅不是什么"新社会因素"，而是资本主义私有制找到了它更好发展自己的"最适当形式"，使它对全社会的统治地位得以最终确立。

实际历史发展已经证明，股份制形式是巩固和发展资本主义私有制的有力措施，它强化了资本在全社会的统治。尽管单个私人资本日益采取股份公司这种社会资本形式，但它只是私人资本的联合，丝毫没有触动资本主义私有制的基本性质，丝毫没有弱化资本对雇佣劳动的支配和统治，而是加强、扩大了资本的控制力量。因为只有这样，资本主义制度才能继续维持它对社会生产力发展的推动作用，从而才能维持和强化它对社会的统治。我们看问题应当尊重历史，实践是检验真理的标准。股份制二、三百年的发展没有生长出任何社会主义因素，相反它却大大加强了垄断资本的影响力和带动力，成就了垄断资本的全面统治。股票愈分散，愈表明垄断资本巨大控制力的加强。这是不容怀疑的事实。

所以，从本质上看，股份制本身不会产生出任何社会主义所有制关系的萌芽。它在生产关系演进方面的意义是，推动了资本主义基本矛盾的进一步发展，并由此使社会发展更靠近社会主义的大门。如恩格斯所指出的，它成为过渡点、过渡形式，不是因为它本身具有了社会主义因素，而是"最令人鼓舞地为将来由整个社会即全民族来实行剥夺做好了准备"。③ 因为对少数大垄断资本实行公有化较之对大量分散小资本要容易得多。

---

① 《马克思恩格斯全集》第 25 卷，第 498 页。
② 《马克思恩格斯全集》第 46 卷下，第 167 页。
③ 《马克思恩格斯全集》第 25 卷，第 495 页。

（二）执意把公众持股股份公司与公有性纠缠在一起，更重要的一个原因是看问题的方法上的不正确。马克思主义政治经济学的一个重要方法是认识一个事物，必须注意它的形式方面与它的实质内容间的区别。举一个例子，在考察商品等价交换关系与资本主义关系的关系时，他指出："资本家和工人之间的交换关系，仅仅成为属于流通过程的一种表面现象，成为一种与内容本身无关的并只能使它神秘化的形式。劳动力的不断买卖是形式。其内容则是，资本家用他总是不付等价而占有的别人的已经物化的劳动的一部分，来不断再换取更大量的别人的活劳动。"① 资产阶级经济学一直把资本主义关系与商品一般关系等同，这里暴露出它思维方法上的一个特点，这就是把实质内容与它的形式相混淆，用形式掩饰它的实质内容。就古典政治经济来说，是因为受到认识水平和阶级局限性的影响；就资产阶级庸俗政治经济学来说，则是有意识的目的，企图用一般商品经济的平等掩盖资本主义剥削关系。

用马克思主义的上述方法来审视一下股份制与资本主义制度的关系，股份制是一种联合形式。若只从形式上看，它是一种联合的共同所有的形式，有人就把他说成是具有了公有性。可是探索这种形式背后的实质内容，它是私人资本的联合，联合的目的是加强和扩大对雇佣劳动的剥削。因此，这里不可能产生任何社会主义因素，它只能是资本主义私有制的一种新形式，更有利于资本主义制度的进一步巩固和发展。

作为私人资本的联合形式，在资本主义经济中不仅有股份制，资本主义的信用制度具有同样特点。马克思说："银行制度从私人资本家和高利贷手中剥夺了资本分配这样一种特殊营业，这样一种社会职能"，"信用制度和银行制度扬弃了资本的私人性质，它本身，但也仅仅是就它本身来说，已经包含着资本本身的扬弃"。② 但是，马克思立即批判了那些把他说成是社会主义的谬论。马克思说："关于信用制度和银行制度的奇迹般的力量的种种幻想所以会被赋予社会主义的意义，是由于对资本主义生产方式和作为它的一个形式的信用制度完全没有认识。"③ 因为关键在于生产方式，只要生产方式是资本主义的，信用制度的性质只能是强化资本统治的一种形式和手段。

---

① 《马克思恩格斯全集》第 23 卷，第 640 页。
② 《马克思恩格斯全集》第 25 卷，第 686 页。
③ 同上，第 687 页。

　　运用上述研究事物的方法判别下面的一些观点，可以清楚地看出其不科学的地方。例如有人说：股份制"具有新生产关系性质的公有因素从资本主义社会内部产生，并正在逐步生长和壮大"。① 还有人说："只要控股权不掌握在资本家手中，就有明显的公有性"，公众股份公司"在其内容上已经具备了社会主义公有制的本质特征"。② 上述这些看法的共同的地方，就是把股份制这种联合形式本身直接认定为公有制，而不问这种联合形式的实质内容。

　　股份制如果就它是一种财产组织形式，只是一个抽象，现实中不存在这种财产组织形式一般，它不是独立存在的。在现实中只存在或者资本主义的股份制，或者社会主义公有制性质的股份制，或者混合各种所有制的股份制。像上面于文所说的"只要控股权不掌握在资本家手中，就有明显的公有性"，不知现实中有没有这种股份制？不应以主观设想来论证问题。不过他的话倒说出了问题的实质，即资本家掌握控股权决定了该公司不是公有制而是私有制。问题就在这里。股份制公司这种形式本身是一个抽象，它的性质只能是由参加者的性质决定。由私人资本参加入股组成的，就是私有制性质企业；资本家控股的，就是资本主义企业；如果是由劳动者或社会主义国有资本参加组成的，就是公有制股份企业。这样看问题才是确定股份公司性质的唯一正确的方法。私人资本一联合怎么就会长出公有制来呢？资本家会认同吗？怎样认识这种私人资本的联合呢？资本主义制度下平均利润率的形成，意味着全体资本联合在一起，共同按参与的资本量分配全体雇佣劳动者创造的剩余价值。马克思主义的研究方法告诉我们应当这样来认识问题，"资本家在他们的竞争中表现出彼此都是虚伪的兄弟，但面对着整个工人阶级却结成真正的共济会团体"。③ 这种共济会团体是资本的联合而不能说它因为联合而具有了公有性。

　　马克思主义政治经济学的研究方法应当成为我们思考问题的指导思想，这有利于提高我们经济理论工作者科学研究水平。

---

① 郑志国：《股份制：公私因素整合与扬弃》，载《经济学动态》，2008 年第 10 期。
② 于金富：《社会公众股份公司的性质探索》，载《经济学动态》，2008 年第 6 期。
③ 《马克思恩格斯全集》第 25 卷，第 221 页。

《资本论》在马克思主义理论体系中的核心地位

——兼论从《1844 年经济学哲学手稿》到《资本论》

一、《资本论》在马克思主义理论体系中的地位

《资本论》是马克思主义理论著作中内容最丰富、最深刻、最成熟的著作，在马克思主义整个理论体系中处于核心地位。恩格斯在评价《资本论》在科学社会主义学说建立中的地位时曾说："资本和劳动的关系，是我们全部现代社会体系所围绕旋转的轴心，这种关系在这里第一次得到了说明。"①《资本论》第一次揭示了资本主义经济制度的内部结构和运动规律；从对资本主义制度的深刻理解和批判中发现了共产主义制度代替资本主义制度的必然性和新社会的基本特征，并揭示了实现这一变革的现实途径，和实践变革的社会力量。《资本轮》的这一科学成果，如列宁所说，"唯物主义历史观已经不是假说，而是科学地证明了的原理。"也正是这一科学成果，如恩格斯所说，"科学社会主义就是以此为起点以此为中心发展起来的。"如果说马克思主义整个理论体系是一块整钢，那么这块整钢就体现在《资本论》这本著作上。马克思主义政治经济学的创新和发展只能以此为基础和根本出发点。

为了说明《资本论》在科学社会主义学说上的重要地位，让我们简单回顾一下马克思、恩格斯社会主义思想的形成过程。这个过程可大体分为三个阶段。

第一阶段可称作哲学共产主义阶段。这时他们的共产主义思想和理论还

---

① 《马克思恩格斯选集》第 2 卷，人民出版社 1995 年版，第 589 页。

主要是从黑格尔的辩证法和费尔巴哈的唯物主义、人本主义中直接导引出来的。正如恩格斯在评论当时的各种社会主义思潮和流派时所明确表达的："我们的基本原则给我们打了一个比较广泛的基础，因为这些原则是我们从概括人类一切知识领域的哲学体系中引申出来的。"① 这时，马克思、恩格斯运用德国哲学的成就，推测到了经济变革的趋向，并把目光投向未来。这对当时弥漫着资本主义是永恒的、合乎理性的迷雾的理论界，的确是投入了一道明亮的闪光。但是很明显，这时他们的社会主义思想还不能说是科学的，走向共产主义的理念还主要是植根于人本主义和唯心史观的基础上。作为这一阶段思想的代表作就是马克思的《1844 年经济学哲学手搞》、恩格斯的《英国工人阶级状况》。恩格斯在《英国工人阶级状况》1892 年德文第二版序言中就说："本书在哲学、经济学和政治方面的总的理论观点，和我现在的观点决不是一致的，……在本书中到处都可以发现现代社会主义从它的祖先之一，即德国古典哲学起源的痕迹。"②

第二阶段是把共产主义学说直接建立在历史唯物主义理论的基础上。《共产党宣言》就是这一阶段的代表作。马克思、恩格斯通过对现实经济问题的考察和对政治经济学的研究，通过清算德国哲学中包括自己身上的唯心史观和人本主义的影响，完成了从历史唯心主义到历史唯物主义的转变。他运用生产关系与生产力之间的辩证发展关系的方法，把人类历史的发展看作是一个合乎规律的过程。用这一方法，他论证了资本主义生产方式存在的必然性，同时也论证了资本主义必然为共产主义所代替的结论，使社会主义具有了科学的基础。这就从根本上清除了从人的本性、异化及其复归等来批判资本主义的历史唯心主义影响。

但是，生产关系一定要适合生产力的性质是一个人类社会发展的最一般的规律，它不能直接说明特定的经济制度的变革和未来新制度的特征。也就是说，还缺少实在根据得出人类社会必然要用社会主义代替资本主义的结论。这一结论可能只被看作不过是一种科学假说或高尚的价值追求。为得到充分论证，必须对资本主义制度本身有深刻的理解。譬如，当马克思写作《共产党宣言》和恩格斯写作《共产主义原理》时，还没有自己的科学劳动价值理

---

① 《马克思恩格斯全集》第 1 卷，人民出版社 1956 年版，第 592 页。
② 《马克思恩格斯选集》第 4 卷，第 423 页

论，更没有剩余价值理论和对资本主义生产关系内部结构及其运动规律的全面系统的认识，这表明他们对资本主义制度本身还没有真正科学的理解。因此，在这个阶段上，科学社会主义还只是有了科学方法论的指导，还没有关于资本主义经济运动和发展规律的理论基础。恩格斯说："以往的社会主义固然批判了现存的资本主义生产方式及其后果，但是，它不能说明这个生产方式，因而也就制服不了这个生产方式；它只能简单地把它当作坏东西抛弃掉。它越是激烈地反对同这种生产方式密不可分的对工人阶级的剥削，就越是不能明白指出，这种剥削是怎么回事，它是怎样产生的。但是，问题在于：一方面应当说明资本主义生产方式的历史联系和它在一定历史时期存在的必然性，从而说明它灭亡的必然性，另一方面揭露这种生产方式的一直还隐蔽着的内在性质。这已经由于剩余价值的发现而完成了。"①

为了实现社会主义从空想到科学的发展，就要依靠政治经济学。列宁说："资本主义社会必然要转变为社会主义社会这个结论，马克思完全是从现代社会的经济的运动规律得出的。"② 因此，我们可以把马恩社会主义思想形成的第三阶段称作是建立在政治经济学基础上的阶段。对资本主义制度理解的核心问题是剩余价值理论。这个理论就是在《资本论》中完成的。恩格斯指出："这个问题的解决是马克思著作的划时代的功绩。它使明亮的阳光照进了经济领域，而在这个领域中，从前社会主义者像资产阶级经济学家一样曾在深沉的黑暗中摸索。科学的社会主义就是以此为起点，以此为中心发展起来的。"③《资本论》是科学社会主义理论完成的标志。恩格斯把《资本论》称作社会主义著作是有充分理由的。

以上分析表明，历史唯物主义理论的建立和社会主义从空想到科学的发展，都是建立在政治经济学科学理论基础上的，这突出表明《资本论》在马克思主义理论体系中的特殊地位。《资本论》以剩余价值理论为基础揭示了资本主义的内在机构和它的经济运动规律，包括价值规律、剩余价值生产规律、资本主义积累的绝对的一般规律、平均利润率的形成以及其趋向下降的规律，等，这些规律具体阐明了资本主义生产关系怎样推动了社会生产力迅速发展，

① 《马克思恩格斯选集》，第 3 卷，第 740 页。
② 《列宁选集》第 2 卷，人民出版社 1995 年版，第 439 页。
③ 《马克思恩格斯选集》第 3 卷，第 548 页。

又怎样使自己逐渐变旧，成为生产力进一步强大发展的障碍，也就是既从正面阐明了它促进生产发展的积极方面，又从反面对它进行社会主义的批判，证明资本主义已经造成了自己已不可能再存在下去的境地。《资本论》中这种阐述确凿地证明了社会历史的发展是一种不依人们意志为转移的自然史过程。同时，也阐明了资产阶级自己培植出了一支有组织有纪律的坚定反对自己的无产阶级大军，从而看到了实现社会主义变革的社会力量。关键只在于用关于社会发展规律的理论武装他们。这就推动社会主义从口头宣教走向革命实践，最后完成了社会主义从空想到科学的发展。可见，《资本论》是马克思主义整个理论体系的核心和基础。

二、《资本论》的研究对象

《资本论》是研究什么的？马克思《资本论》第 1 卷的序言中写道："我要在本书研究的，是资本主义生产方式以及和它相适应的生产关系和交换关系。"

经济学作为一门社会科学，与其他学科是有区别的，例如哲学、政治、历史、文学、语言、心理学等，在于它要研究的领域是物质生产。马克思在《政治经济学批判》导言中一开头就指出："摆在面前的对象，首先是物质生产。"如何看待和研究物质生产呢？研究的目的是什么呢？

马克思认为生产总是社会的生产，离开社会的单个人的生产，是不可能存在的。资产阶级政治经济学把单个孤立的猎人和渔夫作为出发点，这显然不符合历史实际，因而不可能得出科学的结论。马克思指出："在社会中进行生产的个人，——因而这些个人的一定社会性质的生产，当然是出发点"，"因此，说到生产，总是指在一定社会发展阶段上的生产——社会个人的生产"。[1]

既然生产总是社会个人的生产，而人类社会是经历了极不相同的发展阶段的，奴隶社会的生产不同于封建社会的生产，资本主义生产又不同于封建社会的生产。我们所要研究的生产，如果不是指要研究全部人类社会生产发

---

[1] 《马克思恩格斯选集》第 2 卷，第 1、3 页。

展史的话，那必然只是研究某一个特定社会发展阶段的生产。不处在一定社会发展阶段上的生产一般在现实中是不存在的。

因此，马克思认为物质生产必然包含两个方面：生产力和生产过程中人与人的社会关系。他说："人们在生产中不仅仅影响自然界，而且也互相影响。他们只能以一定的方式共同活动和互相交换其活动，才能进行生产。为了进行生产，人们相互之间便发生一定的联系和关系；只有在这些社会联系和社会关系范围内，才会有他们对自然界的影响，才会有生产。"① 讲物质生产必然包含着社会生产力和社会生产关系两个方面，缺一就不能有物质生产发生。

生产力是指人及在生产过程中作用于自然界的所有物质要素的总称，它包含两个方面：劳动资料和使用这些劳动资料的人，即物的要素和人的要素。在生产力诸物的要素中处于劳动者与他要加工劳动对象之间的劳动资料占有最重要的地位，它"不仅是人类劳动力发展的测量器，而且是劳动借以进行的社会关系的指示器"。劳动资料中最重要的是生产工具，马克思把它称作生产的骨骼系统和肌肉系统，这里包括原始的石器以及后来的机械设备和今天的计算机、网络等高新技术设备。一般地说生产工具是一个经济制度的指示器。例如，手工磨产生的是封建主的社会，蒸汽磨产生的是工业资本家的社会。

还应看到，谈到生产力概念，并不单纯指它的一些简单要素，生产力的水平和状况不仅由这些简单要素规定。不论物的要素还是人的要素都不是孤立存在的，它们通过一定的方式结合起来，这种联系或结合方式，同样是社会生产力的重要方面，这里包括劳动过程中的劳动方式、生产方法、联合规模和工艺流程等，这些直接构成现实的生产力，因此马克思谈及生产力时又称作社会生产力，即由人的社会结合形成的生产力。既然是人们联合在一起从事生产的，因而就需要管理，所以，管理也包括在生产力和生产方式的概念之内。另外，科学技术也属于生产力范畴，它都体现在劳动资料上和它的效能和规模上。在当前科学技术高度发展的时期，科学技术成为第一生产力，它对经济的发展已起着首要的决定的作用，生产力的扩大和发展都是从科学技术的创新开始的。

---

① 《马克思恩格斯选集》第 1 卷，第 344 页。

上述一切的总和，马克思在《资本论》中把它概括称之为生产方式或生产技术方式。直接表明生产力的性质和决定一定的社会生产关系的，就是这种生产技术方式。

物质生产的另一个方面是生产关系。生产关系是指人们在生产过程中人与人的相互关系。关于社会生产关系的内容，斯大林在《苏联社会主义经济问题》一著中曾作过如下的说明："这里包括：1. 生产资料的所有制形式；2. 由此产生的各种社会集团在生产中的地位以及他们的相互关系，或如马克思所说的，'互相交换其活动'；3. 完全以它们为转换的产品分配形式。"①他说这一切共同构成政治经济学的对象。斯大林关于生产关系的这一规定就把它与生产过程中的人们之间的技术关系区别开来。

在社会生产关系中，生产资料的所有制形式占首位，原因很清楚，因为在生产关系体系中，生产资料所有制形式处于决定性的地位，正是它决定了生产过程中人与人的经济地位差别以及他们间的交换关系和分配关系、消费关系。

所有制关系与所有权关系不同，应把二者严格区分开。前者回答的是经济关系，即生产资料所有者与生产过程中劳动者的关系；后者是属于法律关系，即抛开经济关系内容的单纯的法方面的权利关系，只是经济关系的外表形式。政治经济学研究所有制关系，所有权关系则主要是法学的研究对象。

马克思主义认为，生产资料所有制形式直接回答的是生产资料的归属，它不是指人与物的关系，而是指在生产资料占有上的人与人的关系，也就是生产资料归谁所有，即生产资料在不同人们之间的分配关系。马克思明确指出生产资料的分配关系的重要性，他说这种分配关系是"在生产关系本身范围内，落到同直接生产者相对立的、生产关系的一定当事人身上的那些特殊社会职能的基础。这种分配关系赋予生产条件本身及其代表以特殊的社会性质。它们决定着生产的全部性质和全部运动。"②

一切现实的生产都表明，社会生产的两个方面生产力和生产关系是不可分割、互相联系的。不管在什么样的社会制度下，只有具备这两个方面才能有生产。

---

① 《斯大林选集》下卷，第594页。
② 《马克思恩格斯全集》第25卷，第994页。

从生产力和社会生产关系之间的辩证关系来看，生产力一般地表现为主要的决定作用，生产力的发展决定着生产关系的发展，生产关系必须适合生产力的性质；但是，生产力决定生产关系的论断，不能简单地理解为生产力可以离开生产关系独立向前发展；实际上，当我们说生产力决定生产关系，或生产关系一定要适应生产力的性质的时候，其深层的含义就是表明不建立相适应的生产关系，生产力不可能向前发展。这恰恰说明生产关系是生产力进一步强大发展的起决定性作用的因素。

关于生产力与生产关系的相互辩证关系，马克思在《资本论》中作了充分的说明。马克思一方面指出生产力、生产方式①对生产关系的决定作用，一方面又强调了适应生产力的生产关系对生产力发展的决定性影响。马克思说："……生产条件的所有者同直接生产者的直接关系——这种关系的任何形式总是同劳动方式和劳动社会生产力在一定发展阶段相适应……"，② "只有在这种生产方式的基础上和跟这种生产方式同时，各种生产当事人之间，特别是资本家与雇佣工人之间的，跟资本主义生产过程相适应的生产关系也才发展起来。"③

例如资本主义的生产技术方式与封建社会中的分散的孤立的个人手工劳动方式比较来说，是一种特殊的生产方式，马克思把它描绘为"社会的劳动生产力，或直接社会的、社会化的（共同的）劳动的生产力，借助于协作、工场内部的分工、机器的运用以及生产过程全部转化为自然科学、力学、化学、工艺学等等为了一定的目的的自觉运用"。④ 这些都是当时提高劳动生产力的最有力的杠杆。但是这种生产技术方式在当时的历史条件下，却只有在资本主义生产关系下才能产生和发展。事情是很明显的。如果不扫除封建制度的障碍，不使广大农民摆脱封建地主的人身依附关系，不使广大小农和小手工业者破产，成为无产者，不把货币和生产资料集中在少数资产者手里，大规模的社会化的劳动方式是建立不起来的。马克思指出："整个社会内部的

①　马克思在《资本论》德文版中对"生产方式"一词的使用不很固定，在下面我们就要就这个问题谈谈，这里讲的"生产方式"，不是后来由斯大林概括为生产力与生产关系总体的涵义，而是指生产技术方式，即指具体的生产方法、劳动方式等，它属于生产力范畴。

②　《马克思恩格斯全集》第 25 卷，第 891 页。

③　同上，第 49 卷，第 83 页。

④　《马克思恩格斯全集》第 49 卷，第 83、84 页。

分工，不论是否以商品交换为媒介，是各种社会形态所具有的，而工场手工业的分工作为社会生产过程的特殊的资本主义生产形式，——它在当前的基础上只能在资本主义的形式中发展起来……"。①

从以上分析中可以看出，只有把生产力与生产关系作为一个统一体来把握、探索二者的相互推动关系，才能科学地阐明物质生产和整个经济的运动和发展规律。

马克思极为重视生产力特别是生产工具和自然科学的发展，把它看作是"一种在历史上起推动作用的革命的力量"。例如马克思在病中还特别注意到德普勒的远距离高压输电实验，一再让恩格斯关注这一问题，因为在这里看到消除城乡对立的最强有力的杠杆。

可是马克思极端反对把政治经济学变成研究物质财富生产本身一般的学问，他一再强调政治经济学不是技术学、工艺学，而是研究生产所采取的社会形式，即社会生产关系的科学。他指出对生产力、生产方式的本身的研究，这是属于对生产一般自然规律的研究，这些属于生产一般的内容"只有当这种材料为形式关系所改变或表现为改变这种形式关系的东西时，才列入考察范围。"② 我们可以看到，《资本论》中所涉及到的对生产力的研究，正是在从属于说明生产关系的作用和发展的范围内进行的。马克思极端厌烦那些脱离特殊的社会形式而只对物质生产一般作抽象论述的庸俗经济学者们。马克思批评这些人说："这些抽象概念在政治经济学的最初尝试中还有一些历史价值，那时人们还在极艰难地把各种形式从材料上剥离下来，并竭力把它们作为特有的考察对象固定下来。后来，这些抽象概念成了索然无味的老生常谈，它们越把自己打扮成科学，就越使人讨厌。"

三、《资本论》的基本结构

在《资本论》第1卷即将出版时，马克思给恩格斯的一封信中说："在像我这样的著作中细节上的缺点是难免的。但是结构、整个内部联系是德国科

---

① 《马克思恩格斯全集》第23卷，第397、398页。
② 同上，第46卷下，第383页。

学的辉煌成就，……"以此自豪，认为是德国民族的骄傲。恩格斯肯定这一点，说："把错综复杂的经济总是放在应有的地位和正确的联系之中，因此完整地使这些问题变得简单和相当清楚。"

马克思在研究了大量的思想资料和资本主义社会发展的现实材料的基础上，运用思维抽象力和利用矛盾分析方法，对资本主义经济制度作了深入的剖析，发现它与以往历史上的社会制度的一个重大区别，也就是它的根本特征，在于它是一个生产过程和流通过程的统一体，这种矛盾的统一构成这个经济制度的运动。这一认识就成为建立《资本论》基本结构的现实基础。马克思先考察了矛盾的主要方面资本主义直接生产过程，然后又考察了矛盾的次要方面资本的流通过程，最后在生产过程和流通过程的统一中全面考察了资本主义生产总过程。他在阐述《资本论》的总体结构中说："在第一卷中，我们研究的是资本主义生产过程本身作为直接生产过程考察时呈现的各种现象，而撇开了这个过程以外的各种情况引起的次要现象。但是，这个直接的生产过程并没有结束资本的生活过程。在现实世界里，它还要由流通过程来补充，而流通过程则是第二卷研究的对象。在第二卷中，特别是把流通过程作为社会再生产过程的媒介来考察的第二篇指出：资本主义生产过程，就整体来看，是生产过程和流通过程的统一。至于这个第三卷的内容，它不能是对于这个统一的一般的考察。相反地，这一卷要揭示和说明资本运动过程作为整体考察时而产生的各种具体形式。"①

《资本论》第 1 卷是把资本主义生产过程本身当作直接生产过程作为研究对象的。这里所说的直接生产过程，是与流通过程相对而言的。它要研究的就是直接生产过程中呈现的各种现象，而抛开了流通以及由流通过程的参与而引起的许多具体形式。为什么要抛开流通过程的影响先在抽象形式研究直接生产过程呢？因为在直接生产过程领域里，人们之间的关系的本质，在这里，劳动与资本，工人与资本家面对面直接对立着的，因而人们之间的关系也暴露得最清楚、最少掩盖。马克思说："如果首先在直接生产过程中考察资本，把它当作剩余劳动的吸取者，那么，这种关系还是非常简单的，实际的联系会强使这个过程的承担者，即资本家本身接受，并且还被他们意

---

① 《马克思恩格斯全集》第 25 卷，第 29 页。

识到。"①

　　资本主义直接生产过程本来是以商品流通的存在为前提的，生产资料和劳动力都是从市场上购置来的，然后它们才能结合起来从事生产。那么为什么不是先分析资本的流通过程呢？这是因为在生产与流通的关系中，生产是具有决定意义的。马克思说："虽然剩余价值……的占有，是由劳动力的买与卖引出的，但这种占有是在生产过程中完成的一种行为，并且是生产过程的一个本质要素。"② 马克思说："真正的现代经济科学，只是当理论研究从流通过程转向生产过程的时候开始的。"③ 现代西方经济学仍然固守着庸俗经济学的操守，只限于对流通的研究而且还只限于考察处于市场竞争中和在"看不见的手"支配下的生产当事人的经营观念的复述。他们的任务只是对这些日常观念给与学术性话语包装。

　　对《资本论》第 1 卷的研究对象有这样一种看法，他们认为对直接生产过程的研究是从单个企业的角度来研究资本主义生产和再生产的。这种说法是不确切的；另外还有人说马克思的经济学只重视宏观经济的研究，缺少对经济的微观分析，这些看法都是没有理解马克思的微观分析方法与宏观方法的运用。马克思对所有过程的分析，都是从微观分析到宏观分析，也就是从个体分析到整体分析。第 1 卷对直接生产过程的考察，第 2 篇至第 6 篇是对个别企业的考察，也就是微观分析即解剖麻雀的方法，从第 7 篇开始对生产过程的宏观分析，就是开始从全社会的范围来考察资本主义生产过程和工人阶级与资产阶级的阶级关系阐述问题了。马克思明确指出，对再生产的研究已经"不是单个资本家和单个工人而是资本家阶级和工人阶级，不是孤立的商品生产过程，而是在社会范围内不断进行的资主议生产过程"。④ 前些篇如果说属于微观经济的话，那么这里就属于从宏观的角度来考察经济了。问题很清楚，没有对生产过程的微观考察，就不能揭示出剩余价值占有这一资本主义生产的本质关系；只有研究全社会资本的再生产过程，研究两大阶级之间的关系，才能揭示资本主义积累的一般规律，揭露两大阶级间的对抗性矛盾的趋于尖锐的必然性，同时指明了资本主义基本矛盾和由它决定的资本主义

---

① 《马克思恩格斯全集》第 25 卷，第 935 页。
② 《马克思恩格斯全集》第 24 卷，第 428 页。
③ 《资本论》第 3 卷，376 页。
④ 《马克思恩格斯全集》第 23 卷，第 627 页。

积累的历史趋势。

只考察单个企业生产的内容，不能了解整个资本主义生产的全貌及其运动规律；只孤立地考察宏观经济领域，则不可能真正把握资本主义经济的深层本质。只有把微观分析和宏观分析结合起来，才能全面阐明资本主义生产关系的本质和特点及其运动。把微观分析与宏观分析分割开来，是现代西方经济学的特点。这种建立理论体系的方法是不科学的，因这宏观领域的重要现象都是微观领域的活动造成的，基础是在微观方面。但现代西方经济学的更根本的缺陷还不在于宏观分析缺少微观基础，而是在于它根本排斥生产和再生产过程，而把研究局限在流通过程中的各类具体现象，因而只是在竞争领域的表面上兜圈子。这正是马克思的政治经济学与现代西方经济学的根本区别所在。一些人总是善意地提出把二者融合或结合起来，建立统一的经济学，这是不可能的。所以不可能，并不是马克思主义政治经济学缺乏海纳百川的包容思想，而是西方经济学绝对拒绝容纳马克思主义政治经济学，绝对排斥研究社会生产关系。不论它们哪个学派都排斥涉及生产过程，特别是排斥研究生产资料所有制关系。如果在这种前提下来谈二者的融合，结果只能是取消马克思主义政治经济学；或者如有的主张融合的学者提出的：用西方经济学"改造"马克思的政治经济学，用研究流通中表面现象取代深刻揭示现阶段生产过程的本质和发展规律。

《资本论》第2卷的研究对象是资本的流通过程。在这一卷马克思对资本流通过程作了单独的考察，揭示了资本流通的本质和它与一般商品流通的根本区别。资本流通过程的分析，一方面阐明流通对资本主义再生产的重要性，同时也显示出一种现象，即剩余价值的获得不仅赖于生产过程，也赖于流通过程，二者至少是同等重要的，这就为模糊剩余价值只是在生产过程中创造的这一事实提供了一个表面根据；另外，在资本流通过程中出现了两种资本的新的具体形式：固定资本和流动资本。这又进一步掩盖了生产过程中资本区分为不变资本与可变资本，从而剩余价值的真正来源被进一步掩盖起来。再加上资本周转速度的确直接影响着一定资本量的增殖程度，这更加使人们相信流通过程是剩余价值的源泉之一；社会资本再生产和流通的考察表明实现问题是再生产过程得以进行的关键，流通过程的重要地位更加被确定下来了。从资本流通过程来观察资本主义社会，剩余价值生产的深层本质已经被深深地掩藏起来了。

第 2 卷对资本流通过程的考察在三卷《资本论》中是起着一个中介作用，通过这一中介，剩余价值来源于雇佣工人的剩余劳动这一本质已经被蒙上了一层面纱，表现为是资本本身运动的结果了。资本表现为是一个能够自行增殖的价值了，资本的本质看不见了。正是通过第 2 卷中流通过程的分析，剩余价值的源泉怎样从工人的剩余劳动移到了资本上，剩余价值显示它不是劳动的结果，而是资本的产物。由此，剩余价值取得了利润的虚假形式。

第 3 卷就是以利润为核心范畴展开分析的。马克思指出："这一卷揭示和说明资本运动过程作为整体考察时所产生的各种具体形式。资本在自己的现实运动中是以这些具体形式互相对立的，对这些具体形式来说，资本在直接生产过程中采取的形态和在流通过程中采取的形态，只是表现为特殊的要素。因此，我们本卷中将要阐明的资本的各种形式，同资本在社会表面上，在各种资本的相互作用中，在竞争中，以及在生产当事人自己的通常意识中所表现出来的形式，是一步一步地接近了。"① 在现实中，资本采取产业资本、商业资本、借贷资本、农业资本等具体形式，与此相应的剩余价值采取了利润、商业利润、利息、地租等具体形式。在第 3 卷中，马克思通过剩余价值到利润的转化和利润到平均利润的转化，以及平均利润率趋向下降规律的分析，进一步揭露了资本主义制度中的一系列对抗性矛盾，如生产与流通、与消费之间，生产目的与实现目的的手段之间，资本过剩与人口过剩同时并存间的矛盾。正是这些矛盾，决定了全面生产过剩危机周期性爆发。这暴露出资本主义制度不是发展生产力的最后的永恒的生产方式。它只是一个历史过渡的社会形式。它必将为更能推动生产力迅速发展和财富更快更好增长的新的社会制度所代替。

通过《资本论》1、2、3 卷这样的基本结构的考察，把资本主义生产关系总体从内容到形式、从本质到现象，活生生地展现在我们面前，使我们清楚地看到资本主义这个复杂的经济结构是怎样构筑的，这个大厦是怎样地建造起来的，它的生产关系的每一个方面在整个经济结构中所处的地位，并从整体上深刻地揭示了资本主义生产方式产生的历史必然性和它的历史局限性以及它发展的历史趋势。

---

① 《马克思恩格斯全集》第 25 卷，第 29、30 页。

四、《资本论》的当代现实意义

马克思把社会生产关系规定为研究对象,开辟了揭示人类历史发展规律的新天地,使人们有可能自觉地按照客观规律创造自己的历史,推动历史的发展。马克思说,虽然认识了历史发展规律,"但它还是既不能跳过也不能用法令取消自然的发展阶段。但是它能缩短和减轻分娩的痛苦。"① 如果更多的人掌握了这一科学的革命思想,必将大大加快社会的进步,使全社会受益。恩格斯在给美国共产党人的信中说:"马克思是我们这个时代最伟大的思想家,人类历史因他的存在而缩短了。"恩格斯的评价已经得到了历史的印证,也得到了全世界无偏见的学术界的许可。在 1999 年,英国广播公司(BBC)于 9 月举行了一次网上选举"千年"最伟大思想家的投票活动中,马克思在爱因斯坦、牛顿、达尔文等之前,高居榜首,选为千年最伟大的思想家。这是符合实际的。就在这次选举活动中,一位投入神圣一票的美国人卡普尔说:"马克思对资本主义运作的模式作出了最好的分析。由于资本主义 20 世纪末实际上已成为全世界最具代表性的制度,他的思想学说,对于帮助我们认识当今世界,仍极具参考价值。"② 这位美国人是有眼光的。他看到了《资本论》对资本运动的分析在今天当前资本主义经济的发展仍有重要意义。

《资本论》揭示的资本主义社会的经济运动规律仍然对当代资本主义有充分的解释力。2008 年爆发的世界金融危机和经济危机时,国际范围特别发达资本主义国家的学术界和媒体立即掀起一股讨论《资本论》热,《资本论》大量重新出版和脱销,充分证明了这一点。

《资本论》对当代我国的社会主义经济建设有着更为直接的重大现实意义。有人说《资本论》是属于革命的经济学,对当前我国以经济建设为中心的实践没有实用性。这种看法是根本不了解政治经济学这门科学的真正价值。政治经济学的创建在英国古典政治经济学那里就是作为增大国民财富的目的提出的,亚当·斯密在他的《国富论》中从研究企业内部分工对提高劳动生

---

① 《马克思恩格斯全集》第 23 卷,第 11 页。

② 参考"参考消息"1999 年 10 月 7 日。

产力的作用为起点，转到着重研究资本主义经济制度的内部结构，这表现出了他作为先进资产阶级的伟大思想家的超人之处。他深刻地看到，要获得分工这种新的生产力，必须把劳动者集中在一起，共同劳动，这样才能在他们中间实行协作分工。为了建立大规模集体劳动的生产方式，在当时的历史条件下，为能获得这种生产力，只有实行普遍的商品交换，并且通过预先积累了一定量货币财富的人购买劳动力，把工人组织在一起进行生产，即建立起资本主义的雇佣劳动制度。因此，斯密认为建立起资本主义生产关系体系，是促进国民财富增长的决定性因素。正因为如此，斯密把对财富生产和财富增长的研究放在对社会生产关系的研究上。这样，政治经济学也就从其他经济学知识中分离出来，把社会生产关系作为独立的研究对象确定下来。斯密和李嘉图都热情地颂誉资本主义制度，把它说成是最能促进国民财富快速增长的生产关系，因而是唯一合乎自然秩序的经济制度。在当时历史条件下这种看法无疑是正确的。马克思完全同意斯密的看法，他说，"工场手工业的分工作为社会生产过程的特殊的资本主义生产形式，——它在当时的基础上只能在资本主义的形式中发展起来。"①

古典政治经济学在他们探讨提高劳动生产力和增大国民财富的研究中，发现了一定的社会生产关系在财富增长中的决定性作用，把它作为政治经济学的研究对象，这是他们在经济科学发展上的历史功绩。政治经济学也就是由此成为一门独立的社会科学。

马克思关于《资本论》研究对象的规定是来源于古典经济学的，不过马克思对斯密的理论体系作了根本性改造。这一改造的基本点就是用历史的发展的观点代替了斯密的非历史的形而上学观点，后者把资本主义关系看作是依据人的固有本性建立的人类社会最后的最合理的生产关系，而马克思把资本主义只看作是一个特殊历史阶段。斯密的《国富论》讲"国民财富"实际上并不是要研究财富一般，而是研究财富的资本主义形式——资本，马克思则把自己的著作科学地定名为《资本论》。斯密把"经济人"作为他的根本出发点，马克思则不讲经济一般，而是明确地把它规定为"资本人格化"。马克思在表述《资本论》研究对象时用"资本主义生产方式"代替了斯密的"分工"。在马克思看来，分工是一个生产一般的概念，表现不出它的历史性、

---

① 《资本论》第一卷，第403页。

特殊性。分工有自然分工与社会分工，在资本主义社会之前就发生了人类社会的三次社会大分工。斯密所说的分工并不是分工一般，而是指工场手工业的社会分工。集中了许多工人的企业里建立的企业内部的分工，是资本主义制度的特殊之点。马克思一再强调它是"特殊的资本主义生产方式"。马克思与斯密在政治经济学研究对象规定上的不同之点，是在于历史观和方法论不同。马克思强调了《资本论》所研究的不是什么符合人性的生产一般，而是生产的一定的特殊阶段资本主义生产。

从以上分析可以看出，政治经济学从它产生的时候就是为了推动生产力发展和财富的更快增长的。有的人总认为政治经济学重点是讲政治的，对经济发展没有实用性。这不过是一些道听途说式的传言，不了解政治经济学。如果认真学习一些政治经济学知识，包括英国古典政治经济学，特别是《资本论》，把握她的精神实质，就绝不会得出政治经济学不是经世致用的一门科学的。

马克思在《资本论》中不是片面地而是全面地揭示资本主义社会的经济运动规律，其中包括从正面阐述资本主义生产关系整个体系怎样决定着社会生产的迅速发展。这方面的内容在《资本论》中实际上占有更大的比重，这些内容对研究社会主义经济制度怎样地发挥其优越性以推动生产力发展显然有直接的实用价值和方法论的指导意义。因为资产阶级不像以往历史时代的剥削阶级那样，单纯夺取劳动者创造的剩余产品，而是组织剩余价值的生产，组织劳动者去生产剩余价值。因此，其中必然包括社会化大生产发展一般规律的内容。我们当前的经济同样也是建立在用先进技术装备的社会化大生产的基础上的，而且又是实行社会主义市场经济，因此，与资本主义生产有很多共同点，必须学习和借鉴它们运用生产关系调整推动生产力发展的一些管理制度和方法。

更重要的是《资本论》中展示的适应生产力性质的生产关系是生产力进一步强大发展的根本动力这一重要指导思想，正是遵循这一指导思想成为新中国60年特别是改革开放以来30多年所以取得伟大成就的最具有决定性的因素。这是任何其他经济学的作用所无法比拟的。

生产关系是生产力强大发展的主要推进者的理论已成为指导我们制定经济建设的大政方针的不可替代的依据。我们党正是在这一指导思想下推动经济发展的。我们按照马克思主义政治经济学所指出的社会生产关系对生产力强大发展起决定性作用的理论，紧紧抓住这个要害推动着经济的迅速发展。正是由此，马克思主义政治经济学在实践中得到了发展，实现了马克思主义的中国化。改革开放以来，在邓小平理论指导下，坚决把国家工作中心转移到经济建设上来，把实现四个现代化作为压倒一切的中心任务，强调发展是硬道理，一心一意地搞四个现代化是中国的最大的政治。但是我们会注意到，从十一届三中全会以来历届党的代表大会的政治报告中列为首要的不是技术方面内容，而是经济体制改革，把它看作是经济发展的根本动力。经济体制改革的内容就是"改革生产关系和上层建筑中不适应生产力发展的一系列相互联系的环节和方面"。这表明党中央确定地认识到社会生产关系在经济发展中的决定作用。这当然地也就决定了马克思主义政治经济学在促进经济发展上的极端重要地位。

今天在我国，马克思主义政治经济学的创新、发展和她的中国化应当是一回事。因为理论的创新、发展不是源于主观思维，而只能源于实践。马克思主义经济学的发展，不能靠现代西方经济学提供方案，也不能期望西方马克思主义为我们提供理论模式。理论创新只能植根于实践。马克思主义经济学的创新，只能植根于中国特色社会主义经济建设实践，也就是把马克思主义政治经济学的基本原理与我国的社会主义建设实际相结合。

马克思主义政治经济学必须创新和发展。时代在前进，实践在发展，迫切需要我们作出新的理论总结，不断开拓中国化马克思主义政治经济学发展的新境界，要突出它的实践特色，重视我们党在这方面的创新理论成果。

突出政治经济学的实践特色就是要强调它的实用性。如果一种理论不能应用到实践中去，不能为一个历史阶段的中心工作服务，那就不会为人们所重视。但对所说的应用，必须要有正确的理解。政治经济学是属于理论经济学，它主要研究一定社会生产关系体系的选择、变化和发展怎样推动生产力发展的。因此从应用的角度说，它与一般应用经济学是有着质的区别的。它主要不是在经济工作中的具体管理和局部领域经济发展上有应用性，而是在制定党的路线、方针、政策等根本性的全局性的方面体现它的实用性。由于它的研究对象是社会生产关系，而社会生产关系是对生产力的发展是起决定性作用的力量。所以，这在经济科学各个门类中，它当然地是处于指导地位的一门科学。

根据《资本论》中把严格的、高度的科学性与革命性相结合的思想，运用它既从反面也从正面对资本主义生产方式历史作用进行考察，将给我们在政治经济学的创新与发展和中国化方面提供一个重要的方法论的指导。如果我们认真地研究和掌握马克思是怎样细致地科学地考察了资本主义生产关系是怎样推动着社会生产力发展和财富的巨大增长的，我们将会学到如何探索和研究中国特色社会主义的整个生产关系体系怎样决定着我国经济的迅速发展的。

改革开放以来，在邓小平理论指导下，坚决把国家工作中心转移到经济建设上来，把实现四个现代化作为压倒一切的中心任务，强调发展是硬道理，指出一心一意地搞四个现代化是中国的最大的政治。但是我们会注意到，从十一届三中全会以来，历届党的代表大会的政治报告中列为首要的是经济体制改革，把它看作是推动经济发展的根本动力。我们的实践证明了这一点。

生产资料所有制是中央关注的第一位的问题，所有制结构的改革是推动国民经济发展的最重要的动力。最初的农村改革，废除了人民公社制度，实行包产到户和家庭联产承包制，就是在保持土地的集体所有制的前提下，把土地使用权分配到户，其他生产资料归农民私有，并据此建立起相应的分配制度。这种改革大大提高了农民的生产积极性，使我国农村经济在几年时间里就得到了恢复和发展，进入了农业生产发展的最快时期。

随后，以城市为重点的整个经济体制改革方面，首要的问题仍然是所有制问题，包括所有制实现形式和所有制结构的改革。所有制结构改革包括两个方面，第一个方面是大力发展国有经济，维护国家所有制主导地位。第二个方面是鼓励和支持非公有制经济的发展，包括个体经济私营经济和外资经济。鼓励和支持它们发展的目的就是调动全社会的发展经济的主动性和创造性，把闲置的财力和人力转变为现实的生产力，解放生产力。

党中央的方针政策体现了对所有制关系重要性的这种认识。在党的十五大报告中明确规定，"公有制为主体，多种所有制经济共同发展，是我国社会主义初级阶段的一项基本经济制度"。党的十六大报告更进一步明确了不同所有制经济之间的关系和地位，指出"坚持公有制为主体，促进非公有制经济发展，统一于社会主义现代化建设的进程中，不能把两者对立起来。各种所有制经济完全可以在市场竞争中发挥各自的优势，相互促进，共同发展。"这里显示出一种新的观念，即不再从消极方面看待非公有制经济的发展，在坚持国有经济起主导作用的前提下，把它也视作发展经济的积极力量。

实践证明了党抓所有制改革的方向是正确的，国有经济和非公有制经济都得了快速发展、壮大，国有企业总体实力不断增强，国有经济的主导作用，控制力、影响力和带动力都得到加强。与此同时，私营经济也得到迅速发展，在国民经济中所占比重不断增大。

生产资料所有制形式决定分配关系。建立正确的分配关系也是决定社会主义生产力发展的基本方面。公有制与市场经济能够相结合，已经在理论界取得共识。

综上所述，我国社会主义经济建设实践所获得的巨大成就从根本上说，就是运用了马克思主义政治经济学的理论成果。因此可以说，中国特色社会主义建设的巨大成就就是马克思主义政治经济学在中国的伟大胜利。因而可以得出这样的结论，《资本论》是中国特色社会主义理论体系的理论基础。认真学习《资本论》是树立和巩固中国特色社会主义信念的最可靠的途径。

五、马克思从《1844 年经济学哲学手稿》到《资本论》

当前哲学和经济学理论界一个相当突出的现象，一些人同某些西方马克思主义者联手特别推崇马克思的一本早期著作《1844 年经济学哲学手稿》（以下简称《手稿》）。他们认为，《手稿》中关于人的本质的异化到复归的历史观是马克思真正的经典思想，这"集中反映了马克思恩格斯对共产主义的理解，堪称经典，其中的思想贯穿马克思恩格斯的一生"，强调说"共产主义最主要的特征是人的本质向人自身的复归，这是异化的扬弃，是人道主义的实现，它的目的是人。"① 上述观点显然是不正确的，完全背离了马克思主义的基本原理。

《手稿》是在马克思对德国古典哲学进行了初步批判后，加紧研究了资产阶级政治经济学和资本主义经济制度之后，所写的一部重要著作。它表明：马克思的唯物主义世界观已经形成，并在此基础上对资本主义经济关系作了深刻的揭露，并由此建立起自己的共产主义世界观。但是，这里的唯物主义

---

① 安启念：《和谐马克思主义：一个被长期遮蔽的视域》，载《中国人民大学学报》，2006年第3期。

还不是历史唯物主义，这里的政治经济学和共产主义，也不是科学的。或者说，只是处在成为科学的过程中。

在《手稿》中，马克思用德国古典哲学广泛使用的异化概念，来研究资本主义私有制下的一系列经济关系。他还谈论抽象的人的本质，认为人的本质是劳动，因而，异化劳动成为分析资本主义一系列范畴的工具。

《手稿》中的"异化劳动"有四层含义：前三层是讲，工人的劳动产品不属于工人自己，而属于非劳动者，工人反而受自己劳动成果的支配；工人的劳动也不属于自己，反而成为反对自身的活动；工人与资本家关系的对立。最后一层是讲，这些都是人的本质的自我异化。前三层所要揭示的是现象层面的事实，最后一点是试图揭示上述现象的本质。"异化劳动现象"，当然是资本主义经济制度的典型状态。马克思用"异化"理论，对资本主义的特有现象，给予痛快淋漓的揭露，是相当出色的。

所谓"异化"，在黑格尔那里，包含着一种不合理的含义。在《手稿》中，马克思就指出："在这里应把外在性理解为外化，理解为不应有的缺点、缺陷，"① 马克思用异化概念揭露了资本主义各种不人道的现象，实际上就是对资本主义关系采取了否定的态度，并在此基础上建立了他的人道主义的共产主义观。

但是，它的理论的不成熟性也表现在这里。

首先，《手稿》中，人的本质、类本质的规定还停留在抽象的人的含义中。他在《手稿》中说："人的类特性恰恰就是自由的有意识的活动"，"有意识的生命活动把人同动物的生命活动直接区别开来。正是由于这一点，人才是类存在物。"② 而在马克思研究了大量的政治经济学著作的基础上，深刻理解了物质生活的生产对人类存在的决定作用后，就把人类与动物的区别，不再与人的意识相联系，而是与物质生产联系起来。马克思说："可以根据意识、宗教或随便别的什么来区别人和动物。一当人开始生产自己的生活资料的时候，这一步是由他们的肉体组织所决定的，人本身就开始把自己和动物区别开来。人们生产自己的生活资料，同时间接地生产着自己的物质生活本

---

① 《马克思恩格斯全集》第42卷，第180页。
② 《马克思恩格斯选集》第1卷，第46页。

身。"① 在此处马克思自己删去的一句话就说得更明确："这些个人把自己和动物区别开来的第一个历史行动不在于他们有思想，而在于他们开始生产自己的生活资料。"② 这表明马克思已经在用历史唯物主义方法批判自己过去的看法。

另外，在《手稿》中马克思还没有明确规定异化劳动与私有财产之间的关系。他认为"私有财产是外化劳动，即工人对自然界和对自身的外在关系的产物、结果和必然后果"。认为是从外化的人、异化的人这一概念得出私有财产概念的。他还说："对这一概念的分析表明，尽管私有财产表现为外化劳动的根据和原因，但确切地说，它是外化劳动的后果。"③ 这表明在二者关系上还不是认识得很清楚。实际上，现实历史的发展已经确定证明，是资本主义私有制决定了"异化劳动"这种现象的产生。

还有，对共产主义的看法，在这里是把它看作人的本质异化的复归，而不是看作人类社会历史发展的必然产物。他说，"共产主义是私有财产即人的自我异化的积极扬弃。因而是通过人并且为了人而对人的本质的真正占有；因此，它是人向自身、向社会的（即人的）复归。"④

但是我们应当看到，马克思很快就从用德国古典哲学的"异化"概念来论证历史规律的谬误中摆脱出来。写作《手稿》后不久，在他与恩格斯合著的《德意志意识形态》中，就完全修正了他的看法，把自己的共产主义思想，置于科学的历史唯物主义理论基础之上了。

转折点是恩格斯誉之为包含着天才的新世界观萌芽的第一个文献——《关于费尔巴哈的提纲》。马克思在1845年春写作的《关于费尔巴哈的提纲》中，断然指出：人的本质"在其现实性上，它是一切社会关系的总和"。⑤ 这就排除了仅仅进行抽象的人的研究，而把现实的人看作是出发点，并且是由一定的社会关系产生的。从而与《手稿》划清了界限。只抽象地谈人的本质，不能说明任何现实的人，也不能说明任何现实的社会，更不能说明历史的发展及其规律了。因此说，抽象的人，是没有实际意义的。只能使思想流于空

---

① 《马克思恩格斯选集》第1卷，第67页。
② 《马克思恩格斯选集》第1卷，第67页。
③ 《马克思恩格斯选集》第1卷，第50页。
④ 《马克思恩格斯全集》第42卷，第120页。
⑤ 《马克思恩格斯选集》第1卷，第60页。

泛，或者成为各种历史唯心主义的栖息地、避难所。

恩格斯在《费尔巴哈论》1888 年单行本序言中指出，他与马克思共同制定的唯物主义历史观，"实际上是把我们从前的哲学信仰清算一下。"① "我感到越来越有必要把我们同黑格尔哲学的关系，我们怎样从这一哲学出发，又怎样同它脱离，作一个简要而又系统的阐述。"②

马克思、恩格斯刚刚确立了历史唯物主义，就对用抽象的人说明历史的观点，进行了严厉的批判。他们在《德意志意识形态》中，明确写道："哲学家们在不再屈从于分工的个人身上看到了他们名之为'人'的那种理想，他们把我们所阐述的整个发展过程看作是'人'的发展过程，从而把'人'强加于迄今每一历史阶段中所存在的个人，并把他描述成历史的动力。这样，整个历史过程被看成是'人'的自我异化过程，……由于这种本末倒置的做法，即一开始就撇开现实条件，所以就可以把整个历史变成意识的发展过程了。"③ 这里阐明的是：人的历史，也是社会的历史，不是人的本质自我异化和扬弃异化的历史，不是人的意识所能决定的过程，而是表现为物质生产的自然规律。

列宁对马克思恩格斯的上述观点，对《资本论》中的自然规律观点，进行了经典阐述。列宁指出，马克思是怎样得出人类社会历史发展是自然规律的呢？马克思的做法是，"只有把社会关系归结于生产关系，把生产关系归结于生产力水平，才能有可靠的根据，把社会形态的发展看作自然历史过程。不言而喻，没有这种观点，也就不会有社会科学。"④ 过去一些研究社会学的人也承认历史现象有其规律性，但是，他们都没有把这种规律性看作是类似自然规律那样精确。因为，他们只限于指出人的社会思想和目的，而不善于把这些思想和目的归结于物质的社会关系，更不能把这种物质社会关系的产生、发展和更替，归结于生产力水平。这样，社会科学就不可能成为真正的科学。

正是在关于社会历史发展是一个像自然规律一样可以准确把握的过程这样的思想指导下，马克思把《资本论》写作的目的规定为"揭示现代社会的

① 《马克思恩格斯选集》第 4 卷，第 211 页。
② 《马克思恩格斯选集》第 4 卷，第 212 页。
③ 《马克思恩格斯选集》第 1 卷，第 130 页。
④ 《列宁选集》第 1 卷，第 8~9 页。

经济运动规律",也就是揭示资本主义社会的经济运动规律。这个思想实际上就否定了他在《手稿》中,用异化概念来阐释资本主义各种关系,把社会的发展看作是人的自我异化及其消除的观点;从而主张经济发展的规律就像自然规律一样,可以精确把握。

既然是一个自然规律过程,马克思实际上也就否定了把资本主义制度看作是"人的本质的异化"的社会制度,而是看作人类发展必经的一个历史阶段。不经过这个阶段,就不可能进到一个新的更高阶段。正因为如此,在《德意志意识形态》和以后的著作中,"异化劳动"概念就完全不再使用。在以后的著作中,虽然有时也用"异化"这个词语,在《资本论》中仍被在多处使用,但只是当作资本主义制度存在着对立的关系这一特征的描绘,只是将其用来对资本主义制度中,工人受资本家残酷的剥削和压迫,这种对抗现象的表述,而不是对这种现象是否公平、是否合理的评判,更不是作为一种历史观的指导思想。

正因为在《手稿》中,马克思还只是用"异化劳动"作为指导思想,所以他虽然对资本主义经济中一系列经济范畴,像工资、资本、利润、地租等作了考察,但由于还没有劳动价值理论和剩余价值理论,因此,并没有弄清楚这些经济范畴的本质及其内在联系。也就是还没有认识整个资本主义经济制度的内部结构。这样也就不可能有对资本主义社会经济运动规律的认识。

马克思把揭示资本主义社会的经济运动规律,作为研究的终极目的,这就意味着这里不是探讨人们的意识的思想的追求,而是揭示不以人们的意志为转移的客观规律。既然是客观规律,这些经济关系就不是什么人的异化或外化,而只是阐明这些关系实际上处在什么样的历史阶段上。

下面的做法,鲜明地表现出了这种认识:马克思对资本主义经济运动规律,从正、反两个方面作了考察和分析。所谓从正面的考察分析,就是肯定在资本主义所有制基础上发生的经济规律,有力地推动了社会生产力的发展,极大地促进了历史的进步;同时,从反面表述了它必然灭亡的规律,论证了资本主义生产方式在推动生产力发展的同时,使社会矛盾趋于尖锐化,阻碍生产力进一步发展的趋势日益增长,创造着使它自己不可能再存在下去的条件,使其处于逐渐灭亡的境地。

还有个例子,足以证明,马克思的历史唯物主义观点同一些主观主义社会学家的观点,有多么明显的区别;也表明他已彻底抛弃了曾在《手稿》中仍用"异化"这种带有德国古典哲学色彩的术语，来论证历史的唯心主义历史观的残余。有人曾认为，马克思的剩余价值理论，证明了资本家无偿占有工人的剩余劳动是"不合理的"。马克思对这种观点作了严厉的批评。他在《评阿·瓦格纳的＜政治经济学教科书＞》这篇文章中，指出："这个蠢汉偷偷地塞给我这样一个论断：'只是由工人生产的剩余价值不合理地为资本主义企业主所得'。然而我的论断完全相反：商品生产发展到一定时候，必然成为'资本主义'商品生产，按照商品生产中占统治地位的价值规律，'剩余价值'归资本家，而不归工人。"① 那就是说，这不是什么"异化"的不合理现象，而是一个自然规律，是人类社会历史发展的一个必经阶段。不经历这个阶段，人类将不可能进步到新的更高阶段。马克思的历史唯物主义理论要求人们，只是揭示社会经济的运动规律，而排除对某种经济事实的道德的或是否符合公平、正义的法学上的评价。因为，这种评价在科学上毫无意义，它根本不可能改变客观经济规律决定事物的存在和发展的趋势，也不可能指导我们如何去对待它。

现在有些人执意重复马克思恩格斯《手稿》中的思想，说他们在考察资本主义制度及其矛盾冲突中看到的，"是基于生产资料私有制的人的生存条件与人类本质（自由自觉）的冲突，是人的自由的丧失，是人的本质的异化"。②

实际上，马克思恩格斯自己一再明确表示他们已经抛弃了这些具有历史唯心主义痕迹的"糟粕"。既然马克思、恩格斯已经创立了历史唯物主义，已经把人类社会的历史看作是一个自然史的过程，仍把这些过时的思想作为马克思主义的理论构成并说它贯串于马克思一生，是太过于轻率了。

在《资本论》中，马克思考察了整个资本主义生产方式，不再把它看作是一种与人的本质相异化的社会制度，认识到这个制度的积极的一面就是在为实现每一个个人全面而自由的发展创造着物质技术基础。马克思、恩格斯毕生追求全人类的解放、每个人自由全面发展这一崇高的奋斗目标，并坚信这是历史的自然规律的必然结果。

马克思、恩格斯从历史唯物主义理论出发，深刻地认识到共产主义制度

---

① 《马克思恩格斯全集》，第 19 卷，第 428 页。

② 《中国人民大学学报》，2006 年第 3 期。

和人的彻底解放，只能是生产力发展的自然结果；而不是靠宣扬人性、人的本质复归和人道主义这类道德说教和动员所能达到的。基于这种理论，导致他们对资本主义制度的历史作用有了新的看法。作为推动社会生产力发展的资本主义制度，就被看作是社会历史发展不可逾越的阶段。因而也就不能简单地把资本主义看作是一种异化制度，看作是不合理、不公平、不道德的制度把它扔掉，而应当肯定它存在的合规律性。雇佣劳动也不再被定性为"异化劳动"了。恩格斯说："现代社会主义力图实现的变革，简言之，就是无产阶级战胜资产阶级，以及通过消灭一切阶级差别来建立新的社会组织。为此不但需要有能实现这个变革的无产阶级，而且还需要有使社会生产力发展到能够彻底消灭阶级差别的资产阶级。……资产阶级正如无产阶级本身一样，也是社会主义革命的一个必要的先决条件。"①

从下列引文中可以看出，马克思和恩格斯对资本主义制度中的所谓"异化"现象看法的进展和演变。他们一直认为，这种"异化"现象是存在的。例如，马克思在1857~1858年经济学手稿中还这样写道：资本主义是在对立形式中发展生产力的，因此财富的创造，"表现为从事劳动的个人本身的异化，他不是把自己创造出来的东西当作他自己的财富的条件，而是当作他人的财富和自己贫困的条件"。② 显然，这里虽然使用了"个人本身的异化"这个概念，但已经不是把它作为对现实资本主义的评价，而作为一种事实描述，只把它看作是资本主义发展社会生产力的特点，即是在对立形式中进行的这一特点。

恩格斯也阐述了这一点，他说："正像马克思尖锐地着重指出资本主义生产的各个坏的方面一样，同时他也明白地证明这一社会形式是社会生产力发展到这样高度的水平所必要的；在这个水平上，社会全体成员的平等的、合乎人的尊严的发展，才有可能。要达到这一点，以前的一切社会形式都太薄弱了。资本主义的生产才第一次创造出为达到这一点所必需的财富的生产力。"③

这里表明，共产主义日益从一种新社会的幻想，转变为实实在在地探讨

---

① 《马克思恩格斯选集》第3卷，第272~273页。
② 《马克思恩格斯全集》第46卷下，第36页。
③ 《马克思恩格斯选集》第2卷，第596页。

它真正得以实现的物质和社会条件。而这就是社会主义从空想到科学的进步过程。一些人把早期的马克思主要根源于德国古典哲学的共产主义思想，与后来的科学社会主义理论对立起来，用早期的思想贬斥后来的思想。好像马克思从重视"人"，倒退到不重视人了；似乎马克思讲了阶级斗争，就从追求全人类解放，倒退到只追求无产阶级的解放了。这是极大的误解。

对此，马克思说得很清楚，他说："从工人阶级运动成为现实运动的时刻起，各种幻想的乌托邦消逝了——这不是因为工人阶级放弃了这些乌托邦主义者所追求的目的，而是因为他们找到了实现这一目的的现实手段——取代乌托邦的，是对运动的历史条件的真正理解，以及工人阶级战斗组织的力量的日益积聚。但是，乌托邦主义者在前面宣布的运动的两个最后目的，也是巴黎革命和国际宣布的最后目的。只是手段不同，运动的现实条件也不再为乌托邦寓言的云雾所掩盖。"① 在《法兰西内战》中，马克思总结了巴黎公社工人阶级革命的实践，更为明确地指出："工人阶级不是要实现什么理想，而只是要解放那些由旧的正在崩溃的资产阶级社会本身孕育着的新社会因素。"②

唯物主义历史观的确立和工人阶级在现实中阶级斗争的实践，使马克思、恩格斯对向共产主义发展的现实途径，认识得更加清楚。马克思、恩格斯最初是提出解放全人类，这个目标什么时候也没有放弃。但是，他们越来越更重视探索实现这一点的现实途径。恩格斯曾阐述他在这方面思想的进步过程。写于1844~1845年的《英国工人阶级状况》中，他表述了这样一个论点：共产主义不是一种单纯的工人阶级的党派性学说，而是一种最终目的在于把连同资本家在内的整个社会，从现存关系的狭小范围中解放出来的理论。后来，他在这部著作1892年德文第二版序言中，自我批评说："这在抽象的意义上是正确的，然而在实践中在大多数情况下，不仅是无益的，甚至还要更坏。只要有产阶级不仅自己不感到有任何解放的需要，而且还全力反对工人阶级的自我解放，工人阶级就应当单独地准备和实现社会革命。"③ 不然，就只能是自作多情的空话。正是在这种对现实运动的深刻理解的基础上，马克思恩

① 《马克思恩格斯选集》第3卷，第108页。
② 《马克思恩格斯选集》第3卷，第60页。
③ 《马克思恩格斯选集》第4卷，第423页。

格斯把解放全人类，改为只能先争得无产阶级的解放，提出了"全世界无产者联合起来"的口号。是现实的发展使马克思改变了看法。不是马克思的主观偏好阶级斗争，改变了口号，放弃了解放全人类的目标。看法的改变只是表明了他用科学代替了幻想，用实践的唯物主义取代了空想的社会主义。

从《1844年经济学哲学手稿》到《资本论》体现了马克思从唯心史观向唯物史观的发展，当马克思在《资本论》一版序言中声称"我的观点是经济的社会形态的发展是一种自然史的过程"时，充分表明他彻底划清了与人的本质的异化和复归的唯心史观的界线。《资本论》是最彻底的历史唯物主义著作，用她可以鉴别出一切非马克思主义和反马克思主义的真面目。